国家广播电影电视总局部级社科研究项目资助
（项目编号：GD1163）

媒介创新研究丛书

电视产业多屏战略研究

连少英　著

中国传媒大学出版社

序一

数字技术的发展，给人类生活方式带来了巨大变化。其中，媒介技术给人们带来的震撼与影响首当其冲。它使人们的信息接收方式发生改变，这种新的接收方式反过来倒推媒介连接技术及运营、管理方式的变革。

从1990年美国宣布搭建“信息高速公路”开始，三网融合的问题就在世界范围内提了出来。而且，美国很快将这一判断、理念付诸行动，通过修改通讯法案，在世界范围内占据了媒介创新发展的领先地位；很多发达国家也紧随其后。由于有了制度上的保障，消除了外部或自我的摩擦羁绊，将传统媒体与新媒体无缝对接——特别是在电视领域。这些国家的电视媒体将最新的传播技术操作和资源利用方法融入到自身的运作行为之中，依靠新技术的内在张力，使传统电视重新迸发出更大活力。全球新的电视传播格局正在形成中，历史处在转折期。

我国在20世纪90年代初尚处于市场开放、经济快速发展的初期，旧的管理方法、技术落后，使得我们的媒体管理转型远没有那么果断、灵便，只能跟在西方发达国家的后面，望其项背。1996年，我国才开始正视“三网融合”的话题。直到2001年3月15日通过的“十五计划纲要”里，才第一次明确提出要“促进电信、电视、计算机三网融合”。十年之后的2010年1月13日，时任国务院总理温家宝在主持召开国务院常务会议时，正式讲到加快推进电信网、广播电视网和互联网的三网融合，提出了明确的时间表。在长达近20年的时间里，对三网融合可能会对电视媒体产生何种影响、应采取何种对策，中国电视人一直都在关注与研讨中。

近年来，视音频新媒体在全球及中国媒介市场迅速崛起，携其众多优势迅速席卷由传统电视长久垄断的阵地，呈现出巨大的主流化趋势；对几十年来一直身为第一媒体的电视构成了相当的威胁。从最新的事实来看，新兴视听媒体已经开始跨媒体、跨体制推进战略合作，创建新的联营模式，整合了大量内容服务和内容集成。

在传统电视业相关调整乏力的背景下，我国传统电视内容生产的优势与传播渠道的垄断地位日益遭到挑战与突破，国内电视市场开始收窄，竞争更加激烈，产业发展出现了放缓趋势。面对这样的局面，中国电视业需要巩固和增强自身的核心竞争力；同时，要对新媒体的新技术、新方法与新思路有更多的理解与吸纳，加快自身的转型发展，大力培育自身新的增长点。管理者要将注意力投注在这些方面，鼓励中国电视在历史的转折关头，通过关键正确的决策，走进世界的前列，不错失良机。

本书作者连少英从三网融合给媒体环境带来的变化入手，将电视产业面临的发展问题延伸至生产营销领域。她从电视媒体多屏格局的形成出发，在肯定电视还拥有内容这一核心优势的前提下，运用媒介经济学和现代营销学理论，将电视内容的采、制、编、播行为类比、转化为企业运营的产品生产与分发销售流程；由用户需求变化带来的对传受关系重新考量的需要入手，探讨了以下问题：电视产业应该如何利用当前的发展机遇，创新生产方式、产品以及更新营销渠道，最终在用户和多屏终端中架设起有效沟通的新桥梁，使传统电视业的内容产品能够更为有效落地，在新媒体背景下更好实现产业的持续增值发展。她还在这一研究的基础上，提出了电视产业多屏营销的CPPS理论模型，并搭建起利用大数据重构电视信息内容产业互动平台的理论模型和大内容生产与分发体系的模型，这些均具有一定的理论创新。

作者于2010年通过考试进入中国人民大学新闻学院开始博士研究生学习。她曾于此前一年赴美国访学，并专门对美国三网融合的状况进行了考察。

当时,这一选题还居于电视媒体研究的前沿,被国内新旧媒体所瞩目。但到她2013年开始动笔写作本书时,学界对三网融合的研究更加深入了,体现在如何融合和操作的层面上。

随着三网融合的不断推进,新的媒介形态依次出现,在视频方面,有了网络电视、手机电视、数字电视等多屏终端的同台竞争,传统电视观众被一次次分流。在这样的现实背景下,媒介环境发生了很大变化,媒介产业格局面临着重新洗牌。这对国际新闻研究为学术背景的作者确实提出了严峻的挑战。她重新梳理新媒体环境下电视业发展的现实问题,重新定位研究内容,补充学习相关知识,将自己的研究定位到目前的题目上,通过艰苦的努力,较好完成了研究任务。应该说,她的写作与研究的心路历程,在当下的媒介环境中,并非她个人的偶遇经历,而是逐渐地成为了我们学界要面对的常态。

此外,作者的研究目前还存在一些遗憾:如在方法的使用上,理论推导多于实证检验,对中国电视业当前所存在相关问题的分析及可行发展策略的探讨似可以更为具体、深入。但是,她的研究将会在此话题开拓进取的道路上打下自己的印记,并为后人的相关探索提供思考的支点。

中国人民大学新闻学院教授 博士生导师　周小普

2014年10月于经典园

序二

随着三网融合的进程加快、数字技术的广泛应用，我国的视听媒体呈现多元化传播格局，竞争激烈，发展迅猛，电视产业面临战略转型。从国际上来看，发达国家传统电视媒体与新媒体已完成融合，形成新的全球传播格局；全球有线电视用户流失趋势明显，“剪线族”逐渐增多；各种终端互融互通，移动化、社交化成为视听消费重要形态；视听新媒体主流化，监管与广播电视趋于一致。从国内来看，视听新媒体与传统电视媒体融合加速和深化，实际上已进入主流媒体行列；新兴视听媒体跨媒体跨体制推行战略合作，形成互联互通联营模式，大量提供内容服务和集成，电视内容生产与服务优势受到挑战。面对新媒体强势崛起、多屏传播格局凸现，电视媒体对内容产品的生产和传播的垄断局面将被打破，电视产业将在巩固和增强核心竞争力的同时，加快转变发展方式，大力培育新的增长点。

移动互联时代的电视产业，要创新体制与机制，剥离可经营性资产，逐渐提高电视产业社会化发展程度，改善用人机制，提高版权意识，学会在竞争中求变、求通、求合作、求发展。在与用户关系上，既要满足用户，又要培养用户；在生产策略上，既要大规模制作，又要个性化定制；在传播方式上，既要发扬传统传播方式的优点，同时要尊重其他“屏”的传播特点；在营销策略上，既要采纳传统单向的营销方法，还要学会利用新媒介进行互动营销、组合营销。总之，要把作为市场主体的企业的宏观战略营销与满足消费者诉求的中观乃至微观的考量结合起来，立足用户需求变化，结合媒介自身特点，兼顾媒介生态环境，在构建多屏时代新型传受关系的基础上，构建电视产业新的内容生产体系、打造电视的品牌产品，并将“企业利益”与“消费者利益”科学地结合起来，实现多方共赢。

近几年来，针对三网融合背景下视频媒介环境、媒介形态、传受关系等发生的变化以及传统电视生产方式重构问题的探讨逐渐增多，综合来看，主要侧重于对多屏格局中传统电视产业传播策略调整方面的研究，尚缺乏对电视内容产业多屏生产体系重构、内容品牌创新及内容产品分发体系等方面的系统分析，也缺乏一定的理论模型支撑。连少英博士的专著《电视产业多屏战略研究》，则是从产业发展层面，以市场营销学的视角来研究在电信网、广电网、互联网三网融合之后，电视产业的多屏发展战略问题。包括传统电视业在多屏时代，基于内容这一核心竞争力的基础上，如何创新面向多屏的内容生产体系，如何构建电视产业的多屏品牌产品，如何创新面向多屏分发的流通渠道，如何通过体制机制改革实现传统电视业的可持续发展等。该研究引进现代营销学中的4C理论与SIVA，辅之以4Ps营销理论的对比，创新并提出电视产业多屏营销的CPPS营销战略。即consumer＋product＋promotion＝solution为模型的电视产业营销战略理论。这一理论模型具有较高的应用价值，在一定程度上填补了国内此项领域的空白。

少英博士二十年前在北京广播学院国际新闻专业就读，毕业后在国内三级媒体从事电视新闻工作，之后相继在中国传媒大学、中国人民大学攻读硕士、博士学位，在总结新闻传播学教学工作经验的基础上，将传播学理论与实践有机结合，积累了深厚的理论与实践知识。难能可贵的是，她在2008年参加完北京奥运新闻报道工作之后赴美进行了北京市委优秀人才资助项目“数字时代下美国电视新闻的转折”的项目研究，对国内外电视产业在新媒介技术下进行的变革问题进行了深入思考，并通过完成国家广电总局社科项目“三网融合背景下中国电视新闻发展路径探究——美国三网融合的经验给中国的启示”做了进一步的深度探究。可以说，这本专著是对其近二十年的学习、工作与研究的一个总结,也是其今后从事该领域深度研究的一个起点。该书为广大读者特别是相关专业人员提供了很好的参考,同时也为媒介融合条件下电视产业改革发展相关政策决策提出了一定思路,我为这项成果的问世感到十分高兴,希望少英博士继续沿着这条研究之路,渐行渐远,不断结出累累硕果。

国家新闻出版广电总局发展研究中心信息所所长、研究员、博士后　李　岚

2014 年 7 月

目 录

绪　　论

一、研究对象、目标及意义

（一）研究对象及意义

“三网融合”从1996年正式提出后，到如今已将近20个年头了。其间，针对三网融合对电视业会产生哪些影响以及电视业应对的举措，也时常为学界和业界所关注。2010年1月13日，国务院总理温家宝主持召开国务院常务会议，决定加快推进电信网、广播电视网和互联网的三网融合。会议上明确了三网融合的时间表：2010至2012年重点开展广电和电信业务双向进入试点，探索形成保障三网融合规范有序开展的政策体系和体制机制。2013至2015年，总结推广试点经验，全面实现三网融合发展，普及应用融合业务，基本形成适度竞争的网络产业格局。由此，我国三网融合被推上了快车道。此后，电视业的改革与发展问题成为众人瞩目的焦点。2013年7月12日，国务院总理李克强主持召开国务院常务会议，会议要求：提升3G网络覆盖面和服务质量，推动年内发放4G牌照；全面推进三网融合，年内向全国推广；鼓励民间资本以参股方式进入基础电信运营市场。这进一步表明：“三网融合”已成为大势所趋，电视产业必须要在产业化的进程中，抓住机遇，面对挑战，以“融合”的心态研究发展策略、规划发展路径、落实发展目标、实现发展成效。

三网融合是产业的融合，也是技术的融合、媒介形态的融合，终端的融合，相应地也产生了受众新的媒介接触行为和信息消费习惯。面对受众多终端的信息接收行为和个性化的内容需求，基于单向传播的传统内容生产与传播体系亟须改革，基于服务性功能的双向互动、参与式内容生产与分发体系呼之欲出。基于这一点，本书将这一命题置于现代营销理论的框架之下，以现代营销理论中基于用户需求的服务理念来研究三网融合下，电视产业如何利用发展机遇，创新生产方式、产品以及传播渠道，在用户和多屏的终端之间架起内容服务与沟通的桥梁，从而实现内容产品的有效落地，实现产业增值。

(二)研究目标

基于多屏时代用户对受众概念的取代且对用户个性化内容需求的研究，本书将电视产业如何创新面向多屏的内容生产体系、构建电视产业的多屏品牌产品、创新多屏分发的流通渠道，向包括传统“电视屏”及IPTV、手机电视、网络电视等各种“屏”在内的多终端进行有效内容营销作为研究目标。

本书引进现代营销学中“营销”的概念和基本理论框架，将4C理论与SIVA理论结合起来，辅之以与4Ps营销理论的对比，提出电视产业多屏营销的CPPS营销战略。即消费者(consumer)+生产体系/产品(product system/products)+渠道(place)=成功营销(solution)为模型的电视产业营销战略理论。具体观点如下：移动互联时代的电视产业，在与用户关系上，既要满足用户，又要培养用户；在生产策略上，既要大规模制作，又要个性化定制；在传播方式上，既要发扬传统传播方式的优点，同时要尊重其他“屏”的传播特点，方式要不一而足；在营销策略上，既要采纳传统单向的营销方法，还要学会互动营销、组合营销；此外，创新运行机制，提高版权意识，学会在竞争中求变、求通、求合作、求发展。要把作为市场主体的企业宏观战略营销与满足消费者诉求的中观乃至微观的考量结合起来，立足用户需求变化，结合媒介自身特点，兼顾媒介生态环境，在构建移动互联时代新型传受关系的基础上，构建电视产业新的内容生产体系、打造电视的品牌产品，并将“企业利益”与“消费者利益”科学地结合起来，实现多方共赢。

本研究的成果为：

(1)提出CPPS的电视产业多屏营销理论，来填补国内此项领域的空白。电视产业多屏营销的理论模型，如图0—1。

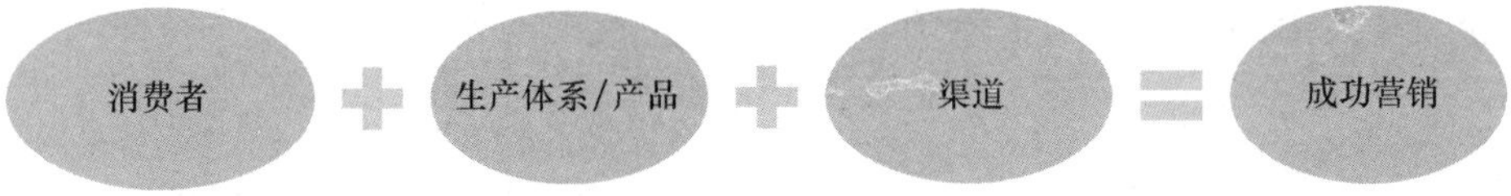

图 0-1 三网融合下电视产业多屏营销的理论模型

(2)提出使用大数据精准营销的商业模式和电视业利用大数据重构信息互动平台的理论模型。认为传统的收视率调查行为已不能适应产业发展对用户精准定位的需求,需要建立一个有效的信息数据处理系统以及基于此基础上全新的用户管理模式,并对痕迹下的海量信息数据进行统合基础上的归类分析以便用更科学的方式来管理用户,快速响应用户的需求,精确计费,以满足未来的发展。

(3)建立大内容生产与分发体系的理论模型。提出要以全新的大内容生产与分发体系结构来适应三网融合之后内容跨媒介流通的需求,这个大内容生产与分发体系涵盖内容获取、内容集成、内容监控、内容分发等四个领域。

以上这些创新,将为多屏时代电视内容产业的发展提供理论和实践指导。

二、研究内容及重点和难点

(一)研究内容

在具体研究内容上,借鉴现代营销理论的研究框架,结合 4Ps、4C、SIVA 等三个营销理论的逻辑内涵,将研究内容的主体部分分成三大部分:选择价值、提供价值、传播价值,共六章。六章之间是层层递进的关系。其中,选择价值部分通过三章来阐述。第一章作为本研究的逻辑起点,对与本研究相关的文献进行梳理,对本研究所涉及的核心概念进行解释。第二章分析三网融合下电视产业多屏营销的必要性。指出由于三网融合导致媒介形态多元化,因而媒介环境较以往有了很大不同。在多屏时代,基于用户需求的信息传播呼之欲出。这些导致电视产业需要以现代营销的理念满足多屏用户的个性化、多元化需求。第三章构建电视产业多屏营销的受众关系,即 CPPS 理论模型中的受众(Consumer)分析。引进了“大数据”的概念,从三网融合下大数据对营销产业链的改变谈起,分析三网融合下大数据的力量构建、大数据对整个营销传播产业的各类角色提出了哪些新的要求,大数据对受众市场精准定位的作用,继而阐述三网融合下大数据对于重构电视信息平台的意义。还将引用《纸牌屋》的案例,分析电视内容产品如何借力大数据进行精准营销。三网融合下信息在各种媒介形态中传播时,将留下各种各样海量的传播痕迹。基于此,电视业需要建立一个有效的信息数据处理系统以及基于此基础上的全新的用户管理模式,并对痕迹下的海量信息数据进行统合基础上的归类分析以便用更科学的方式来管理用户,快速响应用户的需求,精确计费,以满足未来发展。

提供价值部分是第四章,这是本书提出CPPS理论模型的生产体系/产品剖析"Product"部分,电视产业需要将品牌管理的理念引进来以统合整个营销体系。在具体创新上,包括电视内容生产与分发体系创新(Product System Cresation)以及产品的品牌创新(Products Creation)。本研究指出,传统电视内容生产与分发体系已经不适应三网融合后多终端的用户消费需求,需要以"内容银行"的观念重新构建内容生产与分发体系。

在产品的品牌创新中,本书指出,产品创新是产业得以生存和持续发展的动力。具备强大的内容产品的创新能力,是我国电视业在新环境下的营销过程中获得主动权的基本前提。要通过品牌研发、品牌营销、品牌重塑等方式来提升电视内容产品的品牌竞争力。

传播价值部分体现在第五章,即实现电视产业多屏营销的有效传播。这一章将围绕本课题提出的CPPS理论模型里的渠道(Place)部分进行阐述,即根据多屏终端的不同需求,将电视内容产品进行有效传输,实现内容的价值增值。这一章将从以下方面展开论述:传播的过程模式;创新运营模式、多平台整合营销;全产业链运作:激活版权交易、移动业务、延伸产品、广告收入、线下活动等。基于目前电视产业在营销过程中的实践性摸索,很多营销途径的提出需要结合大胆前瞻的预测。

第六章为促进电视产业多屏营销的可持续发展。本章为本研究的延续论述部分,要保证电视内容产业营销的规范、可持续发展,必须要有相应法律规制的支持。长期以来,我国电视媒体的版权意识和版权管理相对还比较落后,我国至今尚没有针对数字版权交易的立法。三网融合后,内容交易会渐趋活跃。

另一方面，数字技术的发展使得多屏之间的内容侵权问题越来越严重，因此，对照近年来有关内容侵权的典型案例，本研究提出，要从技术和法律保障两个方面开展对电视内容的版权管理。

（二）研究重点

本研究的重点部分有两个：一是提供价值部分，即 CPPS 理论模型的消费者（Consumer）的研究：构建电视产业多屏营销的受众关系。需要结合大数据对如何进行新技术下受众的精准定位和传受关系进行分析论述。二是传播价值部分，即 CPPS 理论模型的渠道（Place）的研究：实现电视产业多屏营销的有效传播。这一章是本课题的落脚点，即需要提出适合不同终端和用户需求的不同分发渠道，将电视内容产品进行有效传输，实现内容的价值增值。

（三）研究难点

本研究的难点部分是提供价值部分，即以品牌管理的理念统合整合营销体系。需要建立一个内容生产与分发体系的模型；需要结合国内外分析对比，运用相关理论对在生产体系创新的基础上，生产出适应不同终端需求的内容产品品牌的建构策略进行阐述。

三、理论依据、创新与研究框架

（一）理论依据

当我们把媒介组织的生产视作一种市场行为的时候，我们已经把电视节目的采制过程视作了企业的产品生产行为，相应地，便可将电视媒体的节目或者说视频推广过程视作企业的营销过程。因此，本书采用学科交叉的研究方法，将现代市场营销的相关理论引入进来，将三网融合时代电视产业的发展问题置于一个产业、媒介及媒介产品的营销场域中予以研究，探讨电视媒体的多屏营销策略。在具体的理论运用中，以现代营销理论 4C 理论为主导，同时结合与传统 4Ps 营销理论和当下由 4C 理论发展引伸出的基于用户搜索需求的 SIVA 理论，对电视产业传播策略进行对比，提出当下基于多屏内容营销的CPPS电视产业营销理论。以下是对三个理论的综述：

1. 4Ps理论

4Ps理论由杰罗姆·麦卡锡（E. Jerome McCarthy）于1960年在其《基础营销》（*Basic Marketing*）一书中第一次提出，他将企业的营销要素归结为四个基本策略的组合，即著名的4Ps理论：产品（Product）、价格（Price）、渠道（Place）、促销（Promotion）。由于这四个词的英文字头都是P，再加上策略（Strategy），所以简称为4Ps。

1967年，菲利普·科特勒在其畅销书《营销管理：分析、规划与控制》第一版中进一步确认了以4Ps为核心的营销组合方法，从管理决策的角度将影响企业市场营销活动的各种因素（变数）可以分为两大类：一是不可控因素，如政治、法律、经济、人文、地理等环境因素，这也是企业所面临的外部环境；二是可控因素，包括产品、商标、品牌、价格、广告、渠道等，4Ps就是对各种可控因素的归纳。科特勒认为企业营销活动的实质是一个利用内部可控因素适应外部环境的过程，即通过对产品、价格、分销、促销的计划和实施，对外部不可控因素做出积极动态的反应，从而促成交易的实现并满足个人与组织的目标，用科特勒的话说就是“如果公司生产出适当的产品，定出适当的价格，利用适当的分销渠道，并辅之以适当的促销活动，那么该公司就会获得成功”①。企业的整个营销行为如图0—2。”②

其中4Ps具体解释为：

产品策略（Product Strategy），主要是指企业以向目标市场提供各种适合消费者需求的有形和无形产品的方式来实现其营销目标。其中包括对同产品有关的品种、规格、式样、质量、包装、特色、商标、品牌以及各种服务措施等可控因素的组合和运用。

定价策略（Pricing Strategy），主要是指企业以按照市场规律制定价格和变动价格等方式来实现其营销目标，其中包括对同定价有关的基本价格、折扣价格、津贴、付款期限、商业信用以及各种定价方法和定价技巧等可控因素的组合

① 〔美〕菲利普·科特勒：《营销管理》（第12版），海清豪译，上海人民出版社2006年版。

② 同上，第26页。

和运用。

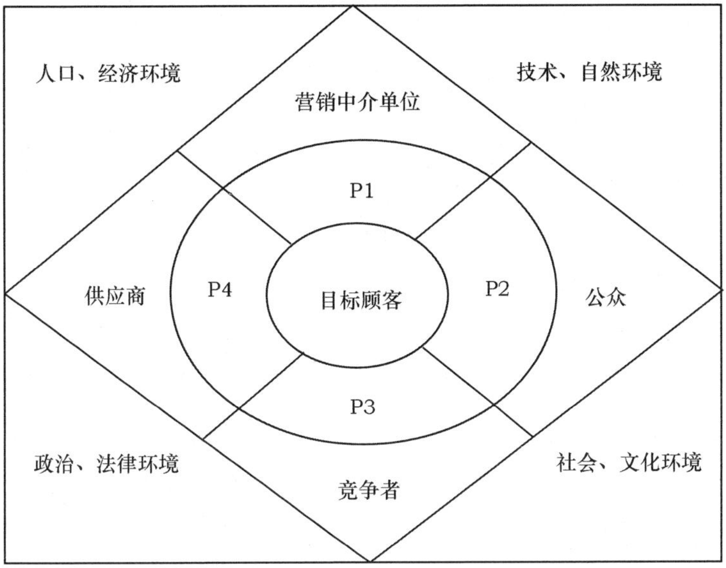

注:P1—Product(产品) P2—Price(价格) P3—Place(渠道) P4—Promotion(促销)

图 0-2 4Ps 理论下的企业营销行为

分销策略(Placing Strategy),主要是指企业以合理地选择分销渠道和组织商品实体流通的方式来实现其营销目标,其中包括对同分销有关的渠道覆盖面、商品流转环节、中间商、网点设置以及储存运输等可控因素的组合和运用。

促销策略(Promotioning Strategy),主要是指企业以利用各种信息传播手段刺激消费者购买欲望,促进产品销售的方式来实现其营销目标,其中包括对同促销有关的广告、人员推销、营业推广,公共关系等可控因素的组合和运用。

此模型的优势是显而易见的:它把企业营销活动这样一个错综复杂的经济现象,概括为三个圆圈,把企业营销过程中可以利用的成千上万的因素概括成四个大的因素,即 4Ps 理论——产品、价格、渠道和促销,很快成为企业普遍接受的一个营销组合模型并长期盛行。该理论的最大特点是以企业生产为导向,向消费者进行分销与促销。因此,到了 20 世纪 70 年代后,市场竞争发展到过剩的经济竞争阶段,这一理论逐渐显现出其缺陷,即不能适应消费者选择越来越多、权限越来越大的新形势,科特勒本人也意识到了这一问题,从其市场营销原理先后十几版的不断修订中能够看出，他逐渐将 STP 原则(受众细分原则)、定制生产等概念引入进来，相应地，4Ps 理论不断得以补充与发展。

2. 4C 理论

1990 年，美国学者罗伯特・劳特朋(Robert Lauterborn)提出了与传统营销的 4Ps 相对的 4C 营销理论。

Customer(顾客)，主要指顾客的需求。企业首先必须了解和研究顾客，根据顾客的需求来提供产品。同时，企业提供的不仅仅是产品和服务，更重要的是由此产生的客户价值(Customer Value)。

Cost(成本)，不单是企业的生产成本，或者说 4Ps 中的 Price(价格)，它还包括顾客的购买成本，同时也意味着产品定价的理想情况，应该是既低于顾客的心理价格，又能够让企业有所盈利。此外，这中间顾客的购买成本不仅包括货币支出，还包括为此耗费的时间、体力和精力，以及购买风险。

Convenience(便利)，即所谓为顾客提供最大的购物和使用便利。理论强调企业在制定分销策略时，要更多考虑顾客的方便，而不是企业自己方便。要通过好的售前、售中和售后服务来让顾客在购物的同时，也享受到了便利。便利是客户价值不可或缺的一部分。

Communication(沟通)，即企业应通过同顾客进行积极有效的双向沟通，建立基于共同利益的新型企业/顾客关系。这不再是企业单向的促销和劝导顾客，而是在双方的沟通中找到能同时实现各自目标的通途。[①]

4C 理论强调企业与客户沟通，一切从客户的利益出发，将企业生产视作向客户提供个性化服务的过程，为此，企业需要将客户市场进行细分化，将大规模生产与个性化定制结合起来，制定综合的营销组合策略，以实现顾客价值和企业效益的双赢。这对 4Ps 理论是一个有益的补充。二者的主要区别如图0－3。

基于 4C 理论，20 世纪 90 年代，美国西北大学教授唐・E. 舒尔茨提出一种现代营销方法——整合营销(Integrated Marketing Communication)，简称 IMC，舒尔茨因此被称为整合营销传播之父。整合营销传播摒弃了营销领域沿用多年的传统 4Ps 理论——产品、价格、渠道和促销，而是以 4C 理论——顾客、成本、便利和沟通为基础，从此以后，营销理论由以企业为中心传统的 4Ps 理论

① 〔美〕唐・E. 舒尔茨等:《整合营销传播》，吴怡国、钱大慧等译，中国物价出版社 2002 年版。

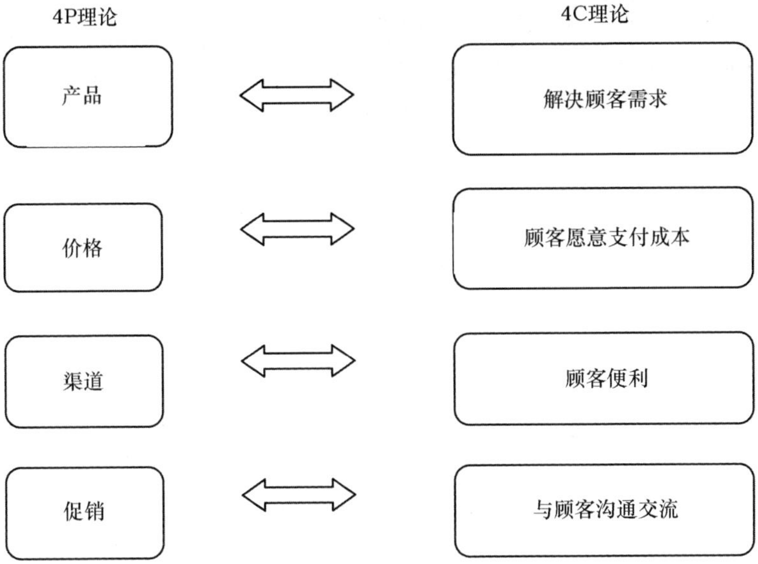

图 0－3　4C 营销理论与 4Ps 营销理论的主要区别

转向以消费者为中心的 4C 理论。

3. SIVA 理论

1992 年,美国西北大学教授唐・E. 舒尔茨与合作者斯坦利・田纳本(Stanley I. Tannenbaum)、罗伯特・劳特朋(Robert Lauterborn)在《整合营销传播》(*Integrated Marketing Communications* 简称 IMC)一书中,基于 4C 的理论基础,进一步提出基于互联网用户搜索服务的 SIVA 理论。理论模型如图 0—4。

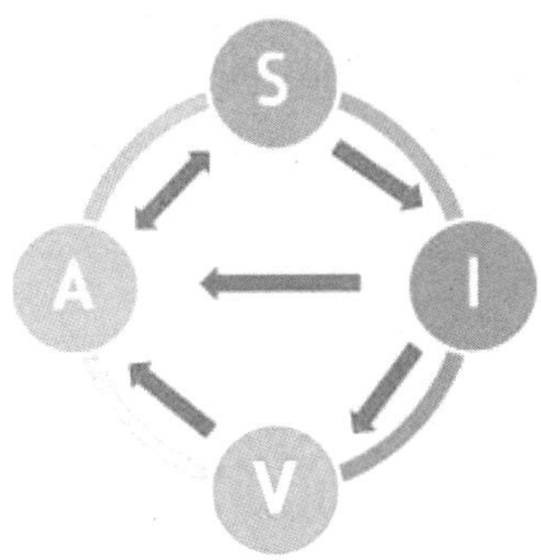

图片来源:http://wiki.mbalib.com/wiki/SIVA

图 0－4　SIVA 理论模型

Solutions—消费者寻求解决问题的方案

Information—消费者寻找与解决方案相关的信息

Values—消费者衡量各种解决方案的价值

Access—消费者解决问题的入口

图 0—5 这一模型是完全以消费者为中心的架构，其关键点在于不是企业要卖什么，而是消费者要买什么，其假设是消费者想解决自己的问题，于是自己去寻找信息，在繁杂信息中寻找并权衡有价值的信息，然后确定最有效的选择。①

图 0－5　以顾客为导向的 SIVA 理论模型

这一理论提出的背景是互联网环境下企业营销环境的复杂化，唐·E. 舒尔茨指出进入 21 世纪，信息技术的发展使得广告主传递信息到消费者最终实现购买的营销链条已经发生了根本变化，消费者已经学会如何避免他们不喜欢、不想接受的信息，在一个所谓“推拉”的市场环境下，消费者的选择已经从单一的点变成立体的面，广告主既要明确消费者的需求，又要观察消费行为的变化。

综合上述三个理论，其关系如图 0—6。

4C 与 SIVA 营销理论的共同特点是以顾客需求为导向，但前者的缺陷在于一味地考虑顾客需求从而忽略了企业的运行成本。比如顾客总是希望质量好，

① 唐·E. 舒尔茨 2012 年百度 MOMENTS 营销盛典演讲。转引自柳华芳，营销大师唐·E. 舒尔茨的 siva 理论：《一个数字营销人的 siva 理论：一个数字营销人的解读》，虎嗅网。原文网址链接，http://www.huxiu.com/article/23671/1.html

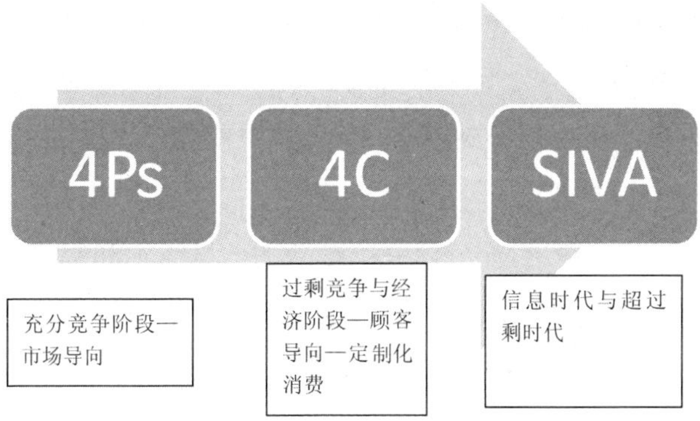

图0-6 三个营销理论的关系图

价格低，特别是在价格低上要求是无底线的。只看到满足顾客需求的一面，企业必然付出更大的成本，久而久之，会影响企业的发展；此外，这一理论也未能就如何维持企业与客户关系提供一个有效的营销思想。企业如何以更有效的方式建立与顾客之间的新型关系如互动关系、双赢关系、关联关系等，都没能在这一理论中体现出来。SIVA 理论的缺陷在于更适合于网络环境下人们对信息索取的特点，尤其是搜索引擎的作用，而对于整个营销环境缺乏系统理论支撑与论述。

(二)理论创新

结合前文所述三个市场营销理论的特点，本书提出移动互联时代的电视产业，在与受众关系上，既要满足受众，又要培养受众；在生产策略上，既要大规模制作，又要个性化定制；在传播方式上，既要发扬传统传播方式的优点，同时又要尊重其他“屏”的传播特点，方式要不一而足；在营销策略上，既要采纳传统单向的营销方法，还要学会互动营销、组合营销；此外，创新运行机制，提高版权意识，学会在竞争中求变、求通、求合作、求发展。要把作为市场主体的企业宏观战略营销与满足消费者诉求的中观乃至微观的考量结合起来，立足受众需求变化，结合媒介自身特点，兼顾媒介生态环境，在构建移动互联时代新型传受关系的基础上，构建电视产业新的内容生产体系、打造电视的品牌产品，并将“企业利益”与“消费者利益”科学地结合起来，实现多方共赢。因此，本书在 4Ps、4C、SIVA 理论的基础上，提出 CPPS 电视产业营销理论：消费者(consumer)+生产体系/产品(product system/product)＋渠道(place)＝成功营销(solution)。

本研究的成果为：

1. 在4Ps、4C、SIVA理论的基础上，完善并提出了三网融合背景下，电视产业的CPPS营销战略理论。

2. CPPS营销战略理论，充分研究了受众的信息需求和接收行为、构建了电视内容生产新体系，通过打造电视产品的品牌、创新传播渠道，有效实现多屏落地，为实现消费者与电视媒介利益的双赢局面提供理论指导。

(三)研究框架

本书借鉴科特勒《营销管理理论》的研究框架，结合三个营销理论逻辑内涵，主体部分由三部分组成：选择价值、提供价值、传播价值。

四、研究方法

本书采用归纳与演绎法、内容分析法、比较法、个案研究法、访谈法，结合社会学的质化研究方法和逻辑推理，大胆谨慎地分析论证，以便得出合理的结论。

(1)归纳与演绎法：相关研究成果的梳理、归纳、分析、创新。

(2)访谈：对央视、灿星(《中国好声音》制作者)的访谈调研。

(3)内容分析：对相关节目内容进行分析论证，推导有关结论。

(4)个案研究：选取具有典型性的个案进行系统研究，如上海广电与电信的融合试点，IPTV的推行及其特点分析，对《中国好声音》的个案分析。

(5)比较研究：借鉴美国CBS、NBC、ABC等主流电视网的做法，进行比较分析。

第一章　三网融合下电视产业多屏营销研究

第一节　文献综述

本书的研究对象是三网融合下中国电视产业营销的多屏战略，采用广播电视新闻学、传播学、营销学的相关理论进行研究。因此，文献综述主要围绕两个层面展开，一是在新闻传播学的视域下梳理三网融合对电视产业的影响、电视业的应对、内容重构、法律规制等方面的成果；二是在营销学的视域下梳理三网融合对电视产业的营销尤其对多屏营销产生的影响及电视业多屏的内容生产与分发体系面临哪些改革。

一、新闻传播学视域下的成果梳理

国内方面自 1996 年提出三网融合至今，围绕广电业受到的影响、广电业的应对、内容重构、法律规制方面的探讨已有不少。对于三网融合对广电的影响，学者们普遍认同，广电产业起步晚、市场规模小、整体实力弱以及商业化水平低，[①]广电业的优势在于拥有强大的内容资源、专业的制作团队以及多年形成的忠实用户。王韩兵认为广电能否在三网融合中取得主动，取决于广电能否“充分把握和发挥自身优势、扬长避短，在参与市场竞争的同时积极寻求多方合作，走出竞合发展之路”以及“能否有勇气面对自身的不足，以‘三网融合’为契机，加速内部改革，在创建全国性运营主体的基础上，苦修内功，逐步缩小与电信运

① 朱剑飞、陈熙：《三网融合：广电思想解放的一次洗礼》，《视听界》2010 年第 3 期。

营商在某些领域特别是软实力方面的差距,成为我国综合信息服务市场的新生力量。”[①]对于三网融合下的广电内容体系的重构问题,研究者普遍认为,在三网融合下,广电媒体需要改革原有的内容体系,重新建立适应多种媒介终端需要的内容分发体系,并且改变原有的传播理念,将用户需求放在首位,从生产、传播、管理等各个环节重构内容生产体系,可以仿照CNN中央厨房式大编辑平台的操作理念,建立新的大内容生产与分发平台。对于如何重构下一代广电内容体系,研究者们提供了各种不同的建议。陈鹏在《三网融合背景下电视内容产业升级战略》一文中提出,可以从构建历史资源开放体系、多级策划与设计体系、内容价值延伸与保护体系、内容互动与产业合作体系、内容效果监控与评测体系等五大体系,实施内容分层推进、产业交叉渗透、资本市场运营三大战略入手,由内而外,由中心到边缘,形成内容的全面升级。[②] 对于三网融合下广播电视规制研究,学者周小普等人认为当前我国缺乏相应的法律法规和统一的监管部门来对三网融合进行统一规划和管理,这是三网融合过程中最大的壁垒。而政府出台的相关政策,仅仅是一些指导性文件,远远不能满足现实发展的需要。周小普等人认为英国规制的重点是:强调消费者利益,保护未成年人,对消极内容进行管理。美国规制的重点是:制止淫秽色情内容,加强对未成年人的保护,保护版权,商务管理。这对我国的启示主要有:一、关怀弱势群体,体现社会公益;二、大力发展内容产业,加强对知识产权的保护理路;三、应为媒介内容管理制定法规性规章,积极推进产业结构的转型。[③]

国外方面美国是最早实行三网融合的国家,其三网融合的进程,是以法律的形式对监管内容、市场进入等进行规范后,开始推进的。关于三网融合引发的电视业变革,从上世纪90年代末迄今,其相关的研究成果已有不少,如克里斯托夫·E. 比奥多因的《互联网对知识的影响》、马里·斯卡塔·伊达的《美国电视数字化过程的艰难转折》。此外,还有诸如布鲁斯·M. 欧文的《互联网对电视的挑战》,哈里·卡斯特曼、沃尔特·J. 普德瑞兹克的《看电视:美国电视业的四个十年》,卡瑞恩·Y. 鲁的《互动电视的互动设计原理》等专著,这些成果从

① 王韩兵:《三网融合:广电从“危”到“机”》,《中国数字电视》2010年Z1期。

② 陈鹏:《三网融合背景下电视内容产业升级战略》,《电视研究》2011年第1期。

③ 周小普、王丽雅、王冲:《英美数字媒体内容规制初探》,《国际新闻界》2007年第11期。

数字技术对传统电视业的影响、传统电视的应对策略等方面进行了大量探究。

二、现代营销学视域下的成果梳理

这方面的成果主要包括从技术角度探讨三网融合下多屏分发的平台设计、传统受众发生的变化、电视媒体跨屏传播的策略探讨等。

大致研究情况如下：

以多屏为主题检索词在中国知网上检索，共有 358 条记录，但 2012 年、2013 年的文章居多。2012 年 60 篇，2013 年 130 篇。其中，以从技术角度来研究的成果居多。此外，有少量成果是对多屏时代受众变化、广告营销及电视媒体在内容上跨屏传播的策略探讨。

技术方面的研究多从三网融合后多屏平台的设计、需要解决的关键技术等方面来研究。如成霄、李玉军的《基于 IGRS 的数字电视多屏互动关键技术研究》(2013)、李芳的《数字电视多业务传输平台设计与实现》、许如钢的《构建融合视频分发平台，实现有线电视多屏融合》等。

对于多屏时代受众的变化，有学者认为：多屏时代，受众注意力由"碎"到"聚"，受众的娱乐、分享特质更为突出；受众的主体地位进一步加强，成为"公众"；受众的媒体依赖有可能加强。[①] 郭琳在《多屏时代的媒体受众分析——从媒介融合背景下受众角色的转变谈起》中提出，多屏时代受众有如下变化：受众关注对象的转移——由对传统媒介的热衷不断转向新媒介；受众接受心理——由传统的接受信息向更加综合性、多维化的使用信息转变；传媒业进入互动时代——由受者为主变为集传受合一的双重角色；互动应用增值服务增强，客户营销服务体系的建立——从单一线性服务向多重交叉性服务转变；受众的"公众化"趋势增强了社会的平权意识——由"受众"向"公众"角色转变；受众视野的全球化促使传播由地区性、区域性向跨媒体、跨文化、跨国家、跨语言传播转变。[②]

---

① 周子渊：《多屏互动十代的受众分析》，《新闻记者》2013 年 6 月。

② 郭琳：《多屏时代的媒体受众分析——从媒介融合背景下受众角色的转变谈起》，《当代电视》2010 年第 8 期。

对于多屏时代广告投放的策略，有学者认为：多屏时代，广告主的大品牌战略首选权威媒体。原因是：权威媒体亲民性强，收视表现强势；权威性强，广告可信度高；融入性高，收视“不掉线”；性价比优，传播连续性强；无复制性，广告资源稀缺。[①]

对于电视媒体内容跨屏传播的策略探讨，多数是从电视屏如何利用新媒体或社交媒体进行跨屏合作的角度进行研究。如洪枚在《从综艺节目的改版看多屏互动模式之推行》中以《我是歌手》为例，探讨了三网融合下传统电视通过与社交网站和视频网站的合作可实现多屏互动，互利共赢。[②] 李宇则在《多屏竞争格局下的传统电视与“第二屏”》中提出，电视屏通过在移动端推广社交应用程序，可实现“第二屏”营销。[③]

从总体看，当前的研究成果尚缺乏对电视内容产业多屏生产体系重构、内容品牌创新及内容产品分发体系等方面的系统研究，更没有一个成熟的电视产业多屏营销的理论模型对其予以支持。

第二节　核心概念

一、三网融合

目前国内一般认为：“三网融合”指的是电信网、广播电视网、互联网在向宽带通信网、数字电视网、下一代互联网演进的过程中，其技术功能趋于一致，业务范围趋于相同，网络互联互通、资源共享，能为用户提供话音、数据和广播电视等多种服务。具体而言，三网融合有以下特点：第一，三网融合的技术基础是通信、数字、网络等现代信息技术；第二，三网融合的表现形式是每种网络都可提供多种服务，业务交叉范围逐步扩大，网络间实现互联互动、资源共享；第三，三网融合的最终目标是为广大用户提供更好的数据、语音和广播电视的综合服

---

① 吴瑞艳：《电视：多屏时代的权威主屏》，《声屏世界·广告人》2013 年第 12 期。

② 洪枚：《从综艺节目的改版看多屏互动模式之推行》，《卫星电视与宽带多媒体》2013 年第 13 期。

③ 李宇：《多屏竞争格局下的传统电视与“第二屏”》，《卫星电视与宽带多媒体》2013 年第 17 期。

务，满足人民群众日益增长的物质文化需求，促进国家信息产业、文化事业和社会事业的发展。

二、营销学的基本概念、观念以及与本研究的关系

1. 营销

营销，简单说就是满足他人的需要且自己也能赢利。[①] 美国营销协会为之所下的定义是：营销是一项有组织的活动，它包括创造“价值”，将“价值”沟通输送给顾客，以及维系、管理公司与顾客间的关系，从而使得公司及其相关者受益的一系列过程。在本书中，我们把电视产业向多屏进行内容分发与实现价值增值的传播行为视作一个企业的营销行为。在电视媒体面对消费者市场即受众（在本书中，受众的概念被提升为“用户”，因此，如无特别说明，用户即指受众）的多终端选择等方面，探讨电视应有的营销战略。

2. 交换

交换是营销学的核心概念，交换的发生必须符合五个条件：至少要有两方；每一方都有被对方认为有价值的东西；每一方都能沟通信息和传送货物；每一方都可以自动接受或拒绝对方的产品；每一方都认为与另一方进行交易是适当的或称心如意的。交换能否真正产生，取决于买卖双方能否找到交换的条件，及交换以后双方都比交换以前好（或至少不比以前差）。营销的对象有十大项，有型的商品、无形的服务、事件、体验、人物、地点、财产权、组织、信息、观念。本书所涉及的正是其中的“信息”。

3. 市场

经济学家用市场来泛指一个特定产品或某类产品进行交易的卖方和买方的集合。在营销学上，其把卖方看成行业，买方则构成市场，卖方把商品、服务以及信息等传送到市场，反过来，他们收到货币和信息。本书中，我们研究的是消费者市场（即受众市场）的信息消费行为。在三网融合下，受众与媒介组织的信息交换与传播行为是交互进行的，也即受众在接受信息的同时，也在不断地

---

① 〔美〕菲利普·科特勒：《营销管理》（第 12 版），海清豪译，上海人民出版社 2006 年版，第 6 页。

向媒介组织传播信息，因此，媒介组织与消费者市场的关系，如图1—1。[①]

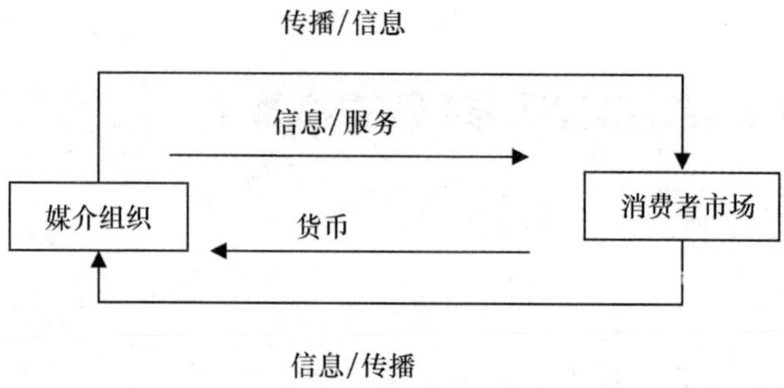

图1-1 媒介组织与消费者市场的关系图

4. 整合营销与合作共赢原则

营销学强调的全面营销的观念里，包括一个重要的观念即整合营销，其两大主题是:(1)传播和传递价值要通过不同的营销活动;(2)以合作效益最大化来调整不同的营销活动。如一个整合的传播战略包括选择可以是双方互相促进、互补的传播方式，营销人员可以选择电视、广播和印刷广告，也可选择公关活动以及网站的传播，以此改进和提高彼此的影响力。这一理念在本书中极富参考价值。在三网融合背景下，电视媒介产品面对用户多终端的营销选择，其与电信、互联网的共赢合作将是最好的选择。

5. 目标市场的定位与细分

目标市场与细分:在市场上，一个营销机构很难做到使每一位顾客都满意。根据顾客所需要的产品和营销组合的不同，营销者可以把它们分成具有明显特征的消费群体，市场营销人员往往根据消费者在人文、心理以及行为上的表现来进行市场细分，然后，判断出能为他们带来最大机会的服务对象。在本书中，基于三网融合下多屏的选择，媒介消费者的媒介接触行为较以往发生了很大变化，具有交叉性、重叠性、离散型等特点，因此目标市场的定位与细分更加复杂。

① 〔美〕菲利普·科特勒:《营销管理》(第12版)，海清豪译，上海人民出版社2006年版。

6. 供应品和品牌

供应品和品牌:供应品指任何能满足人类某种需要或欲望的东西。品牌是基于被消费者认可而形成的资产。比如,提到麦当劳人们就会联想到汉堡包、快乐的孩子、快餐、金色的拱门,这些就形成了麦当劳的品牌形象。品牌被移植到“电视媒体”“节目”上。

7. 营销渠道

营销渠道是营销者向目标市场发送信息、服务或产品的渠道。主要指三网融合后电视产业通过手机、互联网、其他新媒体形态等介质有效传送信息产品及服务的渠道。这是本书的核心内容之一,主要体现在第五章。

8. 营销环境

由工作环境(Task Environment)和大环境(Broad Environment)组成。工作环境主要指电视产品生产过程中涉及内部环境,包括电视媒体的运行机制、生产体系等,大环境主要指电视产品在传播过程中所赖以生存的环境,包括媒介环境、市场环境、经济环境、社会文化环境、技术环境(三网融合)等。

9. 营销观念和推销观念的区分

营销观念与推销观念最大的不同是出发点的区别,如图 1—2。[①]

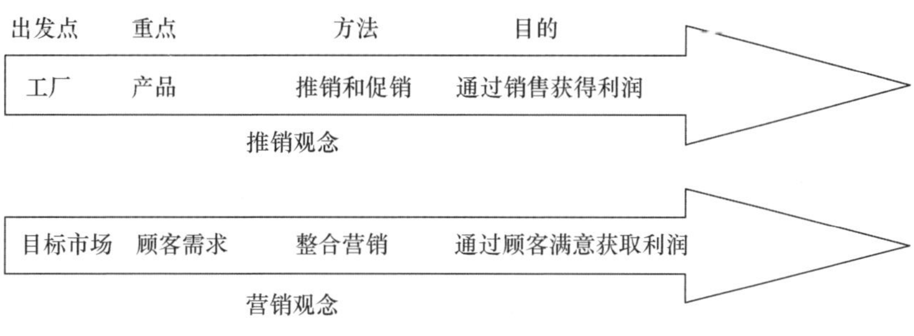

图 1-2　营销观念与推销观念的区别

与此相适应,现代整合营销的流程结构也发生了倒置性变化,如图 1—3。[②]

①② 〔美〕菲利普·科特勒:《营销管理》(第 12 版),海清豪译,上海人民出版社 2006 年版。

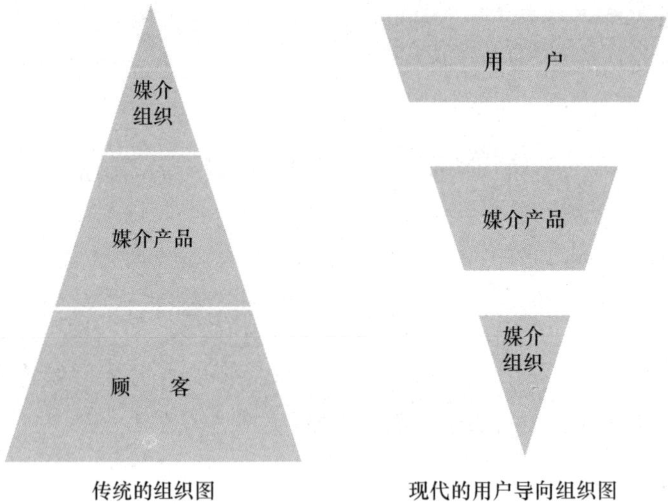

图 1－3　传统与现代营销流程对比

传统的营销理论即 4Ps 理论是建立在以企业为中心，向用户进行产品促销的基础上；而现在的营销理论即 4C 理论是以消费者（用户）为中心，在基于用户需求的基础上生产出个性化的产品并向用户分发产品的营销行为。

三、多屏及多屏营销

本书的多屏指基于三网融合技术而催生的新的媒介形态与终端，包括网络视频、IPTV、手机电视、互联网电视、互动电视、公共视听载体、移动多媒体广播电视等。相应的，多屏营销指的是三网融合下基于用户在多终端个性化信息需求的基础上，电视视频内容通过重构传受关系、重建内容生产体系、重塑个性化品牌产品等向不同终端分发的策略及过程，如图 1－4。

下文将通过对包括 IPTV、手机电视、互联网电视、CMMB 移动多媒体广播电视等在内的主要“屏”的特点、功能以及产业链特征等进行简单介绍，以便探讨基于接收终端变化的受众消费行为的改变以及如何有效构建新型受众关系。

（一）IPTV

1. 基本概念

国际联盟对 IPTV 的定义是：指通过可控、可管理、安全传送并具有 QoS 保

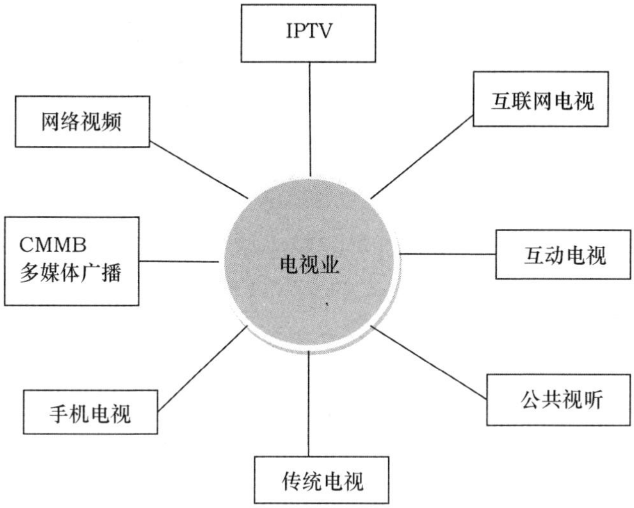

图 1-4　电视业的多屏营销图

证的无限或有线 IP 网，提供包含视频、音频（包括语音）、文本、图形和数据等业务在内的多媒体业务。其中，接收终端包括电视机、掌上电脑、手机、移动电视及其他类似终端。中国现阶段所指的 IPTV 是指通过可控、可管理、安全传送并具有 QoS 保证的有线 IP 网络，提供基于电视终端的多媒体业务。其中的 IP 网络可以使电信宽带网，也可以是经过 IP 化改造的有线电视网，但下阶段的 IP 电视业务主要运行在电信宽带网上。①

2. 主要功能

IPTV 是网络技术与电视传播相结合的产物，是数字化、网络化发展的必然结果，融合了传统电视业务、互联网上的多种应用以及新兴的通信业务，并通过机顶盒将业务集成呈现给用户，从而向用户提供高质量的交互式电视节目和视频内容。其具备四大功能：

（1）视频点播。用户可在任何时间点播收看已经录入系统的任意内容，具有充分支配自我观看时间和播放内容的权利。

（2）视频时移。该功能能够让用户在观看直播节目的同时，实现节目的暂停、后退等操作，并能快速进入到直播电视的当前时刻。

---

① 国家广电总局发展研究中心：《2011 中国视听新媒体发展报告》，社会科学文献出版社 2011 年版，第 96 页。

(3)双向互动。用户可通过投票等方式参与大节目活动当中,对节目进行实时反馈。同时,用户还可以通过该功能与其他用户进行互动。

(4)分众传播。该功能能够按照用户年龄、地域、收入、职业等标准进行个性化的信息服务,减少无效广告播放量。还可以为用户提供相关视频搜索以及互动游戏、电子商务等服务。

IPTV 实现了从“看电视”到“用电视”的功能升级。

3. 产业链构成

在中国的国情体制以及内容、网络分业监管的现状下,IPTV 采用并将长期维系广电和电信双主体运营的模式,广电牌照方主要负责从内容提供商那里获得视频内容资源和节目集成,并通过业务播控平台对业务进行管理;电信方则负责网络的建设和用户的推广,以及增值业务的运营和收费等。①

这使得中国 IPTV 的产业链具备广电和电信融合的特点,具体包括网络运营商、内容集成运营商(牌照运营商)、内容(版权)提供商、增值服务提供商、设备提供商和最终用户等多个环节。其中,网络运营商、内容集成运营商和最终用户是 IPTV 产业链中的三个关键环节。如图 1－5。②

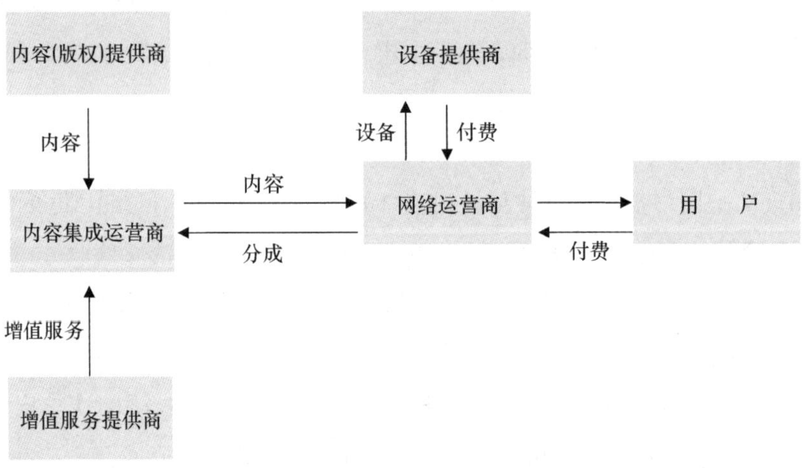

图 1－5　中国 IPTV 产业价值链示意图

①② 参见中国(上海)网络视听产业基地编:《2012 中国网络视听产业报告》,上海科学技术文献出版社 2012 年版。

网络运营商负责 IPTV 电视内容的传送及宽带接入。中国 IPTV 大多通过中国电信和中国联通的电信网络进行传送。越来越多的电信运营商意识到 IPTV 对增加宽带黏性的重要作用，因而将 IPTV 作为其战略性业务来发展。

内容集成运营商是 IPTV 产业链的核心环节。中国目前采用“广电主导、分工负责、优势互补”的管控措施。只有以广电播出机构为代表的牌照方，才享有内容集成运营资质，承担内容选择、播控、把关的权利和义务。“十一五”期间，广电总局共发放 IPTV 牌照七张，包括上海广播电视台、央视国际、南方传媒、中国国际广播电台等四张全国运营牌照，以及杭州华数、江苏广播电视总台等两张区域服务牌照，外加一张行业牌照：北京华夏安业科技有限公司。

内容（版权）提供商负责为内容集成运营平台源源不断地提供的内容，基本为主流电视媒体的内容，以维护内容产品的专业性、严肃性。

由于 IPTV 具有直播、点播、时移等功能，这给增值服务提供商提供了业务增值的机会，目前的增值业务基本能满足用户在休闲、娱乐、生活等方面个性化的要求。

设备制造商是 IPTV 电视产业链中技术系统及设备的提供者。目前包括 UT 斯达康、华为、中兴等机顶盒设备制造商。

用户是 IPTV 最终的消费者。随着互联网文化的影响和固网宽带向移动宽带的发展以及新型消费电子的突飞猛进，文化消费向多元化、个性化的方向发展成为必然趋势。而用户个性化多元化的消费需求又反过来拉动了中国 IPTV 产业链的创新增值。

4. 发展现状

2010 年 1 月 5 日，国务院《推进三网融合总体方案》（国发〔2010〕5 号文），明确规定了电信部门可经营 IPTV 电视传输服务，广电部门负责 IPTV 电视集成播控平台建设，这为 IPTV 的发展提供了政策依据。IPTV 在包括大连、杭州、厦门、北京、上海等在内的 12 个试点地区推行之后，目前随着三网融合在全国各地的加速，各地广电与电信产业在 IPTV 领域的合作也在提速，2012 年，江苏电信 IPTV 用户超过 400 万，用户规模居全国第一，中国网络电视台、山东广播电视台、中国联通山东省分公司共同推进的 IPTV 业务正式开通。湖南电广传媒股份有限公司以 37.27 亿元对湖南省 14 个市州的网络进行升级改造，中国网络电视台于 2012 年 7 月与北京签署 IPTV 合作协议，8 月与河北签署 IPTV 合作协议，10 月与青海签署 IPTV 合作协议。[①] 中国电信在很多省的分公司已经把 IPTV 纳入 KPI 考核之内，其 IPTV 用户规模在 2012 年突破 1200 万。据工信部统计，截止到 2013 年 1 月，我国 IPTV 用户数已近两千万，数量位居全球第一。[②]

(二)手机电视

1. 基本概念

指通过移动通信网传送、通过手机观看流媒体视频业务的电视服务。

手机电视的传送与接收主要有两种实现方式：一是公网模式，即通过移动互联网下载或者浏览视听网站上的视频内容，这一方式也被称为手机视频；二是专网模式，即利用移动通信网络和流媒体技术，以集成播控平台为中心，按照生产制作、内容包装、集成播控、传输分发的流程向手机用户提供视听内容的下载和在线观看。这一方式是目前观看手机电视的主要方式。以上两者均支持客户端模式。[③]

2. 业务形态

手机电视的业务形态主要有三种：视频直播、视频点播和下载播放。前两者的收视效果受移动通信网络宽带资源的限制。下载播放基本不受宽带限制。随着 3G 的全面启用以及 4G 的到来，手机用户高质量地观看体验视频直播、点播的质量将会大幅提高。

手机电视业务具有四大突出特点：一是便携性；二是个性化；三是互动性；四是开放性。这四个特点使得手机电视的用户增长很快。工信部的统计显示，截止到 2013 年 1 月，我国手机视频用户接近 5000 万户。[④]

3. 产业链构成

公网模式手机电视的产业链结构相对简单，主要包括内容服务商、移动通

① 崔保国主编：《2013 年中国传媒产业发展报告》，社会科学文献出版社 2013 年版。

② 赛迪网新闻中心，http://news.ccidnet.com/art/949/20130107/4620341_1.html

③ 国家广电总局发展研究中心：《2011 中国视听新媒体发展报告》，社会科学文献出版社 2011 年版，第 114 页。

④ 赛迪网，http://tech.sina.com.cn/t/2013－01－07/08417953232.shtml

信网络运营商、用户。内容服务商可以避开移动通信网的管控直接向手机用户提供服务。移动网络运营商仅提供通道服务，靠收取流量费支撑网络运行成本。目前，内容服务商只要提供应用程序，商店分发客户端软件供用户下载安装，用户即可享受手机电视内容服务。

专网模式手机电视的产业链结构较为复杂，一般包括内容生产商、内容服务商、内容集成播控运营商、增值业务提供商、移动通信运营商、系统设备提供商、广告商、终端厂商、用户等环节构成，如图 1－6。[①]

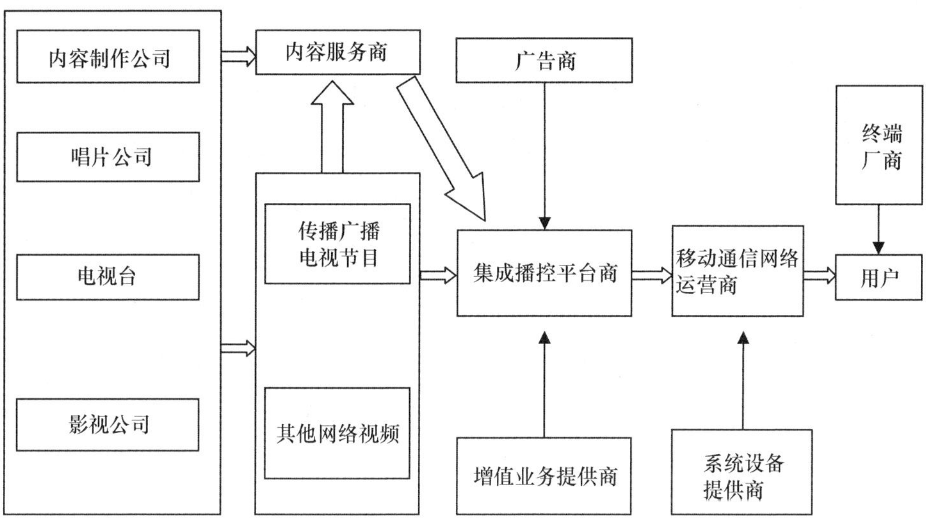

图 1－6　手机电视产业链

内容生产商通过向内容服务商出售内容版权赢利，内容服务商通过对用户的市场分析研究，按用户需求组合包装具有自主品牌的手机电视点播节目库、节目频道，并专线接入到集成播控平台。其收入来源于广告商收入和手机用户缴纳的收视费分成。内容集成播控运营商的主要任务是集成和接入各手机电视内容服务上具有品牌标示的频道、主体点播库等节目信号，按照展示界面及电子节目单进行编排，并稳定、安全地播出节目。移动通信网络运营商的主要任务是建立和优化手机电视节目信号专用分发体系，将手机电视内容集成播控

① 国家广电总局发展研究中心：《2011 中国视听新媒体发展报告》，社会科学文献出版社 2011 年版，第 115 页。

平台的节目完整传送到手机终端。移动网络运营商和手机电视内容集成播出机构对手机用户收看节目内容进行计费双认证。其收入来源是手机电视产生的用户流量费和约定的其他收入分成。用户的作用是对手机电视内容进行消费,并支付相应费用。只有当用户通过手机终端进行消费并形成一定规模,手机电视产业才能真正发展起来。

4. 发展现状

中国3G手机电视业务从2009年开始启动。根据相关政策,提供手机电视内容服务和集成播控服务需要取得国家广电总局颁发的基于手机终端的《信息网络传播视听节目许可证》,即手机电视牌照。目前,公网电视的手机电视牌照发放方式尚未明确,牌照发放主要基于移动通信网的专网手机电视方面。2010年,国家三网融合政策出台,明确规定广播电视播出机构负责手机电视集成播控平台建设和管理,负责节目的统一集成和播出控制,负责电子节目指南(EPG)、用户端、计费、版权等管理。按照这一要求,广电总局批复了上海广播电视台、中央电视台等单位开展基于3G业务的手机电视内容集成播控服务。

另一方面,随着平板电脑、智能手机的迅速普及,2012年,中国手机网民有4.2亿人,其中智能手机用户数达到2.9亿人。随着购买智能手机用户比例的不断增大,智能手机的市场份额也将进一步扩大,根据调查,50.6%的手机网民未来计划购买智能手机。智能手机最大的优势就是能够观看移动视频。目前,移动视频的用户数量正直追其他视频媒介。据DCCI《中国网络视频蓝皮书》数据显示,视频用户每周观看视频时长分布分别为:个人电脑12.6小时/周、电视9小时/周、平板电脑8.3小时/周,智能手机7小时/周。因此,激活移动视频业务,是电视业获取收益很重要的一环。然而,当前这一领域并没有被激活。

中国互联网络信息中心的数据显示,2012年手机首次超越台式电脑成为第一大上网终端,这使得原本的互联网巨头加快移动互联网的布局。百度开展了“移动·云”,成立了LBS事业部。腾讯云平台已经运营了两年,2012年的微信用户已经超过2亿,在移动互联网方面占尽先机。目前搜狐新闻客户端已获得6000万安装激活量,总订阅量突破1.6亿,成为迅速发展的移动媒体平台。新浪也根据现有的用户情况将主要业务划分为门户和微博两大板块。在终端争夺方面,百度、奇虎360、阿里巴巴、盛大等互联网厂商纷纷加入到了手机制造领域，特供机与应用推广齐头并进，直接将自己的移动应用内置在智能手机桌面。2012 年，iPhone5、三星 Note2 更是炒热了智能手机终端。[①]

在这种情况下，传统电视业要考虑的是如何搭建平台、提供内容与应用，在移动视频领域分得一杯羹。

(三)互联网电视

1. 基本概念

考虑到中国的实际情况，本书所称的互联网电视指以公共互联网为传输介质，以绑定了特定编号的电视一体机为输出终端，并经国家广电行政部门批准，由其集成播控平台向全国范围内的用户提供视音频等多媒体内容及其他相关增值业务的服务。[②] 在我国，除了 TCL、海信、长虹、创维等在内的一线电视机生产企业相继推出的互联网电视一体机产品，互联网电视还包括提供类似服务 OTT(Over the Top TV 的缩写)机顶盒。[③]

2. 主要特点

互联网电视是新型互联网技术与传统电视技术相结合的产物，集中了两者的优势，具有四方面特点：

(1)可管可控。广电总局对互联网电视采取“集成＋内容”的双重监管模式，并由广电总局颁发集成服务牌照及内容牌照。这意味着，互联网电视生产厂商必须“一对一”绑定拥有集成业务牌照公司的客户端，并选择有内容牌照的内容提供商，推广其互联网电视。

(2)继承了互联网的交互性特征。这种交互性包括用户与互联网电视集成播控平台之间的请求与相应，也包括用户之间的互动。

(3)提供良好的用户体验。集电脑和电视的体验与一身，用户不仅可以根据自身需求点播节目，还可以进行信息咨询查询、分享等。

(4)可以构建服务平台，承载较多增值业务。

---

① 崔保国:《2013 年中国传媒产业发展报告》，社会科学文献出版社，第 25 页。

② 国家广电总局发展研究中心:《2011 中国视听新媒体发展报告》，社会科学文献出版社 2011 年版，第 136 页。

③ 中国(上海)网络视听产业基地编:《2013 中国网络视听产业报告》，上海科学技术文献出版社 2013 年版。

3. 产业链构成

在中国互联网电视发展初期，其产业链基本为：内容提供商＋网络服务商＋电视一体机厂商的模式（如图 1－7）。随着国家层面对互联网电视的发展方式做出重大调整，互联网电视产业链结构发生了变化，构筑了一条以集成播控平台运营商、内容服务牌照商、网络运营商、电视机一体商为主要参与者的产业链，由此带动上下游和外围产业的发展。[①]

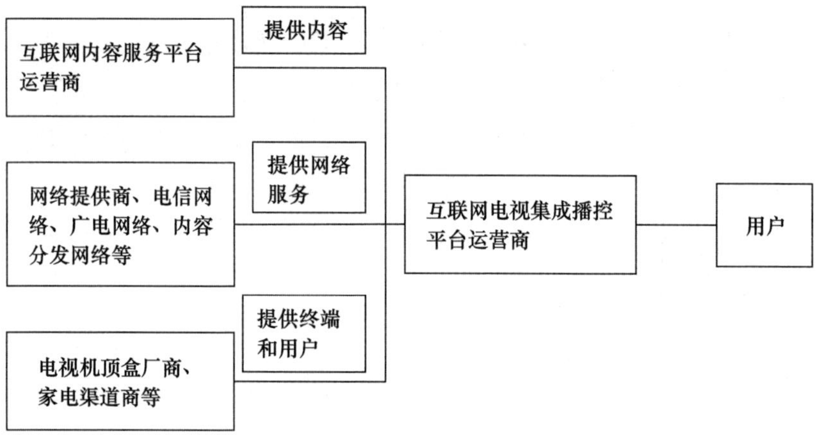

图 1－7　互联网电视产业链基本结构图

集成播控平台运营商和内容服务平台运营商由广电总局颁发牌照。前者负责互联网电视的集成播控平台的建设和运营，通过组织自有或第三方的节目内容，将电视节目、视音频节目、互联网业务和各项增值业务传送并呈现给用户；后者提供包括直播、点播、下载等形式播出的视音频节目服务、互动服务、增值服务、互联网信息服务等。网络运营商负责互联网电视的宽带接入。终端生产商生产互联网电视机作为播出终端。

4. 发展状况

我国从 1997 年引入互联网电视这一概念开始，经过十几年的发展，目前仍

① 中国（上海）网络视听产业基地编：《2012 中国网络视听产业报告》，上海科学技术文献出版社 2012 年版。

处在商业模式和产业链发展阶段(如图 1—8)。[①]

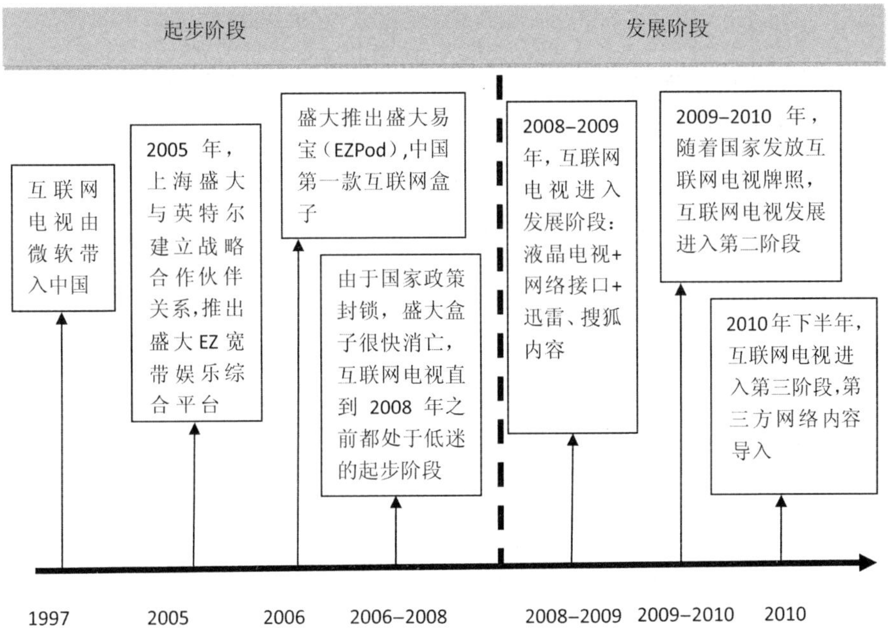

图 1-8　中国互联网电视市场发展过程

在互联网电视发展的过程中，2008 年是一个分水岭，2008 年后，国家政策开始明朗，电视厂家开始推动；2008—2009 年，以创维酷开、海尔模卡、长虹乐教为代表的带互联网功能的电视机进入市场，其特征是：液晶电视＋网络接口＋迅雷＋搜狐内容；2009—2010 年，随着国家互联网电视牌照发布，家电厂家采用单一 SOC 芯片方案，集成华数、百视通、CNTV 等互联网电视平台；2010 年下半年起，以创维、海信等厂家采用基于 ARM、Android 等方案的智能电视，支撑牌照商内容，且基于开放平台进行第三方网络内容的导入。

总体来看，互联网电视的发展速度较慢，目前的入户率较低。以 2010 年为例，国内互联网电视及终端出货量达到 500 万台，开机率仅为 10%—20%。

---

① 中国(上海)网络视听产业基地编：《2012 中国网络视听产业报告》，上海科学技术文献出版社 2012 年版。

(四) CMMB 移动多媒体广播电视

1. 基本概念

移动多媒体电视：指利用无线数字电视技术向手机、MP4、笔记本电脑等 7 英寸以下小屏幕终端随时随地提供电视节目和信息服务的电视服务。中国的移动多媒体电视采用具有自主知识产权的 CMMB 标准，并建立了全国统一的运营体制，中广传播集团是 CMMB 移动多媒体广播电视的运营主体。[①]

2. 主要特点

与国外移动多媒体广播电视标准以及传统数字电视相比，CMMB 具有如下特点：

(1)面向终端广泛。任何带屏幕的小终端，只要加装 CMMB 芯片，就能接受 CMMB 信号。目前，CMMB 可支持手机、PDA、笔记本电脑、MP3、MP4、数码相机以及火车、汽车、轮船、飞机上的小型接收终端等。

(2)支持多种业务。CMMB 不仅可以提供广播电视节目，还可提供电子节目指南、全国及地区广播、天气、新闻等综合信息服务，以及交通导航、股票、购物、游戏、电子支付等增值业务，可实现点播、推送等服务方式。

(3)组网简单。可利用现有广播电视覆盖网基础设施建设地面覆盖网。

(4)支持多级运营。支持中央和地方相结合的运营体系，具备加密授权管理体系，支持统一标准和运营，支持用户全国漫游，并确保安全运营。

3. 业务形态

移动多媒体广播电视业务运营支撑系统由网络管理、系统管理、计费、结算、账户和客户服务等部分组成，是一个综合型的业务运营和管理平台。2008 年开始业务试播，当时在全国 37 个城市的用户可以通过 CMMB 接收芯片的移动终端，接收到 6 套电视节目、4 套广播节目。调查显示：72％的用户希望能在手机里增加 CMMB 功能；90％的 MP4 终端用户希望增加 CMMB 的功能；70％的 GPS 终端用户表示希望增加 CMMB 功能。同时，在北京奥运会期间，受调查的用户基本上每天都会使用移动多媒体广播电视服务，平均每天观看时长为

---

① 中国(上海)网络视听产业基地编：《2013 中国网络视听产业报告》，上海科学技术文献出版社 2013 年版。

160分钟左右;奥运会后,60%的用户仍每天使用CMMB业务,且日均收看时长在95分钟左右。①

由于移动多媒体广播电视由广电开发和运行,因此业务开发和运营少了很多中间环节,这为各级广播电视机构往这个领域拓展业务创造了条件。广播电视机构拥有丰富的节目资源,只要稍加改版,就能适合移动人群收看。目前,移动多媒体广播电视又不断推出新业态。如2009年,中广传播集团在播出原有电视节目的基础上,推出"睛彩"系列品牌,包括"睛彩电影""睛彩广播""睛彩财经""睛彩导航""睛彩阅读"等。"睛彩电影"由中广传播集团与电影卫星频道节目制作中心合作,以"小电影"(片长约15分钟)+"大电影"(常规的电影)+"固定电影栏目"的形式播出,是中国第一个专门针对移动人群的移动多媒体广播电视频道。

此外,还有网络视频、互动电视、公共视听载体等"屏"。以下对其作简单介绍:

网络视频:指采用IP协议、通过互联网传输数据,以个人电脑为终端的音视频传播业务,包括狭义的网络电视、网络电影以及音视频分享网站、音视频搜索、P2P视频服务等。目前,中国网络视频产业保持了良好发展态势,优酷、土豆、搜狐视频、爱奇艺、乐视网、PPLIVE、PPS等一大批互联网视频网站成为这一产业中坚。②

互动电视:指能实现电视观众与电视内容的互动,与传统单向电视相对应的双向互动式数字电视,能提供可点播的具有高度个性化和互动性的精彩节目,用户可以通过电视终端实现个性化的节目回看与录制、点播和定制。目前,全国有线电视网络正在进行双向互动电视系统的建设。③

公共视听载体:指包括车载移动电视、楼宇电视、户外大屏幕等媒体形态在内的,采用地面数字电视技术、硬盘播放技术、无线互联网下载技术等多种技术手段,在室内外公共场所面向大众开展电视服务的载体统称。④

在三网融合下,传统电视产业需要根据每个"屏"的特征、功能与产业链等

① 国家广电总局发展研究中心:《2011中国视听新媒体发展报告》,社会科学文献出版社2011年版,第178页。

②③④ 中国(上海)网络视听产业基地编:《2013中国网络视听产业报告》,上海科学技术文献出版社2013年版。

的共性和差异，因“屏”制宜，发挥内容产品的核心优势，制定出不同的营销策略，实现多屏落地。

本章小结

本章对国内外相关研究成果进行了简单梳理与分析，指出从营销学的角度对电视内容生产进行研究虽有一些成果，但缺乏对电视内容产业多屏生产体系重构、内容品牌创新及内容产品分发体系等方面的系统研究，更没有一个成熟的电视产业多屏营销的理论模型对其予以支持。此外，本章对与本研究相关的营销学的基本概念、观念以及三网融合下电视产业营销的各个“屏”的概念、特点、主要业务形态及产业链构成进行了解释与分析，为后面的研究作了铺垫。

第二章　三网融合下电视产业多屏营销的必要性

第一节　三网融合的由来及在国外的实践经验

从世界范围看，无论是国际标准化组织，还是学术界或业界都没有“三网融合”这一术语，只有“媒介融合”（Media Convergence）与“三重播放”（Triple Play：电视、电话和互联网）及“四重播放”（Quadruple Play：电视、电话、互联网和移动通讯）等术语。“媒介融合”一语由美国马萨诸塞州理工大学的普尔教授最早提出，指的是各种媒介的多功能一体化发展趋势，其涵义广涉“一切媒介及其有关要素的汇聚、结合甚至融合[①]，包含但不单指三网融合”。如果追溯“三网融合”的由来，目前普遍认为美国是世界上最早实行此项政策的国家。其政策依据是《1996 年电信法》，该法被认为是一份基石性文件，它为美国的“三网融合”扫清了法律障碍，把之前的《1934 年通信法》《1984 年有线电视法》《1992 年有线电视消费者保护及竞争法》等法律中有关广播电视和电信的规制内容整合在一起，规定有线电视运营商及其附属机构从事电信服务，不必申请获取特许权；特许权管理机构不得禁止或限制有线电视运营商及其附属机构提供电信服务，也不得对其服务施加任何条件；电信企业可以通过无线通信方式、有线电视系统以及开放的视频系统提供广播电视服务。这部法律对之前不对称进入的规定进行了修改，在法律中明确规定允许广电业和电信业双向进入，彻底打破了美国信息产业混业经营的限制，允许长话、市话、广播、有线电视、影视服务等业务互相渗透，也允许各类电信运营者互相参股，创造了自由竞争的法律环境。

① 陈浩文：《媒介融合的分类——以美国媒体为例》，《中华新闻报》2007 年 7 月 4 日。

由此，通过电缆和光纤传输信号的有线电视公司借助其设备优势，纷纷进入电话和网络市场；电话公司则通过设施升级和兼并等方式开始拓展网络和电视服务。原先分属不同领域的企业所提供的服务差异越来越小，“语音＋视频＋数据”一体化的模式日趋普遍。《1996 年电信法》的颁布直接导致了 1999 年 AT&T 收购当时美国第二大有线电视公司 TCI（美国远程传播有线电视公司），导致了今日美国有线老大康卡斯特（Comcast）全面开展 Triple Play（三重播放：电视、电话和互联网）和 Quadruple Play（四重播放：电视、电话、互联网和移动通讯）业务。[①] 除了美国，目前包括英国、日本等在内的全球 20 多个国家均已实现了电信和广电的双向进入。

以美国为例，尽管《1996 年电信法》对“三网”融合作了法律规制，但当时的实际情况是，已经有将近 80％的人是付费有线电视或卫星电视用户，因此电信要进入电视市场比有线电视进入语音通信市场要难得多，要面临政策和市场的双重困难。在这种情况下，电信公司选择 IPTV（网络互动电视）作为与有线电视运营商竞争的突破口，通过推出三重服务来开展融合业务，通过三合一服务（Triple-play）的方式，将语音业务、互联网接入业务和电视业务捆绑在一起提供给用户。以主要的电信运营商韦里孙（Verizon）通信公司为例，该公司在电话及宽带网络方面有优势，但传输电视信号技术方面则不如有线电视。2005 年后，韦里孙通信公司铺设了自己的光纤电缆，实现一缆三用，开始提供自己的电视服务。随着技术的不断改进及依靠光纤电缆的优势，现在该公司可以提供高速上网、高清电视及优质电话服务。从 2010 年 1 月 18 日起，该公司还推出了新的 FiOS 捆绑服务，利用光纤电缆，提供高速双向上网及游戏等服务，为社交网络、视频会议、电子医学服务及保安监视系统等提供方便，同时提供的高清电视频道达 90 个。据美国《消费者报道》杂志的一项最新调查显示，韦里孙通信公司提供的服务在三网融合用户满意度方面在全美排名第二。不过，在没有光纤电缆的地区，还只能靠老式的铜电缆，虽然也能做到三网融合，但质量要差得多。当然，收费也相对较低。韦里孙通信公司光纤与铜电缆并存，以迎合不同用户的需要。

---

① 连少英：《美国三网融合对中国发展的启示》，《第三届经济新闻改革与发展研讨会论文集》，辽宁美术出版社 2010 年版。

在电视与互联网的合作方面，从1995年开始，美国传统的电视行业开始通过业内兼并，与电脑业合营或合作，增加自身的竞争能力。典型的例子是1996年微软与NBC结盟成立的MSNBC。当时，比尔·盖茨要打造一个集网络和电视于一体的高科技跨媒体模式，为此投资5亿美元联手NBC成立合资公司，下辖MSNBC新闻频道和MSNBC.com网站，两家公司各拥有50%的股份。其中MSNBC.com具有真正意义上的多媒体特征。根据尼尔森的调查，MSNBC.com是在全美仅次于雅虎新闻的第二大新闻网站，它们的融合已不仅是传统媒体在网络上的延伸，更在于二者实现了媒介内容、媒介形态与媒介经营的交融。而两者结合的另一个MSNBC新闻频道，收视率却不断落后于福克斯新闻和CNN，在此情况下，微软一再减少持股，最终使NBC环球拥有了对新闻频道的绝对控股。微软的媒体投资战略从内容制作退回到更擅长的技术开发。该融合事件表明，即使在三网融合之下，广电、电信和互联网三大产业均有各自传统的最擅长的领域，各个产业不太可能做出除自己优势项目以外的产品成就。①

第二节　我国三网融合的政策依据及对我国电视业的影响

一、我国三网融合的政策依据

我国最早在1998年提出“三网融合”的概念，之后“三网融合”连续被列入国家“九五”“十五”“十一五”计划，尤其在2001年3月15日通过的《中华人民共和国国民经济和社会发展第十个五年规划纲要》中，明确提出了“三网融合”，即促进电信、电视、计算机“三网融合”，但此后长期推而不动。这一方面是由于我国长期以来电信和广电分业监管，三网融合过程中互相扯皮的现象严重阻碍了推进的速度。同时也是各方对“三网融合”内涵的理解达不成共识。直至2010年1月13日，国务院总理温家宝主持召开国务院常务会议，决定加快推进电信网、广播电视网和互联网“三网融合”。会议上明确了“三网融合”的时间

① 连少英:《美国三网融合对中国发展的启示》,《第三届经济新闻改革与发展研讨会论文集》,辽宁美术出版社2010年版。

表。会议对“三网融合”进程进行了阶段性的规划:第一步是从 2010 至 2012 年,重点开展广电和电信业务双向进入试点,探索形成保障“三网融合”规范有序开展的政策体系和体制机制。第二步是从 2013 至 2015 年,总结推广试点经验,全面实现“三网融合”发展,普及应用融合业务,基本形成适度竞争的网络产业格局。此后,三网融合的发展被推入快车道。学界和业界对“三网融合”的内涵认识也开始趋于一致。从这一时期的研究成果大量上升上也能窥见一斑。从 2010 至 2013 年,三网融合工作陆续取得了多项进展:江苏南京率先在全国实现三网融合的“云媒体电视”;武汉移动与武汉广电共同签署了“三网融合·共建 G3 数字家庭”战略合作协议,联合推出全国首个三网合一套餐;上海中心城区已经完成 100 万户下一代广播电视网的建设和 220 万户有线电视数字整体转换的工作;三网融合新增加第二批 42 个试点城市,三网融合正稳步朝着全国推广的目标前进;中国广播电视网络公司在酝酿挂牌,有线网络“全国一张网”指日可待……三网融合虽然仍受到技术、市场、利益、国家信息安全等多方面因素的影响,但融合趋势已经明朗。

2013 年 7 月 12 日,新一届国务院总理李克强主持召开国务院常务会议,会议要求,提升 3G 网络覆盖面和服务质量,推动年内发放 4G 牌照;全面推进三网融合,年内向全国推广;鼓励民间资本以参股方式进入基础电信运营市场。这进一步表明:“三网融合”已成为大势所趋,广电、电信行业多年纠结与遗留问题的解决已被提上议事议程。

二、三网融合对我国电视业的影响

(一)挑战

1. 电信的全国一张网给广电大而分散的网络形成竞争性压力

由于广电产业历史上以行政区划、四级办台的体制,在全国拥有大大小小两千多个网,并且每个网发展程度和技术标准都不统一。随着三网融合的加速及数字化的深入发展,小而散的市场格局带来的问题是成本高、效益低,无法形成足够的规模,从而与全国一张网的电信行业竞争。广电行业必须提升网络整合的力度，构建一张实质的全程全网。事实上，到 2010 年初，我国已经有 13 个省级有线网络完成了省内整合，还有十多个省份开始进行整合，有线网内部的整合已经顺理成章。2010 年底将基本完成省级网络整合，并允许网络公司跨区域进行资产重组和业务联合。尤其是 NGB 的提出，更是瞄准终结当前有线网小而散的格局，要形成一个全国互联互通、可管可控的网络，成为国家的基础信息化设施。从三网融合的角度来看，广电网已经在打造一个与中移动、中联通、中电信进行直接竞争的中国广电网，形成 3＋1 的网络发展新格局。①

2. 移动视频终端将挑战传统有线电视

基于三网融合基础上的手机电视、网络电视、地面数字移动电视等具有随时随地收看视频的优势，未来最具有竞争性的收看模式将是移动视频模式，它彻底打破了传统的单线传播模式。在这种新模式下，受众参与传播过程，甚至成为传播主体，满足了人们在生活工作节奏不断加快的现代社会里充分利用碎片化时间进行信息消费的诉求。传统电视的以客厅为主要传播场所的单向传播必须要进行改革方能锁住观众的眼球。

中国互联网络信息中心的数据显示，截至 2012 年 12 月底，中国网民规模达 5.64 亿人，全年新增网民 5 090 万人。互联网普及率为 42.1％，其中，网络视频用户呈现持续稳定的增长态势，2012 年底用户规模达 3.72 亿。这些用户当中，仅有 22.2％的视频用户每天收看电视，高达 61.6％用户每周收看电视不到一天。考虑到仅有不到 49％的用户过去一周内接触电视媒体，且每周只有一天在收看电视的比例超过 70％，电视媒体已经部分被网络视频所替代。在电视频道的选择上，湖南卫视位居第一，选择的比例为 25.1％；CCTV－1 和浙江卫视位列第二、第三位，选择比例分别为 22.3％、20.1％；江苏卫视、CCTV－新闻频道分列第四、第五位，选择比例分别为 19.5％、18.9％。从网络视频收看内容上看，网络用户偏爱电视剧，通过网络收看比例超过了一半，其中“基本通过网上收看”的比例为 28.7％，“大部分通过网上看，偶尔在电视上看”的用户占 25.0％，网络视频已经分流了传统电视剧播放超过 50％的收看渠道。主要原因是：用户认为“收看时间自由”且可以“自己控制，可随时暂停”，以及“一次可以看多

① 周艳：《三网融合背景下广电如何应对》，《现代传播》2010 年第 5 期。

集,不用一集一集地等”,“广告少”。从用户人口特征来看,网络视频用户中,男性网民占57.9%,高出整体网民2.1个百分点。女性网民占42.1%,稍低于整体网民女性比例。从年龄分布来看,网络视频用户主要集中在10—39岁之间,占比达80.6%,其中10—19岁占23.5%,20—29岁占32.3%,30—39岁占24.8%。相比整体网民年龄结构,网络视频用户呈现年轻化的态势。从学历上来看,网络视频用户受教育程度较高,高中及以上学历的比例要高于整体网民,其中大学本科以上学历高出整体网民2.9个百分点。从收入来看,网络视频用户收入主要集中在“2001—3000元”和“3001—5000元”两个区内。综上所述,使用PC、手机等移动媒体进行视频消费的用户更年轻、学历更高。①

在以电视机为载体的视频收看群体中,绝大多数人群还是收看传统的有线电视,通过电视上网的比例还比较低,仅有11.4%的用户过去半年通过电视上过网,已通过电视上网的用户中,36.1%通过自带操作系统的智能电视上网,另有18.7%的用户通过自带上网功能的电视上网,22.8%通过机顶盒上网,17.6%通过外接电脑上网。同时,数据显示,相比于电脑上网,通过电视上网的活动更加集中,目的性更强。其中有72.7%的用户通过电视在线看视频,37.3%的用户通过电视看新闻,其他活动使用比例均在20%以下。电视由于具备屏幕大、视觉效果好的特点,使其在观看视频时拥有电脑所不具备的视觉优势,网络与电视的结合,提升了受访者通过电视收看在线视频的兴趣。但由于目前技术的限制,当前绝大多数的数字电视尚不具备上网功能。因此,传统有线电视如要在多屏时代具有竞争力,必须要在构建全国一张网NGB的基础上,在双向改造彻底完成后,发展出自己的一套媒介体系,从而提高服务质量,据笔者考证,有线通信电视将是未来有线电视的发展模式。在这种模式下,“电视”概念将彻底发生改变:它不仅可以接收数字信号的电视节目,还可以连接互联网,从某种意义上讲发挥着“电脑”的作用,受众不必打开电脑,利用遥控器就可以使用电视的终端来获取网络的信息,一些视频或节目也会被广播电视公司直接放到自己的网页上,供观众选择观看。②

①② 中国互联网络信息中心:《2013中国互联网发展状况统计报告》,电子工业出版社2013年版。

3. 多方视频相继进入将瓜分传统电视业务市场

(1)电信业的视频竞争

三网融合相关政策规定，电信将有权从事内容生产，目前，电信业着力进行的业务拓展有两个：IPTV 和 3G、4G 业务。截至 2009 年年底，经广电总局批准试点城市的 IPTV 用户数超过了 200 万户，在上海还出现了 IPTV 用户数略高于有线数字电视用户数的现象。数据显示，截至 2009 年年底，获得国家广电总局视频制作许可证的机构国内有 398 家，电信占 6 家。2013 年 10 月 8 日，国家发改委发布：《关于组织实施 2013 年移动互联网及第四代移动通信（TD—LTE）（4G）产业化的专项通知》，重点支持移动智能终端新型应用系统研发及产业化等八大专项。2013 年 12 月 4 日，4G 牌照正式发放。带动终端制造和软件等上下游行业，产业规模有望突破万亿元大关。符合条件的电信企业可以从事除时政节目以外的广播电视节目的生产制作，互联网视听节目的信号传输，转播时政类新闻视听节目服务，以及除广播、电台、电视台形态以外的公共互联网音视频节目服务和 IPTV 传输服务、手机、电视分发服务。①

(2)制播分离下社会力量对视频行业的瓜分

制播分离下，很多民间力量开始进入视频节目制作市场，就电视产业而言，除新闻时政类节目外，其他如娱乐节目、电视剧等对民间制作公司全部放开，这在有力激发电视产业活力的同时，也给其带来极大压力。目前，很多在电视上热播的节目如浙江台的《中国好声音》均由民营公司制作。

(3)民营网站的视频竞争

凭借雄厚的资金实力、丰富的市场运作经验以及独特的客户终端系统和服务系统，一些有实力的民营网站包括视频网站和门户网站正着力发展视频业务。他们从三个方面对传统电视业构成威胁：自制内容、购买版权、从传统电视挖人才。如今，搜狐、新浪、腾讯等每年用于购买电视剧版权的资金在上亿元。同时，他们从传统电视媒体挖人，从经营管理到视频制作各方面与传统电视竞争。另一方面，民营视频网站，如土豆、优酷等作为网络视频的先行者，经过了

① 李岚：《挑战与机遇并存，三网融合时代催生中国广电产业发展的战略转型》，《广告人》2010 年第 7 期。

多年的市场洗礼之后也拥有强大的视频竞争优势，他们与门户网站一起来瓜分传统电视市场，也必将引发视频行业的重新洗牌。

(二)优势

“三网融合”，将有力促进广播电视系统的数字化升级改造、有线电视网络整合、有线电视数字化整体转换，有力促进数字电视、高清电视业务开发和内容生产制作，有力促进视听新媒体的发展和传统广电媒体与视听新媒体的融合发展，从而全面增强广播电视的制作、传输、覆盖、传播能力，推进全国广播电视的现代化进程，使广播电视成为社会主义文化建设的主力军。

作为视频行业的先行者，传统电视业不仅拥有多种现代传输手段构成的传输网络，而且拥有丰富的内容资源、强大的人才队伍、丰富的制作经验和完备的制作机构，在网络传输和内容提供两方面均具有战略优势。[①]

1. 网络优势

我国广播电视从 20 世纪 90 年代以来进行了大规模的技术设备更新改造和扩建，目前全国广电共拥有发射台、转播台 6 万多座，发射总功率大大增强；全国有线网络系统经过 20 余年的建设发展，目前已拥有有线广播电视传输干线网络总长 320 万公里，其中国家干线网 40.9 万公里，省级干线网 59.6 万公里；卫星网络系统，自 1995 年开启卫星传输广电节目以来，中央广播电视节目和省级广播电视节目已全面实现卫星传送，目前全国广电系统拥有卫星地球站 34 座，卫星收转站 1738 万多座。上述三大传输系统，承担着对内对外传输发送广播电视节目和其他信息数据的业务。2009 年底，全国广播和电视人口综合覆盖率已分别达到 96.31%和 97.23%，拥有超过 6500 万用户。有线电视网络已在全国 163 个城市、460 多个县市和广西、宁夏、海南三省区全面实现数字化整体转换；直播卫星覆盖超过 1200 万户；自主研发的移动多媒体广播电视(CMMB)已形成比较完备的技术标准体系，并已完成 337 个城市的信号覆盖，完成了 30 个省份的业务运营支撑系统建设和运营签约，已经拥有了 200 多种终端。2009 年 7 月 31 日，NGB 的试点工作在上海正式启动，标志着我国的 NGB 建设进入了实质性的推进阶段。按照规划，广电将分三大步骤，用十年左

① 黄勇:《融合对广电系统意味着什么》,《新闻战线》2010 年第 5 期。

右的时间内，将 NGB 覆盖到 2 亿用户，平均接入速率超过 100Mbps，成为国家的基础信息服务网络，为用户提供综合信息服务。[①]

“十二五”期间（2011—2015 年），除加快广电媒体数字化、网络化建设外，还将加快下一代广播电视网（NGB）的建设，使之成为具有“三网融合”基本特征的新一代国家信息网络基础设施。到那时，“三网融合”将全面得以实现，人们可以普遍享用其业务和多样化服务，信息网络产业和广播电视产业将获得更大的发展。[②]

2. 内容优势

产业的竞争最终是内容的竞争，因为用户最终消费的是内容产品。在这方面，电视业无疑拥有无可替代的优势，几十年来，全国四级电视台均积累了大量的节目资源，仅中央电视台就有上百万小时的节目资源。这些资源经过整理可形成各种节目资源库，可在媒介市场进行出售，直接产生效益，此外，经过数字化转换后，对于电视台而言，也可以得到有效开发和利用，成为各种媒介终端服务新的节目形态的原材料。

3. 人才优势

传统电视业拥有最专业的媒介从业人员，据统计，目前全国共有电视台 272 座、广播电视台 2087 座、教育电视台 44 座，拥有编制内制播方面的专业人才 16.16 万人，占全部编制内专业技术人员的 50%。

在三网融合下，产业的竞争还将是人才的竞争，有了人才，就有了创意，有了内容，继而有了效益。从目前新的视频媒介以高薪从传统电视业挖掘人才，就可见一斑。

4. 政策优势

三网融合的总体方案不对称地开放了广电运营商经营电信和互联网等方面业务的权利，全力支持有线电视网络的建设和整合。

尽管电信商的产业实力与市场化程度要远远超过广电网企业，电信系统也力争视频节目播控权，但新通过的三网融合试点方案显示：视频节目播控权仍牢牢掌握在广电部门手中。该试点方案与此前总体方案的最大区别在于：首次

---

① 周艳：《三网融合背景下，广电如何应对？》，《现代传播》2010 年第 5 期。

② 黄勇：《融合对广电系统意味着什么》，《新闻战线》2010 年第 5 期。

明确将播控权的持有者从“广电部门”，细化为“广播电视播出机构”。表述的差别意味着被推向市场参与竞争的仅仅是广电有线网，而非内容运营的播控平台（即广播电视台）。在广电管控视频内容的情况下，广电只有尽快厘清各地电视台与有线网的关系，实现全国性的“台网分离”改革，在广电系统积极推进“制播分离”改革，三网的融合与产业竞争才可能适应全球媒介产业融合的趋势。广电播出机构负责IPTV、手机电视集成播控平台建设和运营管理，包括节目的统一集成和播出监控，电子节目菜单（EPG）、用户端、计费、版权等管理，但在用户端和计费方面广电仍要与电信合作开展。

第三节　三网融合下电视业多屏营销的必要性

科技是媒介生态环境里最活跃的因素。纵观人类信息传播历史，从语言文字传播到印刷传播再到电子传播，每一个重要的历史时期，都是因为新的媒介技术的出现，如印刷术、电波传输技术、图像传输技术、网络传输技术等，导致了信息传播手段和方式的变化，因而产生了新的媒介形态。媒介变化了，媒介环境也随之变化，媒介与社会系统、人群之间的相互关系也会发生相应的变化，而媒介生态系统的变化又会再次影响到媒介的工作方式和受众的接受方式，并催生相应的市场资源和政策环境。[①] 尤其是当今数字技术、软件技术、光通信技术等的发展与融合，更是带来信息传播突破性的飞跃。

一、媒介技术的发展催生了电视多屏媒介形态

三网融合使基于现代数字技术、网络技术、光通信技术、软件技术、移动通信技术、卫星电视技术等各种技术融合在一起的IPTV、手机电视、互联网电视、车载移动电视、数字互动电视等现代电视多屏媒介形态的出现成为必然。

首先是网络IP技术的成熟。IP技术是网络能够融合的一个支点性元素，IP技术统一了业界的标准，使不同的行业使用同一种技术，使得有线网络和无

① 彭吉象：《数字技术时代的中国电视》，北京大学出版社2008年版，第175页。

线网络不断走向融合，电话、数据和图像等业务信息都可以采用统一的数码传输、交换和分配。其次是光通信技术特别是密集波复用技术（DWDM）的发展和广泛应用，能够提供充足带宽、高速、低成本、安全可靠的各类业务信息。再次是软件技术的进步，使得不必改动或过多改动硬件，就能使网络的特性和功能得到不断改变和升级换代，使得现有三大网络都能提供综合业务。这三大技术的结合使得三网在技术上逐渐趋向一致，包括：网络层上的互联互通，业务层上的互相渗透和交叉，应用层上使用同一的 TCP/IP 协议。[①]

相较于以上三大技术，基于数字技术基础之上的“下一代”广播电视网（NGB）的构建将使广电更能适应“三网”融合的竞合需求，从而在“三网”融合中更加占据主动。NGB 是以自主知识产权技术标准为核心，可同时传输数字和模拟信号，具备双向交互、组播、推送播存和广播四种工作模式，可管可控可信、全程全网的宽带交互式下一代广播电视网络。[②] 也就是说，NGB 可以实现有线无线相结合的全部覆盖，并且具有兼容性、交互性、开放性、互通性、多样性、安全性等特点，在原有广播业务的管理和控制的基础上，通过开放接口，屏蔽 NGB 的广播、组播、双向交互等综合传输模式和业务及用户的精细管理能力，提供对第三方业务的开放接入；通过业务平台的代理网关实现平台间的互联互通、对等跨域运营，形成全程全网的 NGB 业务网并实现与电信网、互联网互联。[③] 我国计划从 2012 年开始，分三个阶段，到 2019 年，用十年时间建成覆盖全国 3 亿家庭、有线无线结合、支持互联网功能和业务的下一代广播电视网络。

基于以上各种媒介技术的成熟以及相互三大产业之间的融合，IPTV、网络电视、数字互动电视等各种视频新媒体形态相继诞生。

在手机电视的技术支撑方面，广电 CMMB 与电信 3G 技术的融合将为其发展奠定坚实的基础。2006 年，广电总局正式颁布了中国移动多媒体广播系统（简称“CMMB”），规定了在 30MHz－3000MHz 的频率范围内，移动多媒体广播系统广播信道传输信号的帧结构、信道编码和调制，以及移动多媒体广播系统中视频、音频、数据与控制信息的复用帧结构，确定了采用我国自主研发的移

① 彭祝斌、向志强、邓崛峰：《电视内容产业核心竞争力研究》，新华出版社 2010 年版，第 106 页。

② 《广电 NGB 战略借道三网融合提速》，新华网，2010 年 7 月 8 日。

③ 《中国下一代广播电视网（NGB）自主创新发展战略研究报告》，中央政府门户网站 www. gov. cn，2010 年 7 月 2 日。

动多媒体广播传输技术。目前采用U波段地面增补网络覆盖信号,将来实现采用“天地一体、星网结合、统一标准、全国漫游”的全新技术体制,通过前端节目和信息平台、卫星覆盖和地面增补网络,向移动便携式小屏幕显示终端以及汽车、火车、轮船、飞机等各种交通工具提供广播电视和信息服务。[①] 另一方面,2000年5月,国际电信联盟确定W-CDMA、CDMA2000、TD-SCDMA以及WiMAX四大主流无线接口标准,成为第三代移动通信系统的技术基础。基于这一基础,电信运营商能够通过其部署的基站,为移动通信用户提供手机电视业务。CMMB在传播特性上优于电信运营商的3G,覆盖范围大,但由于缺乏网络回路,因而无法实现视频点播业务。目前,双方已经从功能的组合向融合迈进,这将意味着大量的数字电视节目传输由广电的CMMB来承担,而在数据上行和用户信息手机方面,则由具有上行回路的电信来承担。同时,凭借多年的电信业务运营支持系统,融合之后的手机电视,电信将以实时计费、融合计费在收费渠道方面解决CMMB收费存在的难题。

二、多屏媒介形态带来媒介环境的变化

1998年8月4日,媒介环境学会(Media Ecology Association)在纽约宣告成立。这一年离麦克卢汉去世已经18年。1962年,麦克卢汉在《谷登堡星汉》里,率先提出媒介历史分期,口语、拼音文字、机器印刷和电子技术等4大媒介革命。麦克卢汉关于技术、环境、媒介关系的论述,仅在《麦克卢汉精粹》里就数以百计。比如“口语是最早的技术,凭借这一技术,人类用一种新的方法去摆脱环境以便于去掌握它。”“每一种技术都创造一种环境,这种环境往往被当成是腐败的、堕落的。然而这个新技术往往把此前的技术变成为一种艺术的形式。”“无论什么环境,无论是广播、电视、通讯卫星还是炸弹,人类的新环境几乎都不是‘硬件’,也不是物质的东西,而是信息和编码的数据。”

麦克卢汉上述关于媒介技术与媒介环境的论述其实是在强调媒介技术对媒介形态的改变,继而媒介形态又催生了新的媒介环境,而在媒介环境里起重要作用的,是信息而不是物质。

---

① 张黎晨:《“手机电视”广电CMMB与电信移动3G技术的融合》,CCBN2010专刊。

今天的媒介环境较口语时代、印刷时代、传统电子时代已经发生了翻天覆地的变化。在技术革命催生下产生的多种新媒介形态使得传统的以报纸、电视等大众传播媒体为主体的媒介环境正在被新媒体打破，媒介格局面临重新洗牌。《2012年中国传媒产业发展报告》显示，截止到2011年7月底，中国网民总数达到4.85亿，视频类用户3.01亿，渗透率达到90%。在电视、报纸、广播、互联网和杂志等五大媒体中，电视的到达率依然位居首位，保持在超过90%的高水平，这个数据虽在2010年的基础上无太大变化，但北京、华北和西北三个地区的下降速度值得注意。互联网用户在全国各地区保持明显上升趋势，尤以西北及西南地区上升趋势明显。从细分人群来看，中老年人群对电视的接触行为相对稳定，而35岁以下年轻群体对电视的接触行为发生明显变化，接触电视的比例大幅减少，而接触互联网的比例大幅上升，成为在电视与互联网之间大转移的主力军。[①] 中国互联网络信息中心截至2012年12月底的数据显示，网络视频用户规模达3.72亿。这些用户当中，仅有22.2%的视频用户每天收看电视，高达61.6%用户每周收看还不到一天。仅有不到49%的用户过去一周内接触过电视媒体，且每周只有一天在收看电视的比例超过70%。在这些网络视频用户里，包括使用手机电视、IPTV、网络电视等方式收看视频。我们从2011年和2012年的数据对比可以看出，视频用户一年内增加了0.7亿。这些净增用户主要集中在移动用户上。更有新的截至2013年12月的统计数据显示，我国手机端在线收看或下载视频的用户数为2.47亿，与2012年底相比增长了1.12亿，增长率高达83,8%，手机视频跃升至移动互联网第五大应用。而据艾媒咨询《2011年度中国手机视频服务发展状况研究报告》研究结果显示，2014年全球付费手机视频用户将增长至5.31亿，相当于2010年的2.5倍左右。手机从原来"听""说"的时代全面进入"看"的时代。[②]

此外，微博、微信等新型社交媒体相继出现并迅速发展。社交媒体裂变式的传播模式、用户参与的自媒体属性极大改变了社交信息的生产和传播方式，大数据的发展进一步推动着社交媒体的发展，图片和视频逐步成为社交媒体内

---

① 崔保国主编：《2012年中国传媒产业发展报告》，社会科学文献出版社2012年版。

② 中国互联网络信息中心：《2013中国互联网发展状况统计报告》，电子工业出版社2013年版。

容的主导者，社交媒体将向视觉体验转型。[①]

媒介格局的重新洗牌给传统电视业带来极大挑战。有人甚至预言，在新媒体对传统电视的不断消解、融合中，电视最终将会没落乃至消亡，取而代之的是视频时代的来临和视频在其他媒体中的广泛应用。[②] 还有学者指出，纯粹广播性的、线性视频，我们称之为电视——即传统电视将消亡，而在网络上、手机里、发行后的双向数字电视网中随处可见的视频——我们也把它们称为电视——将大行其道。[③] 这里实际强调了电视将以多屏的崭新媒介形态出现。

三、媒介与其他环境因素成为电视产业多屏营销的诱因

在媒介环境发生变化的同时，人们的媒介消费观念也发生着改变，传统的"受众"概念正在逐渐消失，"用户"的概念浮出水面，媒介消费呈现个性化、多元化、碎片化消费趋势。与此同时，广告商不再把传统的大众传媒市场推广平台作为唯一投入。由于新媒体创造了新型的消费市场，扩大了商业空间，因此广告商也将投资主体向新媒体倾斜。[④] 在这种情境下，传统电视产业如果仍然固守传统的以媒介生产为中心，以单向的线性传播为信息主要传播方式，以单一的广告经营为主要增值渠道的理念，最终将被边缘化。基于以上考虑，本书提出电视业多屏营销的研究议题。其核心理念是要以用户个性化需求为立足点，将产品进行多终端的精准定位为前提，通过建立面对多终端的大内容生产体系、创新品牌产品及整合流通渠道，实现内容的多终端平稳落地，同时，也能够盘活产业链，实现价值增值。

同时，在电视也多屏营销的过程中，除了媒介环境外，还要考虑下列环境因素的变化：社会文化环境、经济环境、政策环境。

（一）社会文化环境

随着经济的发展，我国的社会结构、社会文化正在经历急剧的变化，社会阶

---

① 唐绪军主编：《2013 中国新媒体发展报告》，社会科学文献出版社 2013 年版。

② 于志为：《电视会消亡吗？——论新媒介格局下电视媒体的未来》，《现代传播》2012 年第 9 期。

③ 王明轩：《即将消亡的电视》，中国传媒大学出版社 2009 年版。

④ 温玲英：《新媒体环境下媒体格局的变化》，《中国传媒科技》2012 年第 4 期。

层逐渐显著，社会结构日趋复杂，社会问题不断出现，所有这些，都对传媒业提出了新挑战，也创造了大量机会。①

长期以来，人们曾一度回避使用“社会阶层”这个词。在很多人的概念里，认为“阶层”意味着社会的等级分化，认为这与社会主义制度的基本理念相悖。随着改革开放的深入进行，社会的贫富差距逐渐拉大，基于教育背景差异、经济收入差异等因素之上的群体差异与分化呈现加剧趋势，并且基于这种差异所产生的社会矛盾日渐增多。于是，“社会阶层”重新浮出水面，并被人们重新探讨。事实上，一切人类社会都存在着社会层次。社会阶层是在一个社会中具有相对的同质性和持久性的群体，他们是按等级排列的，每一阶层成员具有类似的价值观、兴趣爱好和行为方式。社会阶层有几个特点：同一社会阶层的人，其行为要比来自两个不同社会阶层的人行为更加相似；某人所处的社会阶层并非仅有一个变量决定，而是受到如职业、收入、财富、教育和价值观等多种变量的制约。②

同时，基于社会分层的基础上会产生不同的社会群体，如首属群体(Primary group)和次属群体(Secondary group)。前者如家庭、朋友、邻居与同事等能够频繁接触相互影响的人，后者如宗教、职业、协会等更正式且相互影响较少的人。同一群体在文化消费兴趣、能力等方面具有趋同性。比如基于家庭成员之间的首属群体，其是社会上最重要的媒介消费组织，而且家庭成员构成了最有影响的主要相关群体。父母的媒介接触行为很容易对子女产生影响，而反过来，子女的行为同样也可以影响父母。比如孩子喜欢使用手机收看电视，对于很多传统的父母来说，也许更喜欢晚饭后坐在客厅里看电视，他们甚至不懂得如何使用 wifi 以及如何使用手机上网及收看视频，但孩子的行为往往能对父母产生激励作用，比如尝试性接触，继而因为发现其便捷性而产生经常性接触甚至依赖性接触等。

在我国的经济发展大潮中，新的就业形式、生产方式、生活方式导致人口结构和社会结构出现了分化。伴随着这种分化，出现了诸如民工、股民、白领、京漂等许多新符号，这些符号丰富了原来对于社会群体的分类，也意味着文化群体的重构，不同职业、教育背景、兴趣爱好的人形成不同的文化群体。基于这种

---

① 唐世鼎、黎斌：《中国特色的电视产业经营研究》，中国国际广播出版社 2009 年版，第 84 页。

② 〔美〕菲利普·科特勒：《营销管理》(第 12 版)，海清豪译，上海人民出版社 2006 年版，第 195 页。

重新的群体分化，媒介生产面临着对受众市场进行重新细分。

此外，在社会生产方式发生变化的同时，城乡人口结构也发生了很大变化。随着城市务工人员的增多，一方面，城市问题越来越突出，就业、教育、医疗等问题日益突出，有些城市囿于户籍的限制给外来务工者设置了更多生活与工作上的不便。另一方面，留守在故乡的老弱病残人口的生存与发展问题日益突出，留守儿童的教育与成长、留守老人的赡养与亲情照顾等问题日益严重。这些问题已经引起了社会的重视。当前新媒介的发展并不是对每个人都是平等的，新媒介本身已经在文化、经济条件等方面对消费主体设置了门槛。1970 年，蒂奇诺、多诺霍和奥里恩（Tichenor，Donohue，& Olien）在一篇名为《大众传播流动和知识差别的增长》（*Mass Media Flow and Differential Growth in Knowledge*）的论文中提出了这样一种理论假说：由于社会经济地位高者通常能比社会经济地位低者更快地获得信息，因此，大众媒介传送的信息越多，这两者之间的知识鸿沟就越有扩大的趋势。这就是著名的“知沟理论”。蒂奇诺认为，除了接触媒介和学习知识的经济条件因素以外，造成“知沟”扩大的原因还有以下几个方面：传播技能上的差异，已有知识储存量的差异，社交范围的差异，信息的选择性接触、理解和记忆的因素，大众传播媒介的性质。无论上述哪一方面，社会经济地位高的阶层都处于有利的状况，这是造成社会“知沟”不断扩大的根本原因。[①] 正如媒介技术的发展是把双刃剑，新媒介的发展和媒介信息的日益丰富，将扩大社会人群的“知沟”，而媒介生产如何关怀、关照社会中的弱势群体将是其需要慎重思考的问题。正如有的学者指出的那样，当前中国的文化现实要求媒介生产要照顾到四种文化，即主旋律文化、精英文化、大众文化以及边缘文化。

（二）经济环境

国家统计局的数据表明，2013 年我国城镇居民人均总收入为 29 547 元，人均可支配收入为 26 955 元，比上一年增长 2 000 多元。此外，从国家统计局 2012 年发布的国民经济和社会发展统计公报来看，自 2008 年以来，我们城镇居

---

① 郭庆光：《传播学概论》，中国人民大学出版社 1999 年版。

民的人均可支配收入逐年增长(如图 2—1)。①

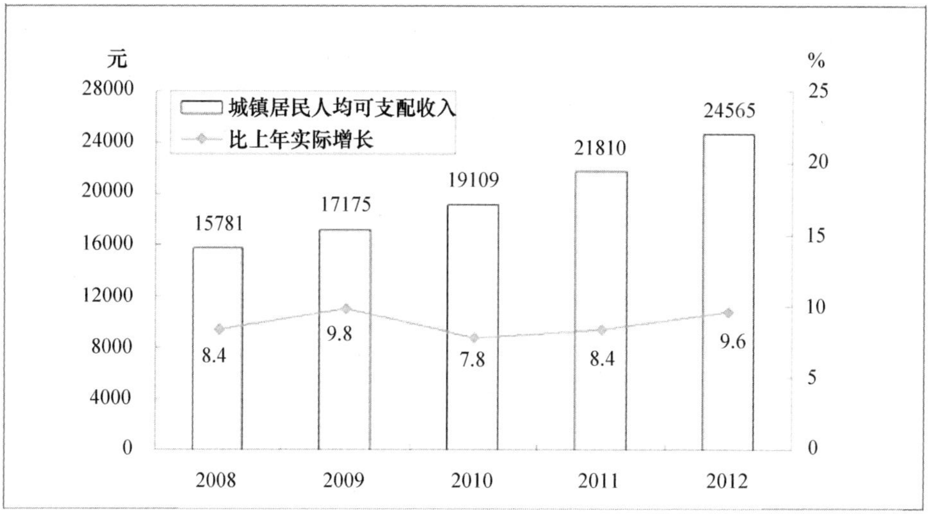

图 2－1　2008—2012 年,我们城镇居民的人均可支配收入情况

居民收入平稳较快增长,有利于消费保持稳定增长。近年来,消费金融发展拓宽了消费市场空间,2013 年信用卡消费额在社会消费品零售总额中占比上升到 30%—40%,基本覆盖汽车、安居、车险、旅游、培训、留学、百货等民生领域。我国经济经过 30 多年的改革开放,人均收入已经达到中等收入国家的水平,但与发达国家相比,还有很大差距。2012 年,我国城镇居民的恩格尔系数是 37.1%,比十年前下降了近 1 个百分点,与发达国家一般居民的恩格尔系数为 20%左右相比,明显偏高。恩格尔系数是用于反映居民生活水平的一个重要指标,其含义是居民日常消费支出中,食品类支出所占的比重。食品类比重偏高,说明需要将收入的大部分放在满足基本的生存需要上,在此基础上,才有可能进行文化产品的消费。我国恩格尔系数偏高,说明我国居民的整体生活水平还偏低,对媒介的消费水平就会有限,如图 2—2。②

(三)政策环境

媒介产业发展的速度、深度、广度,离不开国家政策的支持,从某种程度上

① 数据来源:中华人民共和国 2012 年国民经济和社会发展统计公报。

② 数据来源:中华人民共和国 2012 年国民经济和社会发展统计公报。

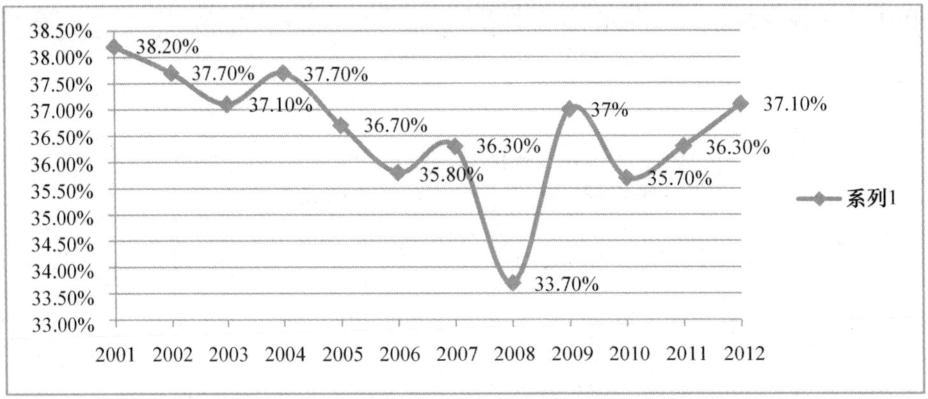

图 2－2　2001－2012 年中国恩格尔系数走势图

看，国家政策对电视产业的发展方向起着主导作用。因此，政策环境是一个国家电视产业发展的前提和基础，主要包括国家为产业发展所实施的产业政策及法律规制。我国电视业从诞生的那天开始，五十多年来，每一步的战略性转折与发展都是在国家政策的强力推动下进行的。

从 1958 年北京电视台创办至今，我国电视产业经历了三个阶段：计划经济体制下的国家行政事业阶段（1958－1978 年）、有计划商品经济条件下的"事业单位、企业化管理"双轨制阶段（1979－1992 年）、市场经济体制下的产业化发展阶段（1993 年至今）。在第一个阶段长达 20 年的时间里，我国基本处于意识形态权力国家的阶段。在这个阶段里，政治权利与意识形态权力高度合一，媒体作为意识形态的宣传工具，完全服务于政治权利。[①] 第二个阶段自十一届三中全会之后，中国电视事业告别阶级斗争为纲的单纯政治属性，向为经济建设服务的总任务过渡，这个时期电视事业开始逐渐脱离全额拨款，逐渐实行国家拨款与自收自支相结合的双轨制财务运行。第三个阶段以邓小平南行讲话之后社会主义市场经济体制确立为起点，标志着中国电视产业化之路正式启动。2001 年，中国电视产业化在国家宏观政策的推动下，进一步发展到集团化阶段。电视业有了更大的市场发展空间，制播分离制度开始运营并逐渐得到发展。与此同时，我国电视产业仍面临着三大压力，即市场化压力、国际化压力、制度性

① 王冲：《媒介社会学视野下央视新闻生产机制研究》，中国人民大学 2010 年，博士论文。

压力。市场化程度不高，国家化程度不强，制度方面仍然羁绊重重，这些均极大影响了中国电视业发展的活力。

与此同时，配合各个时期国家对电视业发展方向的宏观政策指导，相关的法律规制也不断出台，特别是随着改革开放以来，社会主义市场经济体制的逐步确立，为配合产业化的加速发展，出台了更多的相关规制。如 1999 年 11 月国务院办公厅转发的信息产业部和国家广播电视总局《关于加强广播电视有线网络建设管理的意见》，给有线与无线的合并提供了意见指导，从而引发了各地电视台的频道专业化浪潮；2001 年 8 月，中共中央办公厅、国务院办公厅下发了《关于转发中央宣传部、国家广电总局、国家新闻出版总署'关于深化新闻出版广播影视业改革的若干意见'的通知》，给传媒集团化改革、跨区域新闻集团的组建提供了意见支持，进一步明确了电视产业化的经营目标，为内容生产与流通、频道网络平台经营和广告销售业务这三个产业环节制定了融资政策；2004 年 2 月，国家广电总局出台《关于促进广播影视产业发展的意见》，明确允许各类所有制机构作为经营主体可以进入除新闻宣传之外的广播电视节目制作业；2005 年 8 月，国务院发布《关于非公有制资本进入文化产业的若干意见》，使民营资本获得了特许门槛。在数字电视方面，2003 年广电总局发布了《中国有线电视向数字化过渡的时间表》；2006 年，广电总局发布了《广播影视发展"十一五"规划和 2020 年远景目标纲要》，提出要到 2020 年全面实现有线、卫星、地面广播电视系统数字化、停止模拟广播电视的播出。

以上这些为"三网融合"最终浮出水面奠定了基础。鉴于世界上很多发达国家"三网融合"的相继进行，结合我国的实际情况，2001 年 3 月 15 日，我国在《中华人民共和国国民经济和社会发展第十个五年规划纲要》中，明确提出了"三网融合"，即促进电信、电视、计算机"三网融合"。尽管这之后囿于广电业与电信业长期分业监管的现实，三网融合在实际推进中非常缓慢，但其为三网融合提供了政策依据并为中国电视产业下一步的发展指明了方向。2010 年 1 月 13 日，国务院总理温家宝主持召开国务院常务会议，决定加快推进电信网、广播电视网和互联网"三网融合"。会议上明确了"三网融合"的时间表，之后，"三网融合"被推上了快车道。2013 年，新一届的中央政府又强调全面推进三网融合，鼓励民间资本以参股方式进入基础电信运营市场。这为三网融合的发展提供了更加坚实的政策保障。

尽管在三网融合的发展过程中，仍有人不断质疑我国与国外发达国家无论从媒介体制还是产业监管、市场运行经验等方面相差太远，对三网融合的发展持观望态度，然而，近几年来，我国的三大产业，在国家政策的推进与各自市场诉求的驱动之下，已经建立了具有中国特色的三网融合实践模式，并取得了一定成效。从计划经济体制下的国家行政事业阶段到三网融合阶段，我国电视产业发展进程，如图 2—3 所示。①

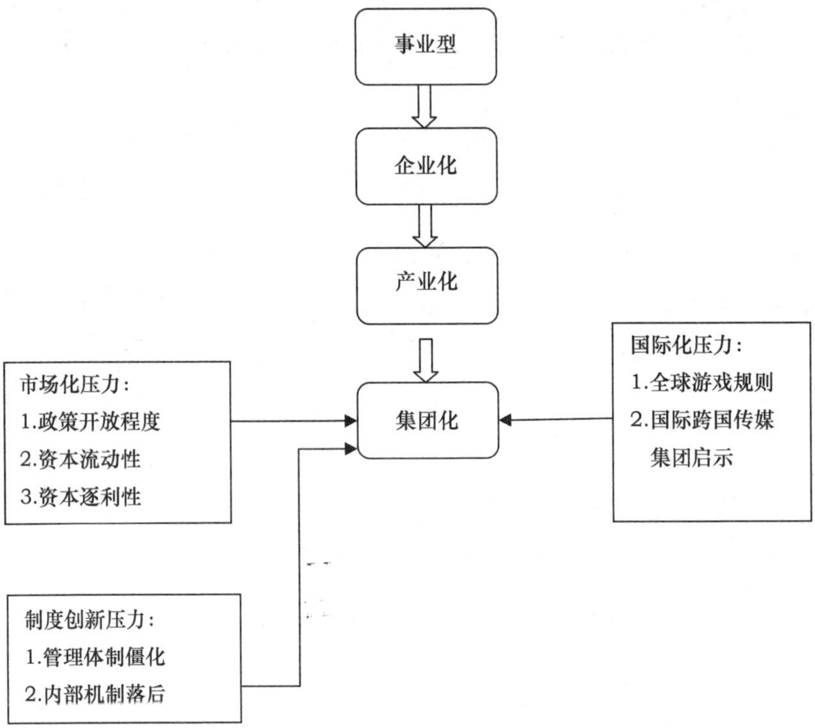

图 2-3　政策推动下的中国电视产业化进程图

本章小结

本章回顾并梳理了三网融合的由来及国外的实践经验。美国的经验表明，三网融合下的广电、电信和互联网三大产业均有各自传统最擅长的领域，各个

① 李岚:《电视产业价值链:理论与个案》,社会科学文献出版社 2006 年版,第 40 页。

产业只能做出自己领域内的优势产品。

对于“三网融合”的政策依据及其对我国电视业产生的影响，本章指出我国三网融合经过十几年的发展，逐步突破了分业管制的掣肘，发展速度加快的同时也面临诸多挑战与机遇。对于传统电视业来说，必须以现代营销的理念满足多屏用户的个性化、多元化需求。

第三章 构建电视产业多屏营销的受众关系

4C 理论指出，以消费者的需求为导向来设计、生产合适的产品是企业成功实现市场营销的关键。三网融合之下，媒介形态日益丰富、内容选择日趋多样、内容消费不断多元化、传受关系渐趋双向化，这些均为新型传播关系的建立提供了基础。而新型传播关系中一个最重要的基点就是以现代的“用户”理念取代传统的“受众”观念。为了论述的方便，下文仍然使用传统的“受众”一词，但需要特别指明的是，下文的“受众”实际就是本书所强调的“用户”。本章是对本书所提出的 CPPS 营销理论的 C，即“Consumer”进行阐述。立足于三网融合下新的 STP 发生了哪些变化、如何进一步对使用大数据进行精确营销，如何在多屏条件下提高受众对电视媒介及产品的忠诚度予以论述。

第一节 影响受众行为的心理过程分析

马斯洛理论和赫茨伯格理论为三网融合下受众媒介消费行为的心理过程提供了理论参考。

一、马斯洛理论

马斯洛把人类的需要按层次进行了排列，分别是生理需要、安全需要、社会需要、尊重需要和自我实现需要(如图 3－1)，一个人总是首先要满足其基本的生理需要，在此基础上，才会寻求更高层次的需要。例如，我们很难想象一个贫困交加的人想用 iphone 手机去看电视节目，他也不会对别人是否尊重他感兴趣，也不会对喝自来水还是纯净水而内心纠结，更不会想到雾霾会影响身体健康便决定今天不出门。

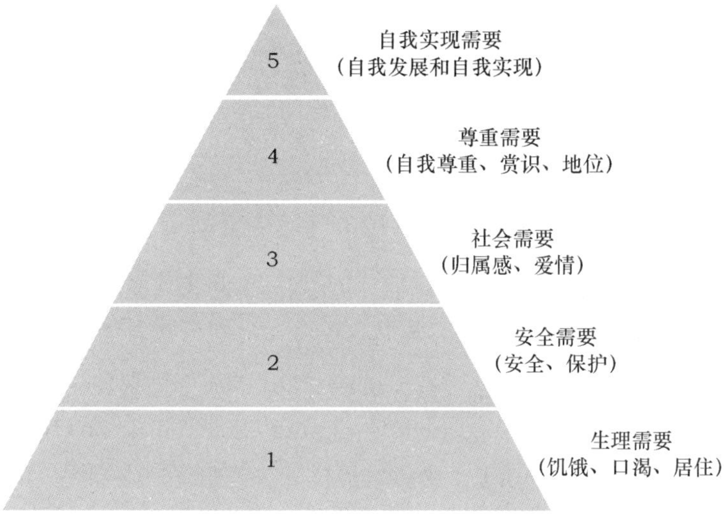

图 3－1　马斯洛的人类需求层次图

二、赫茨伯格理论

弗雷德里克·赫茨伯格提出了动机双因素理论（Two-Factor Theory），这个理论区别了两种不同因素，即不满意（Disatis fiers，引起不满意的因素）和满意（Satisfiers，引起满意的因素）。[①] 仅仅避免不满意是不够的，还必须刺激受众的满意因素。假如一个节目充斥着大量广告，受众可能就会不满意，但仅仅去掉广告是不够的，还需要从该节目内容上下功夫，来锁住观众的眼球。

赫茨伯格的动机理论有两层含义：一是媒介应该尽最大努力避免受众的不满意因素；二是要努力创造能刺激受众（用户）购买并忠诚于媒介产品的因素，并有效提供这些因素。而这些因素，会随着受众（媒介用户）对不同媒介品牌、不同节目或内容品牌的购买发生很大差异。

① 〔美〕菲利普·科特勒：《营销管理》（第 12 版），海清豪译，上海人民出版社 2006 年版。

第二节 电视媒介市场的 STP 分析

STP 是市场营销学的基本理论。所有的营销战略都是建立在 STP 的基础上的，即受众细分（Segmentation）、目标（Targeting）和定位（Position）。在市场中发现不同的需要和群体，以一种合适的方式把这些需要和群体作为目标市场，然后，对其供应品进行定位，使目标市场能够识别出企业独特的产品和形象。当我们把电视媒体对受众的传播行为视作企业对消费者的产品营销活动的时候，意味着我们需要将研究的基点放在对受众即消费者的研究上。这一研究基点的理论基础就是现代营销理论：IMC 理论，或称 4C 理论。

整合营销传播理论（Integrated Marketing Communication）简称 IMC，或 4C 理论，源自美国贝莱罗那大学教授罗伯特・劳特朋（Robert Larterborn）1990 年在《广告时代》杂志上发表的一篇文章，在这篇文章里，他提出用 4Cs 取代传统的 4Ps 理论的观点。这一理论强调以消费者需求为导向。其核心思想是"各种形式的传播手段都可以运用，以完成我们所设定的传播目标，并且由于传播目标是由我们所欲改变、修正、强化的消费者行为所主导，所以依循此目标，我们的各种传播手段才不会误入歧途，也不会无助于传播目标的达成。同时，我们也将行销转化成传播，将传播转化成行销（这二者之间的界限变得很模糊），我们在厂商和消费者之间凿了一道绵绵不绝的沟通之河"。[①] 这一理论明确提出了消费者是营销的主体，企业所做的各种努力都需要围绕消费者来进行。当这一理论传入中国之后，中国电视界从中借鉴到分众传播的理念以及基于分众传播基础上的频道定位、编排、包装、栏目定位等品牌建设的深化认识。

一、受众市场细分

美国著名市场营销学家温德尔・史密斯在 1956 年发表的《市场营销战略中的产品差异化和市场细分》一文中首先提出了"市场细分"的概念。他认为只

① 〔美〕唐・舒尔茨等：《整合营销传播》，吴怡国、钱大慧等译，中国物价出版社 2002 年版。

要市场上的产品或劳务的购买者超过两人以上，就可按照一定准则对其需求加以识别、划分，归类为若干个细小市场，然后从这些细小市场中选择出自己的经营对象，采取相应对策加以占领。[①] 按照受众市场细分的理念来有针对性、对象性地传播信息，已成为世界各国电视产业营销的共同理念。如在电视业最为发达的美国，其"受众本位"的意识体现在重视对受众的研究、分析上，目的在于了解受众的人口统计资料，如年龄、性别、职业、教育程度、居住地、消费习惯、生活方式等。还要了解受众的心理统计资料，如兴趣、爱好、观点、宗教倾向等。在获得有关受众的信息之后，分析、整理，并有针对性地设计节目结构、制作播出节目，求得较高的节目传播的有效到达率。[②] 电视台一般会委托一些调查公司对其受众进行调查，或者从一些调查公司直接购买自己所需要的数据。如享誉全球的 AC 尼尔森公司就是这样的调查公司。

我国在 1982 年，由中国社会科学院新闻研究所和首都新闻学会调查组进行了一次北京地区读者、听众、观众调查，这是我国最早的受众系统调查行为。之后一些院校成立了调查研究所，如中国人民大学舆论研究所。20 世纪中期，一些调查公司在社会上出现，电视台委托调查公司进行专门受众调查现象日益常态化。目前，央视索福瑞、CTR 等调查公司在收视率与受众调查方面均做得比较专业。

市场细分的基础是"多元异质性"，这在三网融合下的移动互联时代表现得尤为突出。媒介形态和媒介终端的多样化导致受众市场分化的趋势日益明显，面对媒介产品的日益丰富，"受众"的概念转而被"用户"取代，以用户消费需求为特征的媒介生产和媒介传播成为主流。另一方面，媒介接收渠道的日益丰富也造成了信息传播的碎片化。如何在碎片化的信息传播当中向用户提供系统化的信息也是三网融合之后媒介生产者要考虑的问题。基于此，三网融合之后受众市场细分应有不同于传统的新的划分依据，如接收终端（手机、电视机、电脑）、收视状态（移动、固定）、收视环境（医院、公交车、楼宇、地铁）、收视诉求（欣赏、获得信息、服务、打发无聊时间）等。这也使得细分受众市场必须尝试地理、人口、心理和行为等不同的变量和变量组合，以便找到分析市场结构的最佳方法。这四个变量的具体分布是：1. 受众的地理细分。可以分为城市、农村。城

① 刘婧一：《应对媒介融合——新环境下的电视节目营销》，中国传媒大学出版社 2008 年版，第 98 页。

② 汪文斌、胡正荣：《世界电视前言》（Ⅰ），华艺出版社 2001 年版，第 67 页。

市又可以分为发达城市、中等城市、落后城市;农村可以分为发达农村、中等农村、落后农村。城乡的自然条件,文化传统、风俗习惯等方面的差异,使受众对传媒产品的需求不同。按地理因素细分,利于开拓不同的市场,扩大市场份额。2. 受众的人口细分。指的是根据各种变量,如年龄、性别、家庭人口、家庭生命周期、收入、职业、教育、宗教、种族、国籍等,把市场分割成群体。人口特征是估计目标市场的规模、有效进入市场的细分依据。原因有二:一是受众的需要、欲望和接收常随人口变化而变化,二是人口的标准比较稳定,比绝大多数其他变量的资料容易获得,变量容易衡量。3. 受众的心理细分。是指按社会阶层、生活方式或个性特征等,把受众分成不同的群体。如前文所述,社会阶层是一个社会相对稳定和有序的分类,每类成员都有类似的价值观、兴趣及行为。它是根据职业、收入、教育、财富和其他因素综合衡量的,但由于社会阶层的划分不那么固定、严格,而且可以变化,所以媒介市场单纯基于受众社会阶层的分类基础上所进行的受众心理阶层的划分不易实现。生活方式是指通过其活动、兴趣和观念表现出的一个人的生活形式。它比社会阶层或性格更能说明问题。媒体机构可以通过调查受众的方式将市场细分,争取最忠实的观众。4. 受众的行为细分。指的是按照受众对电视产品的了解程度、态度、使用以及反应,把受众分割成群体:包括接收(购买)时机(有想法去接收、实行了接收行为、经常性地接收)、寻求利益(受众从中寻求最为主要的利益)、用户状况(非用户、以前用户、潜在用户、初次用户、经常用户)、使用率(偶尔使用、一般使用、经常使用)等。受众行为是一种外在的表现,比人们内在的心理活动更容易判断,因此受众行为因素是更为重要的传媒市场细分标准。①

此外,由于三网融合时代受众媒介使用的重叠性和交叉性,媒介及媒介产品的复用率大大提高了,即受众同时选择几种媒介、几种内容完全不同的节目进行消费的几率大大提升。如受众在观看网上电视娱乐节目时,可选择同时坐在沙发前看新闻。中国人民大学舆论研究所的喻国明教授认为,在全媒体时代,媒介的复用行为极为普遍,主要体现在不同空间对媒介复用行为的影响,如电视、手机在住所的媒介复用行为发生率较高。② 受众在新的媒介环境下表现

---

① 刘婧一:《应对媒介融合——新环境下的电视节目营销》,中国传媒大学出版社 2008 年版。

② 喻国明等著:《中国人的媒介接触:时间维度与空间界面》,人民日报出版社 2012 年版,第 412 页。

出来的这些新的媒介消费习惯也应该成为市场细分的参考依据。

二、目标市场

"目标市场是指在市场细分的基础上，结合外部市场和企业内部实力状况，从满足现有消费者和潜在消费者的角度出发，选择最能发挥组织既有和潜在优势的特定市场。"①企业在选择目标市场时有五种可供考虑的市场覆盖模式，分别是市场集中化、产品专门化、市场专业化、选择专业化和市场全面化。②

市场集中化，是只选择一个细分市场，为一个特定的目标顾客群服务。在电视节目制作公司中，一般的中小企业通常会选择这种模式，一方面囿于资金的限制，另一方面，也符合公司成长规律及长期发展的战略——先集中力量将一个细分市场做好，然后逐一攻克多个市场。产品专门化是指企业只生产一种产品，并同时向各类顾客销售的模式。这种模式忽略市场的异质性，而专注于产品的生产。这对于一些类型的电视节目是合适的，比如新闻类的节目，或者一些影视剧。在三网融合下，这类节目适合向多种终端输出。市场专业化是指生产满足某一个顾客群体所需要的各类产品，这相当于电视业中的频道对象化，比如少儿频道、女性频道等。三网融合下，可对这类模式进一步拓展，如开发可供经常使用手机电视的青少年观看的微视频节目等。选择专业化是只选择若干个具有良好的赢利潜力，并与企业的资源、能力和长期发展战略相一致的细分市场作为自己的目标市场，而且这些市场之间缺乏直接的关联。比如一个制作公司制作三类节目，一类是面向传统电视的老年观众消费的健康类节目，一类是面向移动端的青少年微电影，一类是面向网络电视中白领阶层消费的网络电视剧等。这种模式最大的优点在于集中优势，分散经营风险。市场全面化就是为了满足各种顾客的需求，在多个领域生产各种商品。比如各大电视台生产面向各种群体、各种终端的多种节目产品。总之，三网融合下，受众的媒介资源选择增多了，但是其注意力资源并没有增多，反倒成为一种高度稀缺的资源。米切尔·戈德哈伯在其《注意力购买者》中指出"注意力经济——而不是

① 邱宾等编著：《市场营销学——基本原理与经典案例》，南京大学出版社2005年版，第127页。
② 刘婧一：《应对媒介融合——新环境下的电视节目营销》，中国传媒大学出版社2008年版，第98页。

信息——是网络时代的自然经济”,“注意力是网络时代的硬通货”。[①] 在信息泛滥的环境下,哪个媒介的“硬通货”储备高,这个媒介就成了媒介市场中的佼佼者。基于此,对于一个媒介来说,要想面面俱到占有所有注意力资源,结果就是没有任何注意力资源可占。其必须权衡自身实际,决定目标市场,并以优质的媒介信息资源占有目标市场的制控权方能在媒介厮杀的信息战中赢得主动。

三、市场定位

所谓定位就是对企业的供应品和形象进行设计,从而使其能在目标顾客心目中占有一个独特位置的行动。即与竞争产品相比,本产品在消费者心目中的地位。它涉及向顾客头脑中灌输一种品牌的特殊利益以及该产品与其他产品的区别。[②] 市场定位与目标市场紧密相关,如上文所述,媒介在权衡自身实际情况的基础上锁定了目标市场,实际上也就对自身产品形象有了一个大致的市场定位。一般来说,市场定位有两种战略:一是迎头定位,二是回避定位。前者是指对其他频道的现有节目发起攻击,与其争夺相同的观众群,在节目内容、主持人风格、时间段、宣传手法上与对手相近或相同。这种定位适用于大到媒体、频道,小到节目风格。在20世纪末,全国各地卫视台曾一度内容、风格同质化竞争,先有了山东卫视以综合、大气、时尚为频道定位的改革,之后浙江卫视、江苏卫视等也跟着后起直追,这种竞争在提高全国整体卫视水平的同时,也给人千人一面的视觉疲劳。再说节目,直到今日,节目同质化现象仍很普遍,往往一个节目火了,会有千百个类似节目出现。一个《中国好声音》能带动全国上下一片转椅子热,一个《星跳水立方》能带动全国一片跳水热。这种同质化竞争的背后实际是对受众注意力资源的蔑视。另一方面,由于观众会有一种先入为主的印象,因此这种竞争具有一定冒险性,竞争成本相对也较大。另一种定位是回避定位,指回避与竞争者在目标市场上的直接冲突,而采用市场细分法,寻找对方空白点,锁定目标市场,开发具有新特色的产品,进入新领域。这也是人们常说的“蓝海”战略,与硬碰硬竞争的“红海”战略相比,“蓝海”战略可以较大程度上

---

① 吴之洪:《注意力经营原理与实务》,江苏大学出版社2006年版,第11页。

② 〔美〕菲利普·科特勒:《营销管理》(第12版),海清豪译,上海人民出版社2006年版,第292页。

避免同质化竞争带来的巨大损失。① 这方面成功的媒体、频道、节目也不在少数。比如媒体中上海东方台的高端大气、中央台的权威严肃、湖南台的快乐轻松,频道中广东卫视的"财富+娱乐"的频道策略、湖南卫视的"中国最具活力的电视娱乐品牌"的频道策略、江苏卫视选择"情感和幸福"作为差异化竞争的品牌策略、安徽卫视立足做"中国电视剧大卖场"的频道策略、山西卫视倾力"人文"、广西卫视探索"女性频道"等,从媒体与频道定位来看,都取得了不错的品牌营销效果。

"成功的行销计划取决于创意过程中两个不同的部分:第一个部分是策略——'消费者想要听些什么',第二部分则是'你该如何说出来'——一个能将策略成功演出的创意。这两部分都必须非常杰出,而且缺一不可。"②在三网融合下,电视产品的传播终端增加,电视产品的数量与种类令人目不暇接,对于电视生产者和经营者来说,对自身及其产品进行有效定位,树立在受众心目中独特而良好的形象,就变得极为重要。

第三节 实现基于大数据基础上的精准营销

市场细分的最终层次是:"细分到个人"、"定制营销"或"一对一营销"。③ 因此,在受众需求愈加精细且传受关系发生颠覆性变化的情况下,很显然,电视产业需要以定制化、个性化甚至一对一服务的传播方式来满足受众需求,营销学称为精准营销。表3—1列出了精准营销与以往营销的主要区别。

表3—1 一对一营销与大规模营销的区别

大规模营销	一对一营销	大规模营销	一对一营销
一般顾客	标准产品	大批量生产	大规模传播
个性化顾客	个性化产品	定制化产品	个性化传播
单向沟通	规模经济	市场份额	吸引顾客
双向沟通	范围经济	顾客份额	维系顾客

① 刘婧一:《应对媒介融合——新环境下的电视节目营销》,中国传媒大学出版社2008年版,第98页。
② 〔美〕唐·舒尔茨等:《整合营销传播》,吴怡国、钱大慧等译,中国物价出版社2002年版,第185页。
③ Don Peppers and Martha Rogers, The One—to—One Future: *Building Relationships One Customer at a Time*, *New York*: *Currency/Doubleday*, 1993.

信息时代数字化的飞速发展在为三网融合提供技术支持的同时，也为更科学、快速、系统地实现精准营销提供了可能。“大数据”的出现，无疑为媒介的精准营销插上了腾飞的翅膀。

一、大数据改变着营销产业链的各个环节

数字技术的发展使得人类信息的存储逐渐从模拟数据向数字数据转变。在 2000 年的时候，数字存储信息仅占全球数据量的四分之一，其余的四分之三的信息都存储在报纸、胶片和盒式磁带等媒介上。然而，到了 2007 年，所有数据中只有 7%是存储在报纸、书籍、图片等媒介上的模拟数据，其余全部是数字数据。另一方面，数字数据总量呈几何级数量递增。IDC 研究表明，全球企业数据正以 55%的速度逐年增长，有观点认为，如今只需要两天就能创造出自文明诞生以来到 2003 年所产生的数据总量。特别是 2010 年以来，随着微博、微信等将人类带入自媒体时代以及媒介形态变化下各种媒介产品的相继诞生，互联网数据激增。到 2013 年，世界上存储的数据总量达到 1.2 泽字节，这个数量意味着如果把这些数据全部记在书中，这些书可以覆盖整个美国 52 次。如果将之存储在光盘上，这些光盘可以堆成五堆，每一堆都可以伸到月球。① 对这些浩大的数字数据的开发和利用将为人类带来无以计数的价值。在此背景下，“大数据”及其技术和应用的开发应运而生。

(一)什么是大数据

1. 大数据的来源及特征

“大数据”并非一个确切的概念。最初，它是指需要处理的信息量过大、已经超出了一般电脑在处理数据时所能使用的内存量，因此工程师们必须改进处理数据的工具。这导致了新的处理技术的诞生。例如谷歌的 MapReduce 和开源 Hadoop 平台(最初源于雅虎)。这些技术使得人们可以处理的数据量大大增加。同时，因为互联网公司可以收集大量有价值的数据，而且有利用这些数据

---

① 〔美〕维克托·迈尔·舍恩伯格、肯尼思·库克耶:《大数据时代》，盛杨燕、周涛译，浙江人民出版社 2013 年版，第 11 页。

的强烈的利益驱动力，所以互联网公司顺理成章地成为了最新处理技术领头的实践者。[1] 大数据有四个以“V”字开头的主要特征：一是数据体量巨大(Volume)。截至目前，人类生产的所有印刷材料的数据量是200PB(1PB＝210TB)，而历史上全人类说过的所有的话的数据量大约是5EB(1EB＝210PB)。当前，典型个人计算机硬盘的容量为TB量级，而一些大企业的数据量已经接近EB量级。二是数据类型繁多(Variety)。这种类型的多样性也让数据被分为结构化数据和非结构化数据。相对于以往便于存储的以文本为主的结构化数据，非结构化数据越来越多，包括网络日志、音频、视频、图片、地理位置信息等，这些多类型的数据对数据的处理能力提出了更高要求。三是价值密度低(Value)。价值密度的高低与数据总量的大小成反比。以视频为例，一部1小时的视频，在连续不间断的监控中，有用数据可能仅有一两秒。如何通过强大的机器算法更迅速地完成数据的价值“提纯”成为目前大数据背景下亟待解决的难题。四是处理速度快(Velocity)。这是大数据区分于传统数据挖掘的最显著特征。根据IDC“数字宇宙”的报告，预计到2020年，全球数据使用量将达到35.2ZB。在如此海量的数据面前，处理数据的效率就是企业的生命。[2]

2012年3月29日，奥巴马政府以“大数据是一个大生意”(Big data is a big deal)为题发布新闻，宣布投资2亿美元启动“大数据研究和发展计划”，涉及美国国家科学基金、美国国防部等6个联邦政府部门，大力推动和改善与大数据相关的手机、组织和分析工具及技术，以推进从大量的、复杂的数据集合中获取知识的能力。2012年5月，联合国发布了一份大数据白皮书，总结了各国政府如何利用大数据更好地服务公民。

2. 大数据正在改变着我国媒介营销产业链

从2012年以来，我国互联网企业也开始启动大数据技术研发和应用，如新浪、淘宝、百度、腾讯、中国移动、中国联通、京东商城等企业纷纷启动了大数据试点应用项目。[3] 一个不争的事实是，大数据(Bjg Data)已经渗透到我国媒介产品生产领域并正在改变着其营销产业链的各个环节(见表3—2)。

---

① 维克托·迈尔·舍恩伯格、肯尼思·库克耶：《大数据时代》，盛杨燕、周涛译，浙江人民出版社2013年版，第8页。

② 中国电子报、电子信息产业网，http://cyyw.cena.com.cn/a/2012—12—04/135458292978407.shtml

③ 赵刚：《大数据技术与应用实践指南》，电子工业出版社2013年版。

表 3—2 大数据在营销产业链各环节的应用

媒 体	
Face book	全球拥有 9 亿用户，其中日常活跃用户达 5.26 亿。每天新增 25 亿条分享内容，32 亿条评论，27 亿条“赞”，3 亿张照片，每天会采集到 500+TB 的数据
亚马逊	独立用户数量达到了 2.822 亿，位居全球第一；开放平台上的第三方卖家超过 200 万，采用 FBA 业务的卖家在亚马逊的仓储物流中心预备了超过 100 万件商品。云业务规模在 25 亿美元左右，占整个美国云业务市场的 12.5%
淘宝网	最高单日独立用户访问量超 1.2 亿人，注册用户数量超过 4 亿，在线商品数量达到 8 亿，页面浏览量达到 20 亿，每天生产 4 亿条产品讯息，每天活跃数据量已经超过 50TB
百度	抓取三千亿个中文网页，数据量大概是 10—50 个 PB；日志的数据量达到 100 个 PB 以上；用户分离数据达到 1PB
数据服务公司	
尼尔森网联	从机顶盒回传海量数据量，提供百万户级普查以及万户级的海量样本收视行为测量
艾瑞	基于超过 20 万中国网民样本的网络行为监测数据，覆盖 3000 多家网站和 1000 多个软件
Bluefin labs	提供关于超过 11000 个电视节目的评论信息，统计的评论信息超过 50 亿条
GNIP	提供社交网络 API 聚合，通过多个 API 将数据聚合成统一格式，为 Twitter、WordPress、Facebook、VouTube、新浪微博等网站挖掘数据
广告营销公司	
易传媒	易传媒大平台的核心引擎是 AdManager 这个由底到顶的广告操作系统，每月覆盖 5.1 亿互联网网民，2.75 亿移动网民，在线调研平均每月投放量达到 20 万份
Media V	每天 AdViva 都在对超过 4 万个在线电子商务订单提供全程营销观测和效果优化计算，对超过 100 万次网上营销行为提供全程观测和标识，对超过 1 亿次网络广告曝光提供定向判断决策
品有互动	通过对 5.7 亿 Coolie 人群的分析，创建 3000 多个人群分析细分标签，实现了按照人群售卖网络广告
秒针	日均处理数据超过 2TB，拥有日均处理 1000 亿条广告请求的数据处理能力，累计存储、处理数据越过 2PB。拥有近 500 台服务器和 160 多名专业研发人员
亿赞普	云媒体平台覆盖中国 5 亿多互联网用户和 5000 万 3G 移动用户，与国内外运营商的合作完成了数十个国家的覆盖，每天处理的数据流量超过 100TB

这也进一步印证了整合理论的创立者唐·E. 舒尔茨 2012 年在 4C 理论基础上提出的 SIVA 理论的观点。这一理论假设消费者想解决自己的问题(Solution)，于是自己去寻找信息(Information)，在信息繁杂中寻找并权衡有价值的信息(Value)，最后确定其认为最有效的入口(Access)。这一理论表明在信息繁杂的现代社会，基于消费者的需求所从事的对数据的挖掘、统计、分析将

成为媒体内容生产与营销的有力支持。并借助于搜索引擎，向消费者推送能瞬间解决其问题的有价值的信息。舒尔茨说，“过去的营销者喜欢控制一切，他们控制包装设计、广告、促销、公关和新闻媒体，但是今天我们已经无法再这样控制下去了，因为借助互联网……整个市场的控制者已经由品牌变成了消费者，我们无法全盘控制也就意味着营销需要改变了。”①这也意味着，消费者的商业行为与企业的商业模式也将发生改变，如图 3－2。

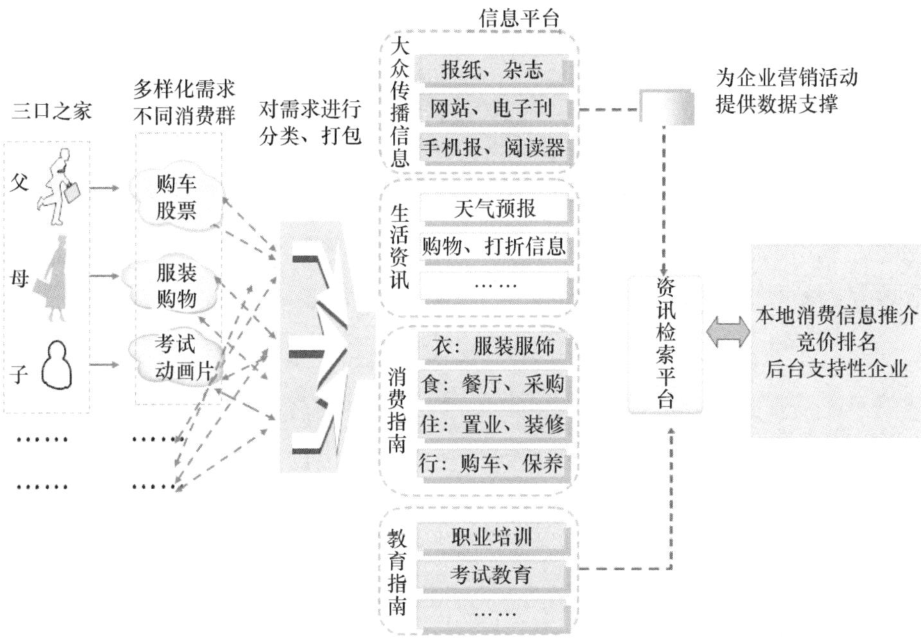

图 3－2　新的商业模式

新的消费模式和商业模式意味着消费者可以将多样化的需求进行分类打包，通过搜索引擎进行归类检索，后台支持性企业则根据信息请求对数据进行分析处理并通过搜索引擎找到出口（对消费者来说是入口），向消费者提供有价值的信息。这也意味着，数据处理能力将是企业决胜与营销市场的关键，同时，基于数据库处理基础上的信息检索的平台创建至关重要。

① 柳华芳：《营销大师唐·E. 舒尔茨的 SIVA 理论：一个数字营销人的解读》，虎嗅网，http://www.huxiu.com/article/23671/1.html

(二)大数据的力量如何建构

1. 海量、多元的内容是大数据力量建立的基础

大数据技术让我们能够对从前无法迅速处理的海量数据,尤其是非结构化数据进行解读。多样化的数据来源和强大的包容性是大数据力量构建的重要基础。具体而言,其数据渠道可从以下三个主要方面获得:一是从公共机构获取可公开的“强制性获得数据”。政府及公共机构是天生的大数据拥有者。例如,公安系统、医疗系统、社会保险系统、教育系统、国家金融系统等,这些公共机构拥有海量的、真实的、可实名化匹配的数据,形成了巨大的数据资源。这些在保护数据安全前提下所公布的数据是我们获取大数据的重要来源。二是从商业机构获取“契约性获得数据”。公共机构的数据是强制性获得的,但是还有很多数据是利用契约的形式由个人主动提交的真实信息。例如银行、中介机构、企业会员组织、注册与登记信息等,在保护用户隐私安全的前提下,相关数据也可以进行一定的披露,成为大数据的源头。三是自主获取与间接推算。很多机构本身就是海量数据的拥有者,许多大型互联网机构都可以轻松实现这一点,类似尼尔森网联这样的监测机构也同样可以用低廉的成本获取翔实、海量的数据。

2. 三大数据处理理念成为大数据力量构建的核心

这三个处理理念包括:一、用全部数据代替抽样样本。大数据的操作理念是用全部数据分析取代了样本分析,社会科学不再单纯依赖于分析实证数据。抽样调查本身所带来的偏差现在已经可以避免,我们可以收集到过去无法收集的信息,获取新的知识,产生新的观点。整个搜集、存储、处理海量数据的行为是可以以非常低廉的成本来完成的。二、不再执着于精准,而是拥抱混杂数据。大数据强调的是数据的绝对大量,因为数据量大所以可以相对放松容错的标准。三、更重视相关关系而非因果关系。大数据技术强调的相关关系可以帮助人们捕捉现在和预测未来。在相关关系分析法基础上的预测成为了大数据的核心。

3. 大、中、小数据间的密切关联

海量的、流动性的数据按照需要将其划分为大数据、中数据和小数据三类,在现实中可以理解为:小数据是企业数据,中数据是行业数据,大数据是产业数

据。它们之间是具有密切关系的，所有小数据子集、中数据子集都依托于大数据的背景而存在，这是大数据计算的重要基础。这些数据在进行分析和挖掘时，具有极强的共通性。这也是非大数据源头机构能够利用大数据的重要原因。这些数据之间的动态关联性如图 3—3。

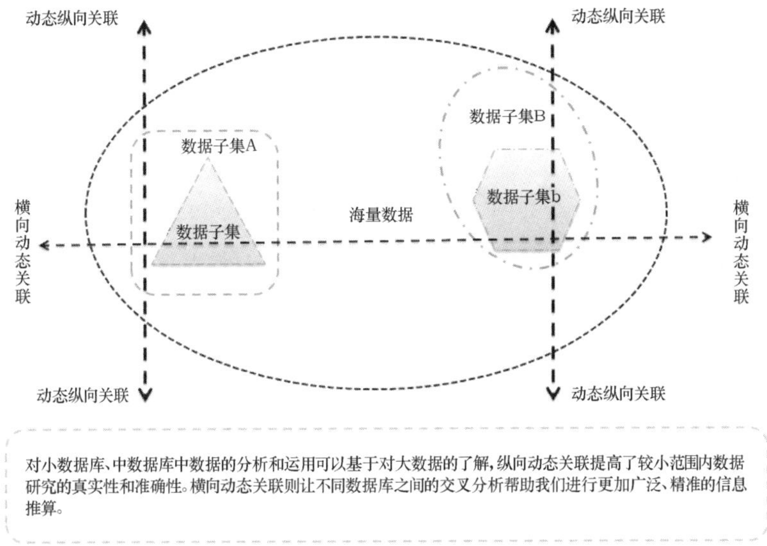

图 3-3　数据间的动态关联

可以看到，这些大中小数据之间具有横向动态关联与纵向动态关联。以白领男性消费人群为例，每一种数据关联的内部关系如图 3—4、图 3—5。

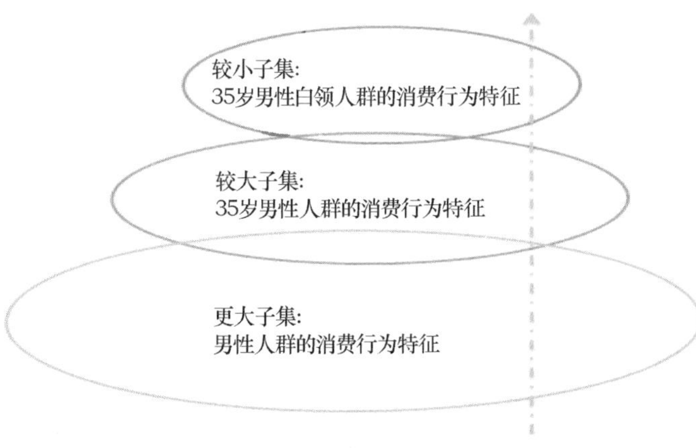

图 3-4　数据库之间的纵向动态关联

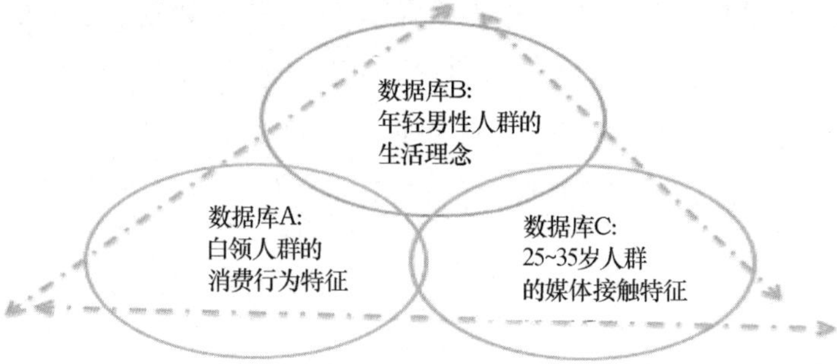

图 3-5　数据库之间的横向动态关联

4. 大数据对整个营销传播产业的各类角色提出新的要求

基于这样的权力逻辑，大数据要求营销传播产业的各类角色需要具备两大能力：一是数据挖掘能力，即数据采集、数据分类、数据存储、数据传输、数据分析模型建构能力；二是数据应用能力，即消费者定向追踪、媒介业务产品优化、媒介内容定向推送、广告价值评估、广告效果优化能力。对数据服务公司来说，需要掌握实时、海量数据监测技术以及具有构建大数据挖掘模型的能力，在此基础上增强大数据分析能力。对于媒体来说，需要建立一套数据监控体系，记录信息痕迹，并以此分析、优化内容、产品与营销服务。对于广告营销机构来说，可在广告上加代码追踪以便分析海量信息数据，同时可应用大数据分析媒体广告价值，优化广告营销服务。对于第三方技术公司来说，则应提供大数据采集、存储、分析的技术支撑并研发大数据挖掘技术解决方案。

(三)基于大数据的精准营销案例分析

大数据在每个领域都留下了海量的数字痕迹。但如上文所述，互联网企业在所有企业里最具备数据存储和处理的能力与基础，因此也成为大数据营销的首要媒介。例如，谷歌公司每天要处理 24PB 的数据，这意味着它每天的数据处理量是美国国家图书馆所有纸质出版物所含数据量的上千倍。谷歌子公司 Youtube 每月接待大约 8 亿访客，平均每一秒就会有一段长度在一小时以上的视频上传。Twitter 上的信息量几乎每年翻一番，截止到 2012 年，每天都会发布超过 4 亿条微博。Facebook 每天更新的照片量超过 1000 万张，每天人们在网站上点击“Like”按钮或者写评论大约有 30 亿次……这些数据为这些互联网企业挖掘用户喜好提供了大量数据线索，因而也为企业精确营销的实现提供了可能。另一方面，用户的无数点击行为也表明在信息"遍在化"、传播"碎片化"时代，用户的多元媒介消费日益明显，甚至会发展成一种网络焦虑感，只有在大数据挖掘基础上做到对品牌和消费者的充分洞察，才能以更好的创意实现对目标群体的精准覆盖，获得最有效的营销效果。[①] 美国电视剧《纸牌屋》和中国电影《小时代》就是基于大数据的挖掘与分析实现精准营销的典型案例。它让全世界的文化产业人都认识到了大数据的力量。

1.《纸牌屋》的大数据营销分析

《纸牌屋》由英国同名小说改编，曾于1990年被BBC电视台搬上电视荧幕。2013年由大卫·芬奇执导的美版《纸牌屋》诞生。美版《纸牌屋》最特别的地方，不是传统意义上由制片人制作好再出售，而是由视频网站Netflix投资并制作；不在电视台播放，而只在网络上播放。正因为如此，美国《福布斯》杂志称此举"可能会动摇美国传统电视产业，传统电视产业的变革即将从《纸牌屋》开始"。

这部电视剧从拍摄到播出均是建立在付费视频网站Netflix对用户行为的大数据分析之上，在美国取得了非常成功的营销。如图3－6。

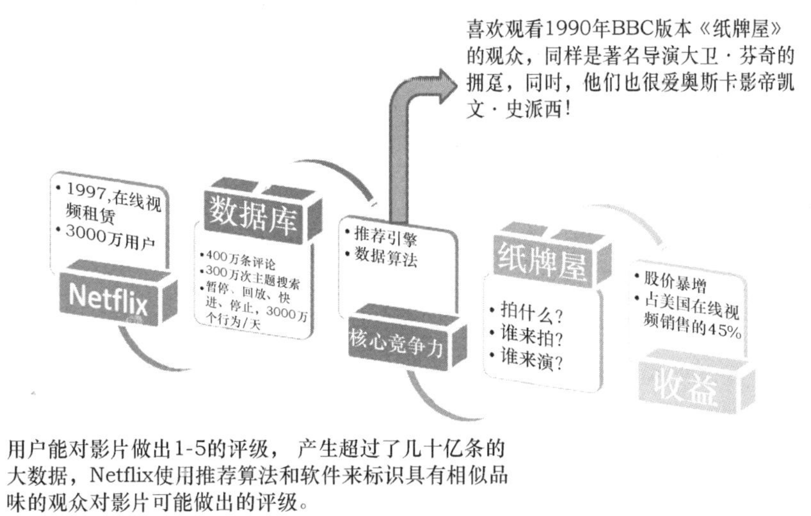

图3－6　大数据在《纸牌屋》筹拍中的运用流程图

① 崔保国主编：《2013年中国传媒产业发展报告》，社会科学文献出版社2013年版，第28页。

《纸牌屋》的出品方兼播放平台 Netflix 公司是美国的一个在线视频租赁公司，类似中国的视频网站，1997 年成立，有 3000 万在线视频付费用户，其对每位用户的人口特征都有全面记录。这 3000 万用户每天的行为构成另一个数据库，利用数据库是该网站最核心的内容。这些用户每天会有大约 400 万条评论，300 万次主题搜索，即有目的看某节目主题，并在收看的时候会有暂停、回访、快进、停止等行为。Netflix 根据这些数据判断用户的喜好并由此建立一个数据库。其利用一个推荐引擎，建议 3000 万用户对于看过的作品进行评级 1—5级，以此推算 1—5 级里什么人在评，什么工作的人在评，也由此发现了只要老版《纸牌屋》的人，就是喜欢看大卫・芬奇的作品，同时也喜欢看凯文・史派西的作品。最终决定翻拍美国版《纸牌屋》，并由导演由大卫・芬奇、主演由凯文・史派西来担任。这种由数千万观众的客观喜好统计分析决定拍什么、谁来拍、谁来演、怎么播的行为，是一种典型的将大数据应用于媒介产品生产的精准营销行为。从受众洞察、受众定位、受众接触到受众转化，每一步都由精准、细致、高效经济的数据引导，从而实现大众创造的 C2B，即由用户需求决定生产的双赢局面。据统计，《纸牌屋》2012 年第一季播出后，Netflix 在一季度新增超过 300 万流媒体用户，第一季财报公布后股价狂飙 26％，达到每股 217 美元，较 2011 年 8 月的低谷价格累计涨幅超过三倍。

《纸牌屋》被誉为电视剧行业通过互联网挖掘用户行为数据分析结果的第一次战略运用。这一电视剧的成功营销给三网融合下电视业的转型带来了很多思考：

第一，传统的收视率调查或许已无意义？甚至调查公司可以关门？

多少年来，收视率一直是电视媒体衡量节目包括电视剧好坏的重要标准。收视率高低甚至拥有生杀予夺的大权。而基于收视率调查的很多公司如尼尔森、央视索福瑞等也因为可以给电视媒体提供可参考的收视数据而备受重视。然而，移动互联时代的"大数据调查"出现之后，这种情况可能会发生改变。因为人们很多时候不再通过电视机看节目，而是通过 Hulu、Netflix、Apple TV、PPTV、优酷、土豆、智能手机和平板电脑等点播，而这些平台上的收视率都不会反映在传统调查公司的收视调查上。不仅如此，人们在通过网络看完节目之后，还会通过社交媒体如 Twitter、微信、Facebook 进行分享与讨论，进行二次人际传播,使得节目的影响力得以二次扩散与剧增,这些也都不会体现在传统调查公司的收视调查上。在这种情况下,传统调查公司如果不与网络新媒介合作,将无法反映出客观、全面的收视高低与满意度。2012 年,尼尔森收购了 SocialGuide,并宣布与社交媒体 Twitter 进行合作,其目的就是应对媒介多元化下的传播变局,从而进行更全面的收视率调查。2013 年 2 月,Twitter 则收购了社交媒体调查公司 Bluefin Labs, Bluefin Labs 公司是专门针对社交网站进行用户言论数据挖掘与分析的公司,Twitter 通过收购这样一家公司,可以针对用户喜好、节目播出规律等选择性地投放广告。

第二,传统媒体的选片制度或许可以改变?

传统电视媒体的选片制度往往遵循这样的流程:由台领导拍板上新节目,然后组建人马进行筹备、做出样片领导审查、审查通过进行播出。制度将受众选片这一环节排除在外,使得新节目出台在某种程度上承担很大的收视率风险。在新的媒介环境下,借大数据支持可以提升用户满意度,规避很多市场风险。如目前亚马逊也在仿效 Netflix 利用网购用户的数据库分析,着手制作自己的电影。同时,它通过自己的网站搜集用户创意剧本,并择优拍剧本试片,试片平台也是其网站,并利用强大的用户数据库对用户反馈进行分析统计,最后由用户决定最具市场潜力的连续剧。这样做,一是可以对视频进行成功精准定位,二是通过这些前期的线上活动对内容产品已经做了前期推广和营销,因此,电视剧的市场反应可得到很大保障。

第三,最适合的播出平台或许是最好的?

传统电视由于受线性传播的局限,受众基于时空的限制容易对连续播出的节目存在情节依赖、断裂或错位的认知。这就对电视产品内容的高峰间隔密度设计有更高要求。比如一部电视剧,观众可能会因为某一集不精彩而跳转频道,甚至彻底放弃收看该部剧,这种行为会影响到某一时间点的收视率。而网络环境则具备了观众可以随时随地观看、连续观看以及反复观看的条件与可能,因此对内容的高峰间隔要求相对较低。同时,观众的每一次跳转、暂停以及离开时间等用户行为均可以通过数据库进行记录,对这些数据库的挖掘与分析可对内容的后期改进与播出提供参考。

此外,对于视频网站而言,大数据给它带来的好处是媒介自身天然所具备的数据存储与处理能力将可以被大量挖掘利用。在某种程度上它可以摆脱长期以来单纯依赖高价版权购买电视剧播出权的限制，转而利用网站自身数据搜集能力分析用户喜好，实行按需自制视频剧。但也有人分析认为，单纯依靠数据分析来进行生产，这种方法或许只能保证网站不赔，生硬的数据只能保证一定数量的用户，却不能保证能生产出经典的、经得起历史沉淀的精品电视剧。因为很多时候，市场和精品反而是相悖的。

2.《小时代》的大数据营销分析

鉴于2013年被称为“大数据元年”、各行各业对大数据探讨与研究的热情，以及大数据在包括互联网等媒介在内的企业营销领域的作用逐渐开始显现，对于大数据对各类媒介产品的营销活动将会掀起怎样的风暴，人们仍然在审视与思考阶段，本章除了分析媒介融合下电视产品的大数据营销案例《纸牌屋》之外，下文也将对非电视产品——电影《小时代》借助大数据营销的案例予以分析，以求抛砖引玉，引发人们对于大数据在媒介营销领域的作用问题予以更深入的认识。需要指出的是，电影《小时代》虽与电视产品无关，但其借用大数据的营销平台——微博、人人网等社交媒体以及在这些社交媒体上所使用的视频营销手段均是与本书内容相关的。

2013年上映的中国电影《小时代》对大数据的成功运用，将大数据渗透到了电影的推广、发行等环节中，如图3—7。

由郭敬明编剧、导演，改编自其同名小说的《小时代》原本就将受众的目标锁定在八〇、九〇后观众群体。这一定位基于对同名小说2400万以上的读者所进行的网上点击行为的用户身份调查，在调查的基础上，还将这些潜在观众分成了核心圈、第二圈和第三圈。同时，剧组还对同档期上映的影片以及过去一年消费者对于同类影片的反应都做了数据分析。在这些基础之上，下一步就是如何将这些读者吸引进影院，则是剧组要做的重要事情。在《小时代》的营销推广活动中，考虑到导演加所有主演的微博粉丝达到一亿，因此选择了微博作为营销的主要媒介，并选择了360、腾讯（QQ空间、QQ炫舞秀）、搜狗、人人网这些目标受众常用的网站作为合作网站，以便更有效地找到目标群体的同时，通过社交网站的口碑传播效应扩大传播效果。比如在这些网站举办活动，为对方网站导入流量的同时能为《小时代》实现线上传播，并从中转化出一定数量的观

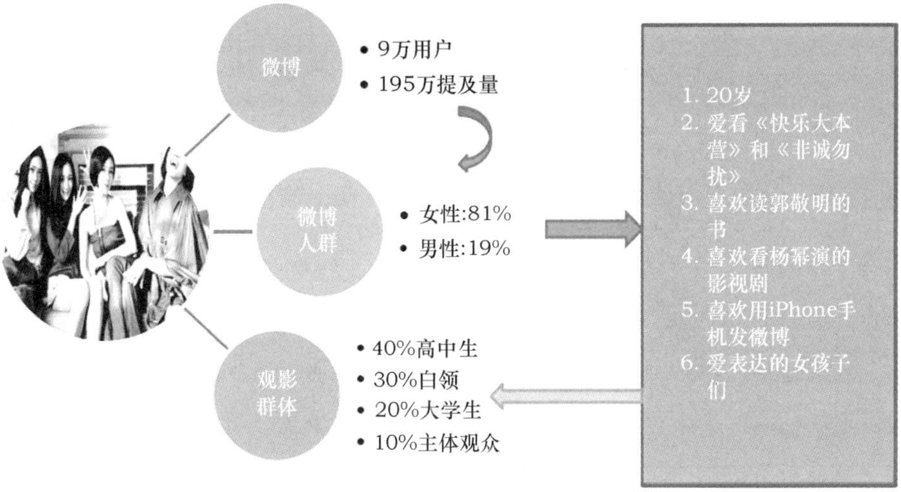

图 3-7 大数据在《小时代》营销中的应用

影人群。

《小时代》对大数据的使用，始于其对预告片之后的微博用户数据分析。该片选择了千万粉丝翘首期待良久的午夜发布了预告片，此时，粉丝们迫不及待地发布评论与相互转发，仅在 24 小时之内，就引起 12 万余次的转发、3 万余次的评论以及 3789.7 万余次阅读点击。通过对用户的分析，他们发现用户中女性的比例占了 70%以上。对《小时代》的正面评价中，九〇后是主力军。这为影片发行方适时调整营销策略提供了真实可靠的依据，接下来发行方针对九〇后女性发布了一系列线上线下活动，引发了这个群体的观影热情。

在接下去的数据分析中，发行方进一步推算该片 40%将是高中生，他们是郭敬明以及杨幂等主创的忠实粉丝，是《小时代》的冲动型消费者；30%是白领，他们生活在“玻璃缸”时代，对《小时代》感同身受，是营销导航的重点；另外 20%则是大学生，他们是非核心消费者，但是能够通过传播获得更多影响力的受众；另外 10%则为目前观影的年龄在 26～35 岁之间的主体观众，他们是需要消除顾虑，扩大外延的群体。基于上述分析，影片联合发行方乐视计划在全国数百家影院举办《小时代》零点首映嘉年华，举行一系列有针对性的推广活动。而推广活动举行的时间、地点会根据所面向的是哪个类型的受众而有所不同。[①] 同时，为了增强粉丝黏性，在后续推广活动中有一个很典型的策略就是通过不断抛出话题引发粉丝讨论，然后结合百度搜索指数来引导这个话题能够引申出哪些意义。比如“时代宣言”活动。这个活动的内容是鼓励网友在《小时代》网络海报上 PS 图片，加上自己对时代的几句看法，然后发表在微博上。与此同时，发行方还不忘了用从视频营销到网站推广中获得的数据来进一步说服院线排片。

在上述推广活动下，影片上映的第五天，新浪微博上关于《小时代》的单日提及量便达到了 195 万次。发行方进一步对新浪微博 9 万影片的原发作者中约 900 万条有效微博进行分析，结果发现，《小时代》观众平均年龄 20.3 岁，女性实际占到了八成以上，接近半数还是微博达人，其观影群体中超过 60％的观众在使用 iPhone，这个数据远远高于 iPhone 在中国市场的占有率，而在这些观影群所关注的企业品牌 TOP10 中，香奈儿、迪奥、路易威登等奢侈品牌均榜上有名，体现出这一年轻群体对于高端消费的欲望。《小时代》观影群体最关注的 TOP50(排名前 50)人中，明星的比例超过了 80％。其中郭敬明(第三)、柯震东(第七)、杨幂(第八)这几位《小时代》的招牌人物毫无悬念地出现在前 10 位。《快乐大本营》的主持群在这个排名表中也极其引人注目。何炅、谢娜是最受大家关注的前两名。《小时代》的主体观众，正是一群 20 岁上下，爱看《快乐大本营》和《非诚勿扰》，喜欢读郭敬明的书，喜欢看杨幂演的影视剧，喜欢用 iPhone 手机发微博爱表达的女孩子们。[②] 这些宝贵数据均为影片顺利发行提供了保障。

最终，《小时代》依靠精准的定位，辅以大数据支持，以“平台 ＋ 内容 ＋ 终端 ＋ 应用”的现代营销方式，以仅 2000 万元的成本获得了接近 5 亿元的票房。成为 2013 年中国电影票房的最大赢家。

(四) 三网融合下大数据对于重构电视信息平台的意义

在三网融合的大潮下，IPTV、互联网电视、智能电视、OTT 相继出现，表面

---

① 曹飞鹏：《大数据时代下的电影营销——浅析〈小时代〉的营销模式》，《青年文学家》2013 年第 23 期。

② 参考自新浪娱乐，http://ent.sina.com.cn/m/c/2013－08－09/11573984026.shtml

看是产业的变化、电视屏的变化、电视业务的变化，其实核心是以电视作为承载数据信息的高度融合，打破了广电原本的生存屏障。从大数据的意义上，三网融合给传统电视业带来的挑战是：网络传输要求智能化、双向化、宽带化，内容生产要求海量化、多样化、数据化，用户服务要求体系化、多终端、互动化，商业模式构建要求营销精准化、赢利多元化与数据化，同时，传统电视业也面临发展机遇，即拥有海量的、真实的用户数据、拥有建立全新内容交易体系的机会、面对无比巨大的市场空间与发展可能、承接来自政策与管理层面的利好。在这些机遇与挑战中，电视业首先要做的就是要利用大数据重构信息互动平台，如图3—8。

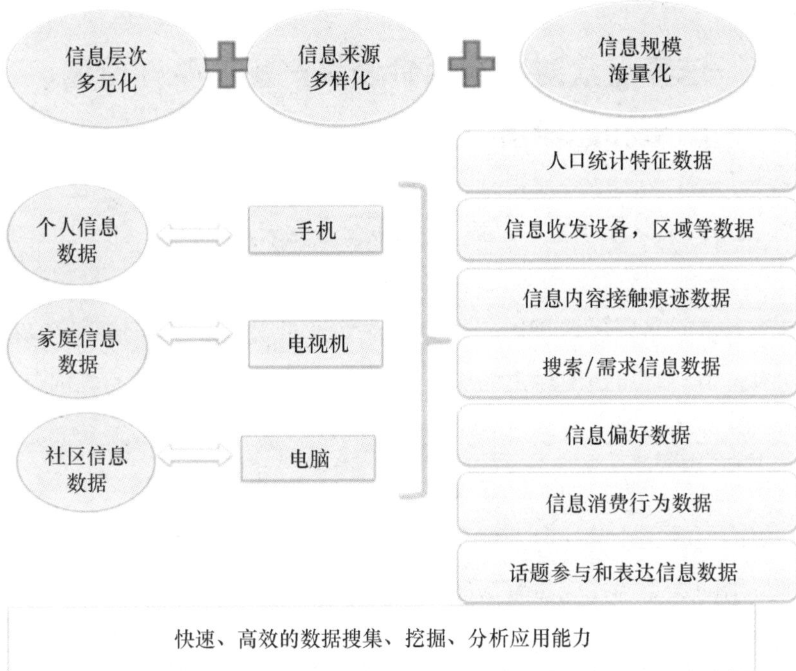

图3-8 电视业运用大数据重构信息互动平台

图3—8表明三网融合下信息在各种媒介形态中传播时，将留下各种各样、海量的传播痕迹。基于此，电视业需要建立一个有效的信息数据处理系统以及在此基础上全新的用户管理模式，并在对痕迹下的海量信息数据进行统合基础上的归类分析，以便用更科学的方式来管理用户，快速响应用户的需求，精确计

费,以满足未来发展。相比电信、互联网,广电的劣势就在于缺乏对用户管理的强大后台数据库的支持体系以及基于数据库精确管理基础上的精确营销。目前,建立科学的广电数据管理系统已经获得了普遍认可。如上海文广与百度的合作正是看中了百度强大的数据库整合与搜索功能。双方联手通过开发用户收视数据分析系统创新用户管理模式,以提升用户服务品质。

总之,在新的媒介竞争格局中,电视业只有遵循数据融合规律,从新的业务形态、服务体系、网络传输到新的内容生产、营销体系、终端运用,再到用户需求、评价体系、商业模式等各个方面主动运用大数据并建立全新的产业格局,才能不被市场淘汰。

第四节　培养受众对电视媒介及其产品的认知价值、满意和忠诚度

一、受众对媒介的认知价值、满意和忠诚度三者的关系

这三者之间是层层递进的关系。受众认知价值是顾客评估媒介及媒介产品的所有价值与其所需要付出的成本之差。其中,所需要付出的成本包括媒介及媒介产品使用的费力程度、价格成本,媒介接触的可能性等,媒介产品的价值则包括媒介及产品提供的愉悦程度或信息量等。基于创新扩散论的观点,受众的认知价值包括媒介及媒介产品的相对优越性、相容性、复杂性、可试性、观察性。施拉姆的媒介选择或然率从另一个侧面反映了受众对媒介的认知价值,即媒介选择的或然率＝费力的程度/报偿的保证。受众的认知价值是受众对媒介及媒介产品进行消费的基础。在此基础上,媒介及媒介的推广还要根据受众在使用或消费媒介及媒介产品的过程中对产品的满意、认可程度而定。根据创新扩散理论,受众在对一个新的媒介产品做选择使用之后,可能会有两种结果:继续使用或者中断。当受众对媒介及其产品使用的效果感到与期望相匹配时即满意,媒介组织所追求的目标就是让受众的满意最大化。一个媒介组织的高明之举就在于经常测试受众的满意程度,一个高度满意的受众会忠诚于这个媒介品牌及品牌产品。但顾客满意与顾客忠诚度之间并不是成正比例关系。假设

顾客满意度的衡量范围是从1—5，当顾客满意度很低，例如为1时，很可能放弃使用媒介及其产品。在水平为2—4时，顾客比较满意，但当发现有更好的产品出现时，他们仍可能会转换品牌。在水平为5时，很可能再次选择，并为该媒介及其产品进行宣扬与推广。[①] 现在很多媒介组织均有满意度与收视率调查以及监测受众流失率，调查受众放弃使用某一种媒介及产品的原因或理由。目的就是根据受众的评价与收视行为调整媒介产品生产行为。

能够得到顾客的认知、满意继而对该媒介及其产品忠诚是一个电视媒介组织最大的目标。因为从某种程度上说，忠诚度意味着一个媒介组织的受众资产。其包括三个要素：价值资产、品牌资产及关系资产。价值资产是受众基于与成本包括质量、价值、便利程度等相关利益的看法所形成的对电视产品效用的客观评价。品牌资产是受众对品牌主观上的评价和超出客观理解的价值。品牌资产的子因素是受众的品牌意识、受众对品牌的态度以及受众对品牌道德规范认识。关系资产是受众与品牌相连接后，超出对电视产品本身价值的主客观评价。[②] 例如，当某观众喜欢凤凰卫视的主持人陈晓楠时，他可能就喜欢陈晓楠所主持的《冷暖人生》，继而喜欢凤凰卫视。

二、多屏条件下提高受众对电视媒介及产品忠诚度的途径

建立受众对电视媒介及产品的忠诚度，意味着受众价值要最大化。前文所述的基于大数据基础上的精准定位是从内涵上最大化受众价值。此外，要培养受众的忠诚度，还必须从外延上进行拓展，即通过增进与受众的联系，提高其媒介信赖与依赖感。

1. 以融合思维整合用户生产数据，以渗透式传播黏合用户

如前文所述，三网融合是数据的融合，这些融合的数据里面就包括受众参与制作、传播的信息。包括提供信息来源，引发网络或传统媒体关注；提供信息，导致信息在网间的再生产；对信息进行整合式生产，通过合成、剪辑等方式，表达在当下断裂社会中对平等、公正等价值的追求和渴望。[③] 因此，新的传播关

---

①② 〔美〕菲利普·科特勒：《营销管理》（第12版），海清豪译，上海人民出版社2006年版。

③ 周勇：《路径与选择，主流电视媒体网络视听信息发展战略》，中国传媒大学出版社2013年版，第148页。

系中受众不再是信息传播的客体，而在某种程度上跃升为传播主体，或者说传播主体的一部分。这一状态要求电视媒体在充分利用自身专业化制作的内容资源的同时，要重视并合理使用用户生产的内容，即 UGC（User Generated Content），或称微内容。微内容诞生在 Web2.0 时代，目前学界对其没有一个完整、系统的定义，但其核心是“用户创造价值，用户制造内容”。学者 Cmswiki 曾对微内容作过如下定义，最小的独立的内容数据，如简单的链接、一篇网志、一张图片，一个关于作者、标题的元数据，e-mail 的主题，RSS 的内容列表等等。也就是说，互联网用户生产的所有数据（甚至一次点击）都可以称作为内容。[①] 随着各类自媒体、社交媒体的快速发展，用户生产的数据内容以几何级数量上升。以社交网站 Facebook 为例，其日常活跃用户达 5.26 亿，每天新增 25 亿条分享内容、32 亿条评论、27 亿条“赞”、3 亿张照片，每天会采集到 500＋TB 的数据。这样浩大的数据中有很多是可供电视媒体挖掘使用的微内容。将用户生产的内容加以利用，不仅可以拓展电视媒体的内容数据库，更重要的是意味着传统单向传播思维向融合传播思维的转变。而融合思维意味着传统媒体需要放下多年来由资源垄断优势形成的端坐庙堂之上的架子，真正走下庙堂，深入其衣食父母之中，将传播行为与信息消费的对象对接，唯有如此，信息才能够有效落地。当前，电视媒体已经开始关注并逐渐加快对 UGC 的使用力度。从汶川地震到幼儿园老师虐童事件，从政府贪污腐败揭黑再到山东全能神教麦当劳杀人事件，传统电视媒体正在逐步尝试关注受众在微博、论坛等发布的文字、图片、视频和音频等信息，并将其视为一种重要的获取新闻线索的途径。以下列举“表哥”杨达才事件及幼儿园虐童事件两个案例。

2012 年 8 月 6 日凌晨 2 时 18 分左右，一辆从呼和浩特市开往西安市的大客车，在安塞服务区外与一辆刚驶出服务区的重型罐车发生追尾，随后引发了大火。导致客车上 36 人死亡，3 人受伤。事故发生后，陕西省安监局局长杨达才赶到事故现场。事后一张在微博疯狂转发的杨达才在事故现场微笑的照片引起了人们的不满，顺着民间不满情绪的增长，网友们开始人肉搜索，在确定了杨达才身份的同时，也发现了他在不同场合戴的多块名表，从而引发了电视媒体的高度关注，随后有关部门介入调查，最终杨达才因为严重违纪被撤职。同

---

① 知识链接：《微内容：网络媒体核心竞争力》，《新闻导刊》2008 年第 5 期。

样,2012年,在山西、浙江等地频现的幼儿园虐童事件中,信息最早来自于微博上一位网友的贴图,后通过其他网友纷纷转发和评论,该事件持续发酵,最终主流媒体介入,有关部门开始调查,相应责任人受到惩治。因此,在新媒介下,传统电视媒体与UGC融合的传播基本遵循如下路径:网友通过网络平台爆料——其他网友就此事纷纷转发并形成一定的舆论导向——各类新兴资源持续更新——主流媒体开始纷纷介入——相关单位和部门作出回应——网民持续关注。在这里,央视等主流媒体相较于信息发布的受众来说是滞后的,然而在事件持续发酵后的进一步深度调查报道又是央视的优势所在。

自2012年10月下旬起,央视《东方时空》《新闻直播间》《新闻1+1》《新闻周刊》等重磅栏目分别采用了"腾讯视频"的"拍客"拍摄的30多支UGC视频,这些UGC视频平均每两天就在央视荧屏上播出一次。这其实源于央视联合"腾讯视频"等多家具有号召力的媒体发起的"文明天下"行动[①],希望以此来倡导文明行为。这是一起传统媒体与新兴互联网媒体合作使用UGC的又一个例子。腾讯依托自身强大的受众基础召集拍客成员,与此同时央视凭借自身的强大影响力成功实现新闻资料的输出。这无疑实现了传统电视媒体与网络新兴媒体合作的双赢。

除了对微内容进行整合利用外,直接将微内容以板块、频道的形式嵌在专业传播平台上,是更为直接的渗透传播,也是更有效的黏合受众的方式。在这方面,西方发达国家媒体已先期迈出了尝试性步伐。如BBC在其BBC News upload首页明确鼓励用户上传新闻并指出:你的新闻,你的图片(Your news, your pictures)。BBC鼓励用户在其网站中建立自己的博客,并将自己的视频、音频上传发布以此来参与到新闻制作过程中。在2005年7月7日伦敦爆炸案的报道中,BBC在四小时之内就收到了20个录影带,300张照片,20000封电子邮件,这些用户上传信息直接辅助了报道的风格与基调,有些信息甚至直接被用于电视新闻报道。BBC在推出其后台服务时就声称:这是你们的BBC(This is your BBC)。为了避免可能出现的版权纠纷,BBC在其网站上传的服务页面中明确要求上传用户在传送新闻资源的同时留下自己的联系方式以待网站与其联系,并明确声明没有稿费。

---

① UGC时代:《电视媒体的被动与主动》,www.xzbu.com

同样，CNN 的“Ireport”(“我来报道”)做得也非常出色。“Ireport”是 CNN 的一个子栏目，普通用户可以通过简单注册即可以上传包括文字、视音频在内的各种数据来对事件予以报道。CNN 对这些数据只经过简单的核实即予以发布，同时，一经发现有重大的新闻事件出现，CNN 还会以电视与网络联动、互动的方式对事件进行深挖式报道。有人曾质疑这种方式是否会由于用户的不负责任而导致虚假新闻出现，但“Ireport”多年的运行经验表明，在民众的媒介素养发展到一定程度之后，避免虚假新闻的最有效方法，不是对微信息进行防范与围堵，而是对其予以放手。在 CNN 之后，美国全国广播公司开辟了“I－caught”板块、福布斯新闻网页开通了“U－Report”板块、微软全国广播公司 MSNBC 则开辟了“第一人”板块。[①] 这些媒体的尝试，均取得了成功。

相较之下，我国电视媒体在对 UGC 的利用方面仍存在如下问题：

其一，缺乏常态化、互动性强的 UGC 搜索平台。

在我国，目前 UGC 的搜集平台主要集中于微博、博客、论坛或者是传统媒体开辟特殊平台这几种手段。看似多渠道的信息搜集平台却呈现出滞后、不便的 UGC 内容推送方式。以央视为例，尽管央视开通了官方微博这一 UGC 内容获取平台，且微博更新速度越来越快，但内容大多局限在对本电视台各频道已播出的重要新闻及其他主流媒体发布的微博内容的转载上，普通公民微博上的 UGC 内容很难进入到电视媒体官方微博的视野中，[②]微博互动性较差。此外，它在推出公益性活动、节日庆典活动、重大灾难性事件报道时也会临时开辟网络上传平台，鼓励受众拿起手中的电子设备记录身边的点滴并上传。然而这样的一个平台是临时搭建的，缺少像 BBC、CNN、FOX 等国外媒体那样较为系统的、常态化的 UGC 利用方式。

其二，利用 UGC 内容进行相关报道处于相对被动的状态。

我国以央视为代表的电视媒体虽然已拥有利用 UGC 的意识，然而这种利用仍处于相对被动的状态。通常是 UGC 内容上传到网络，网友的转发和高度关注引起了一定的舆论气候时，电视媒体才开始有所行动。整个传统电视媒体

---

① 王嘉：《基于新闻专业主义框架基础上的温和变革——国外传统媒体新闻生产引入 UGC 的现实图景》，《传媒》2011 年第 5 期。

② 孙翠翠：《电视媒体对 UGC(用户生成内容)的应用状况分析——以美国 CNN 和中国 CCTV 新闻频道为例》，中国社会科学院研究生院，硕士学位论文。

的报道相对滞后，缺乏优先、主动设置议程的能力与勇气。

其三，UGC 内容仅为新闻报道的辅助补充。

虽然很多传统媒体都看到了网络平台的重要性而引入 UGC，但是新闻从业人员更倾向于将 UGC 看作报道的辅助补充形式。目前为止能够对 UGC 内容高度信任并全部运用于新闻报道中的情况少之又少。一些人认为其报道质量无法与受过专业训练的职业记者采写的报道质量齐平，因此会导致新闻报道质量的滑坡。[①] 相较于国外通过设置板块、频道的形式将 UGC 内容直接放到与传统电视生产的内容同等地位的现状相比，我国电视媒体传者本位的思想依然比较突出。

其四，UGC 信源核查行为相对滞后，缺乏严谨的信息核查系统。

电视媒体通常待新闻内容在网络发布之后，出于保证新闻的真实性、权威性和深度性等因素的考虑，会延迟跟进新闻信息。这从另一面体现出传统电视媒体对于 UGC 内容的处理、审核和进一步跟进的系统尚处于不完善的阶段，始终无法凭借有效高速的信息核查系统的帮助来完成对 UGC 信息的快速处理并运用于新闻报道之中。

三网融合下，传统电视媒体完全可以借整合利用以 UGC 为代表的用户生产数据，来有效黏合用户，从而提高受众对媒介产品利用的忠诚度，提升媒介的品牌形象。

2. 强化数据搜索服务从而提高用户获取信息的便捷性

SIVA 理论的基本理念就是基于网络数据庞杂基础上的对搜索服务的研发。纷繁芜杂的海量数据呼唤意见领袖为用户进行个性化的信息把关与推介，因此，个性化、一对一的精准服务就成为搜索服务追求的目标。中国互联网信息中心的数据显示，截至 2012 年 6 月底，搜索引擎用户规模达到 4.29 亿人，较 2011 年底增长 2121 万人，半年增长率为 5.2%；在网民中的渗透率为 79.7%，成为网民上网的主要入口。[②] 基于这一数据，强化基于视听特色的多媒介平台的信息搜索服务模式将是电视内容产品在多终端发展的目标之一。例如，网民

---

① 王嘉：《基于新闻专业主义框架基础上的温和变革——国外传统媒体新闻生产引入 UGC 的现实图景》，《传媒》2011 年第 5 期。

② 中国互联网络信息中心：《2012 年中国网民网络视频应用研究报告》。

在使用网络包括 PC 机、手机等进入视频网站或打开视频客户端后，43.5%的用户会选择“站内搜索功能”来寻找所需视频。这表明，相比传统电视终端，网络用户通过网络收看视频时，目的性更强、更主动。

当前，通过搜索引擎导流进入视频网站，仍然是用户收看视频的最主要方式。当想收看某个视频时，35.1%的用户首先通过搜索引擎找到视频后收看，这类用户大多还未对特定视频网站形成忠诚度。此外，31.0%的用户首先会打开客户端寻找视频，27.5%的用户则会直接进入视频网站寻找视频，这部分用户已经熟知某些特定的视频网站或者安装了视频客户端，并且形成了直接登录视频网站的习惯。总体而言，当前受众对网站视频的收看没有形成较强的黏性。主要原因是当前主要视频网站均主打热播影视剧、电视节目等内容，导致网站视频内容不断趋于同质化，没有形成自己的个性。同样，从 2012 年中国互联网信息中心网络视频收看调查报告来看，当前从 PC 端(台式机+笔记本电脑)用户的重合度来看，土豆与优酷的重合度为 59.6%，经过合并整合，资源共享，使得两个网站的用户重合度较高。其他用户重合度较高的网站有：搜狐视频与优酷(40.0%)、搜狐视频与土豆(41.2%)、搜狐视频与新浪视频(39.4%)、PPS 网络电视与优酷(39.0%)、PPS 网络视频与土豆(38.8%)。这些网站之间的用户流动性大，用户还未对特定视频网站形成较高的忠诚度，能否找到所需资源是用户选择什么网站的关键。对于视频网站来说，需通过丰富网站资源、加快更新速度等方式，才能提升用户黏性。用户重合度较低的网站有：爱奇艺与迅雷看看、快播与优酷、乐视网与腾讯视频等，重合度都在 29%以下，360 影视与多数网站的重合度都较低。重合度低，用户被吸引到对方网站的可能性也相对较低。整体上，移动端(手机+平板)视频网站的用户重合度没有 PC 端用户高，因为大多移动端用户通过客户端观看视频，而客户端安装数量有限，用户在网站之间切换不如 PC 端方便，如图 3—9。[①]

3. 增进体验与互动以提升用户的黏性

“整合行销传播的核心是使消费者对品牌萌生信任，并且维系这种信任，使其长久存在与消费者心中。然而，不能单靠产品本身去建立这种信任。因为许多产品实际上是相同的，与消费者建立和谐、共鸣、对话、沟通的关系，才能使你

---

① 中国互联网络信息中心：《2012 年中国网民网络视频应用研究报告》。

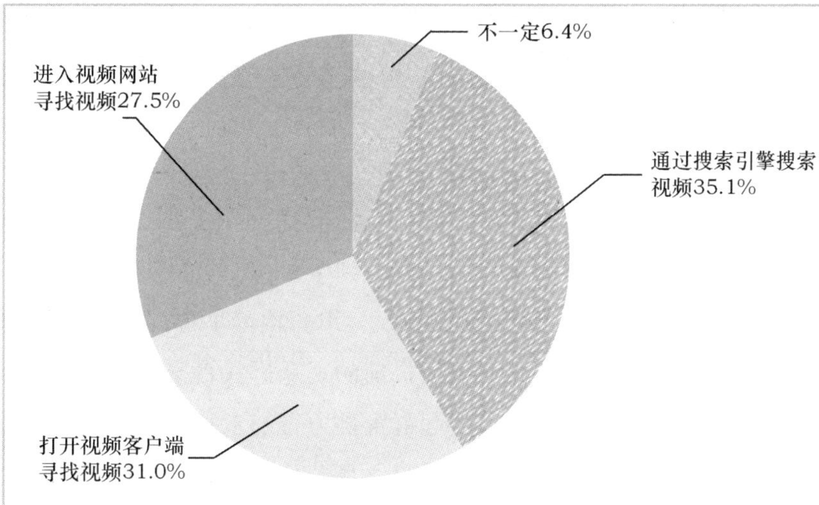

图 3－9　2012 年网络视频用户收看渠道

脱颖而出。”[①]多屏的媒介格局给传统电视带来的一个不争的事实是，观众群分化越来越严重，且电视观众老化的趋势还将日益明显。在这个 we-media 传播环境正在建立的后信息时代，传统电视需要充分利用新媒介能满足用户参与互动的特质有效聚拢观众、黏合观众，从而不断增进用户体验。2013 年，二维码的应用，开启了三网融合下电视与手机“双屏”互动的新时代。通过连接家庭共享的电视大屏和个人私享的手机小屏，为电视观众提供了互动体验，从而在一定程度上打通了观众与电视、线上与线下的交互。二维码的应用不仅改变了观众收看节目的方式，也成为传统电视媒体增强受众黏性、实现个性化精准营销的手段。

二维码（2-dimensional bar code），是用某种特定的耳机和图形按一定规律在平面（二维码方向上）分布的黑白相间的图形记录数据符号信息。通过二维码“一拍入网”，可以实现手机－电视－网络的直接互动交流。二维码在 2006 年由中国移动在中国内地推出，自 2010 年后开始迅速发展，在各行业被迅速使用，成为用户与企业和产品进行互动营销的新的手段。2012 年，分众传媒联合

① 〔美〕唐·舒尔茨、史丹利·田纳本、罗伯特·劳特朋：《整合营销传播》，吴怡国、钱大慧、林建宏译，中国物价出版社 2002 年版，第 116－117 页。

聚划算、支付宝推出手机客户端，提供扫描二维码购物服务，实现了广告展示与产品销售的无缝衔接。2013 年，湖南卫视《我是歌手》、央视《开门大吉》开通二维码，标志着电视“双屏互动”的开启。此后，二维码在包括娱乐节目、服务类节目甚至新闻节目在内的各类电视节目中被广泛使用。二维码在电视媒体中的广泛应用源于其两大优点：一、满足观众互动参与的诉求。二维码最大的优点在于可通过对其进行扫描，将节目同步嵌入到手机，观众可以通过使用手机同步参与到节目当中，实现真正意义上的互动。拿国内最早将二维码引入节目的央视益智类节目《开门大吉》为例，电视机前的观众坐在自家客厅里，通过手机扫该节目的二维码，就可与全家人一起群策群力参与节目，与节目选手同步答题。根据节目方制定的游戏规则，观众只要在节目揭晓答案之前，能够选出正确答案，就可以获得相应积分，并根据游戏积分，通过摇号等方式，获得相应的奖品。这样的方式在大大提升观众的现场参与感的同时也大大满足了其竞争心理。《开门大吉》仅播出五期，平均收视率就达到 1.9%，第五期节目甚至创造了 2.36%的高收视率，在央视所有节目中稳居冠军。目前，《开门大吉》二维码的活跃用户有 44 万人。[①] 湖南卫视的《我是歌手》推出的二维码“呼啦”软件，则是一款社交软件，观众不仅可以通过扫描该码进行节目答题、参与互动，还可以与他人共同探讨电视节目。由于其带有社交优点，“呼啦”仅开通一个月，就拥有注册用户近 100 万，有力地提升了节目的受众黏合度。二、弥补电视线性传播的缺陷，实现时移功能。传统电视的最大缺陷之一就是线性传播带来的信息的无法倒检索，但有了二维码之后，观众可在节目播出过程中的任何一秒拍到它实现整个节目回看。这种功能在新闻节目中尤其受欢迎。另外，在二维码用户的手机反馈过程中，其手机机型、访问时间、地点、访问方式以及总访问量等均能被精确记录，通过对这些数据的分析，可以判断收视人群的年龄、爱好、收入等信息，这对于电视媒体来说，二维码的使用可对节目与广告的精准投放与营销起到重要参考作用。

二维码在电视节目中的广泛应用，将 30%开机率的电视观众和 3 亿智能手机用户有效连接起来，有效提升了年轻用户的电视使用黏性。这也充分说明，

---

① 《电视搭上新媒体顺风车，二维码给电视一条“活路”》，http://news.xinhuanet.com/newmedia/2013—02/05/c_124322881_2.htm

“多屏”之间因为某种关联而产生的合作空间是巨大的。

本章小结

本章指出，三网融合下电视媒介市场的 STP 发生了很大变化，媒介形态和媒介终端的多样化导致受众市场分化的趋势日益明显，以用户消费需求为特征的媒介生产和媒介传播成为主流。相应地，受众市场细分也应有不同于传统的新的划分依据，而媒介市场定位越来越多元化。

本章认为大数据改变着营销产业链的各个环节。只有具备数据挖掘能力和数据应用能力方能适应三网融合下媒介市场竞争的需要。对于电视业而言，需要重构电视信息平台，建立新的用户管理模式，有效利用用户留下的各种数据以满足新的发展要求。

第四章　以品牌管理的理念统合营销体系

关于品牌，美国营销协会对其的定义是：品牌是一种名称、术语、标记、符号或设计，或是它们的组合运用，其目的是借以辨认某个销售者或某群销售者的产品或服务，并使之同竞争对手的产品和服务区别开来。[①] 一个企业要进行成功的产品营销必须要对其产品及企业本身建立品牌及品牌管理的理念。同样，电视产业要进行成功的多屏营销，首先就要打造出自己的品牌产品，而好的品牌产品需要好的生产体系、生产制度的保障以及好的产品塑造理念、生产方式和方法。而所有这些，实际就是电视产业的品牌管理。本章是对本书提出的CPPS营销战略的第一个P的分析论述，这里的"P"包括："电视产品的生产体系"即"Product System"和"电视产品"即"Product"双重含义。下文中也将从这两大方面对电视产业如何以品牌管理的理念统合其多屏营销体系展开分析论述。

第一节　建立品牌管理理念

把品牌以及品牌管理的概念引入到电视领域，同样始于市场营销学发源地的美国，但其出现的时间较晚。原因是在20世纪50年代至80年代中期，电视媒介市场被三大电视网主导，缺乏竞争。据统计，当时的三大电视网及其附属台对全国观众的控制优势，获取了全国将近50%的电视媒介市场利润率。尽管没有出现明确的品牌管理的概念，但当时的三大网已经在无意识地使用品牌塑造和品牌管理的理念，比如他们以主持人名字命名的电视节目，将节目时间段

① 〔美〕菲利普·科特勒：《营销管理》（第12版），海清豪译，上海人民出版社2006年版。

固定等。20世纪80年代后期，福克斯从三大电视网中分流出部分年轻观众，电视媒介竞争格局开始发生变化，福克斯节目具有的年轻、冒险和不羁的风格在某种程度上具有了品牌塑造的意义。同样在80年代，有线电视频道进入美国电视媒介市场，电视媒介产品日益丰富，选择性更强，而调查发现，人们的总收视时间并未增多，并且一般观众仍然喜欢收看少数的几个频道和节目。这意味着，电视媒介生存的办法只能是把观众从竞争对手中争取过来，电视媒体逐渐有了品牌意识。

到了20世纪90年代，随着1996年《电信法》的出台，三网融合加速，媒介市场日益丰富，各种信息接收平台和终端相继问世，传统电视媒介市场的竞争开始转向跨媒介、新旧媒介的竞争。当媒介从业人员为新媒介技术的出现而显得无所适从的时候，人们发现，观众最关心的其实还是内容本身，而内容的来源，无论是地方的、辛迪加的、电视网的、广播的、有线的、卫星的、互联网的或者是电话的并不重要，重要的是好的内容能够让观众以便捷的方式接收到，于是围绕内容做品牌以及进行品牌管理的概念开始被人们真正认识并重视。也基于此，美国的电视业没有像当年有人预言的那样，随着新媒介特别是视频媒介的相继出现而走向死亡，相反，他们开始理性地应对电视业面对的新挑战，在技术开发与产业合作、商业模式重塑等方面进行品牌营销与管理，并取得成功。

从营销学上说，品牌能表明一定的质量水平，使满意的消费者能容易地再次选择这种产品。虽然竞争者可能容易复制生产过程和产品设计，但他们很难模仿某一品牌由于多年的销售活动和产品经验在个人和组织心目中的形象。因此，品牌可以作为一种保护竞争优势强有力的方法。

需要注意的是，电视品牌不只是用台标、广告语、主持人、宣传片广告以及每个电视节目来树立的形象，而是受众与电视机构之间一种紧密的关系与深刻的体验，表现为精神体验以及所体现出来的文化价值，包括了受众对电视品牌的认知、品牌联想、品牌忠诚和对品牌核心价值的认同。电视品牌的链条是：从最初的电视节目品牌发展为电视栏目品牌，进而走向电视频道品牌，再形成电视台品牌，最终体现为无形的精神品牌（如图4—1）。[①]

因此，相应的，电视品牌管理也不仅局限于对节目或要素的管理，而是从节

---

① 陈兵：《电视品牌建构》，中国传媒大学出版社2006年版，第36页。

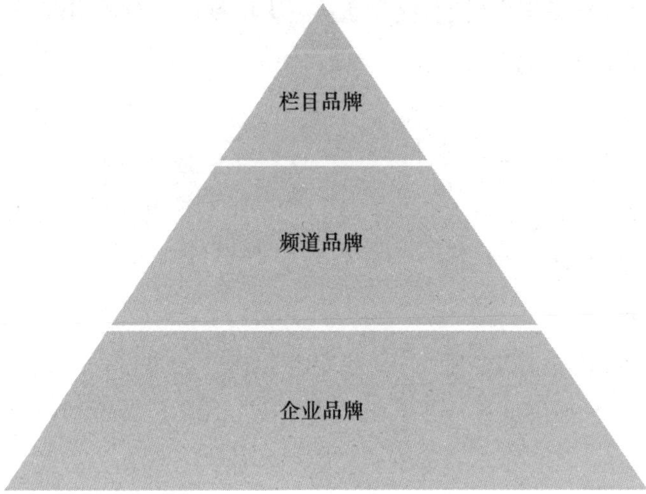

图 4－1　电视媒体品牌金字塔结构

目品牌到企业品牌全方位的管理。

三网融合下，媒介终端日益丰富，传统电视业原有的品牌管理理念也需要随之进一步提升，即需要采用新的互联网思维来代替原有的基于单一电视媒介的品牌管理理念，从而在激烈的行业竞争中站稳脚跟。所谓互联网思维，资深互联网人士陈光锋在新书《互联网思维：商业颠覆与重构》中，对其内涵予以了高度概括——“专注、极致、口碑、快”。拓展开来有用户思维、数据思维、粉丝思维、简约思维、跨界思维、社会化媒体整合营销等要素。也有人指出“互联网思维，就是在互联网、大数据、云计算等科技不断发展的背景下，对市场、对用户、对产品、对企业价值链乃至对整个商业生态进行重新审视的思考方式。”[①]“它是随着互联网行业的发展和实践总结出来的方法论，主要是指互联网企业在运营管理过程中的战略思路、竞争策略以及营销理念的运用。”[②]相应的，使用互联网思维管理电视媒体的品牌就是要将传统电视节目、品牌、媒体、产业纳入互联网、大数据、市场与用户的供需关系中进行考量，以更新的角度、更多的营销手段去审视品牌营销，继而促使传统电视媒体内容生产体系与传播方式产生革命性变化。陆小华认为，互联网思维管理媒体品牌意味着如下几个方面的革新：

① 赵大伟：《互联网思维“独孤九剑”》，机械工业出版社 2014 年版，第 36 页－42 页。

② 徐兴旺：《传统商业该如何解读互联网思维》，《信息与电脑》2014 年第 2 期。

1. 生产方式的重构。传统媒体需要打破原有作坊式的生产体系，以全媒体大内容的思维重新设计生产方式。2. 媒介产品生产的再组织化、再专业化。这个再专业化对所要满足的需求和满足方式都基于精确到"点"。手机上的一个个小的客户端功能账号其实就是再专业化之后的高度分工的产物。3. 再服务化。4. 用户关系运用。包括品牌及传播关系链或社群关系链的运用。《爸爸去哪儿》在播出之后，又在短时间内做了一部电影并赢得了很好的票房，这只是一种传播关系的利用，并没有很好地开发社群关系。从传播关系链到服务链，理想的方式应该是从某个产品单面入手，以新的理念出发设计一个好产品，然后再设计出多种传播关系链、服务链的切入点。5. 产品思维，即是与需求行为高匹配度的产销关系。[①]

在以互联网思维进行全新的品牌管理方面，我国电视业目前尚在摸索中前进。以品牌管理较好的湖南卫视为例，其有两个方面的探索值得肯定。

一是与社会化媒体的整合营销。

即利用微博、微信、论坛、官网、微视等社会化媒体，制造话题、事件，打造官方网站、官方微博、粉丝网站等进行整合营销。从《超女》开始，湖南卫视就已经开始探索如何利用事件营销赢得注意力和关注度。从最初的《超女》到《快男》，几乎每一次的海选、晋级都会引发一系列争议，"性取向""评委离席""投票黑幕""后台打人"，类似的炒作没完没了，并且每次都能高潮迭起，引发轩然大波，矛盾成为调动粉丝更为积极地投入到批判和支持中的法宝。在事件营销后，利用现有资源进行事件传播，并不断跟进，形成整合传播，吸引观众收看。此外，还善于利用话题营销，湖南卫视的每一档热播节目，像《快乐大本营》《爸爸去哪儿》《花儿与少年》都在新浪开通官方微博，利用微博热门话题，引发观众讨论，进行话题营销。以《爸爸去哪儿》为例，从第一期开播以来，从没出过微博热门话题榜前二十，更是稳居综艺话题榜榜首。微博就节目中发生的大小细节进行讨论，星爸星妈时不时抖一抖料，粉丝精心整理的萌翻照片……各种相关话题铺天盖地，网民讨论得不亦乐乎。

此外，湖南卫视还联合搜狐、腾讯等国内知名的门户网站进行宣传报道。

① 陆小华:《颠覆与创新——陆小华谈移动互联时代传统媒体的新生存逻辑》，中国人民大学的讲座，2014 年版。

利用手机等新媒体进行品牌传播，打造湖南卫视的手机客户端，利用新的传播方式，吸引受众，给观众带来便利的同时，扩大湖南卫视的品牌影响力。

二是打造“芒果独播战略”。

2014年5月，湖南卫视携芒果TV推出“芒果独播战略”，称包括《花儿与少年》《变形记》第八季等在内的几档新节目将不再对外销售互联网版权，只在旗下的视频网站芒果TV独播。湖南卫视携芒果TV全平台喊出了“不销售，只独播”的声音，以互联网思维开始反攻，从内容源头开始遏制视频网站。①

在影视行业激烈的竞争中，“独播”已经成为互联网时代电视节目最核心的差异化竞争资源。“独播权”在视频网站中，争夺也最为激烈。湖南卫视携芒果TV宣布“不销售，只独播”的战略，影响了其短期的经济利益，因为芒果TV在用户数量、视频播放体验、用户的互动反馈等方面，跟优酷、爱奇艺、腾讯等视频网站还有一定的差距，但湖南卫视推出的这一举措，其实是极富前瞻性的互联网思维品牌推广战略。将自制综艺节目和影视剧集汇聚到芒果TV全平台上，实现真正的独家、集成多个优质内容，从而不断打造“芒果”特色，培养用户忠诚的收视及浏览习惯，打造用户的品牌忠诚度。同时在官方网站和粉丝网上加强用户体验，增加互动环节，注重用户的反馈建议，根据用户的反馈，改进节目的制作和播出。

当然，以互联网思维去管理媒体品牌，在我国刚刚起步，各家媒体的改革，也仅仅是一种尝试。但有两个方面的改革与创新必须要实现，一个是基于全新融合思维的大内容生产与分发体系的创新；另一个是内容产品的创新与改革。下面将从这两个方面进行分析论述。

第二节　电视内容生产与分发体系创新

从营销学的角度来说，产品即是受众所感受的媒介内容。由于组成电视媒介传播的基本单元是节目内容，因此，从某种意义上说，电视媒介的品牌效应主

---

① 《芒果TV“独播”战略：湖南卫视终于醒了》，《东北网》http://www.techweb.com.cn/ucweb/news/id/2031690，2014年版。

要体现在电视节目内容生产、传播和存在的样态。从管理学的角度来看，节目内容的生产离不开其赖以存在的媒介生态环境及形成该环境的媒介组织的体制、管理模式、生产模式、传播模式等，这些构成电视内容的生产体系。在三网融合下，由于电视产业上下游关系发生了全新的变化，其生产与分发体系的创新变成了一个系统工程，这与我们多少年来一直奉行的家庭作坊式的仅限于频道或者部门本身"一亩三分地"形成的自创自制、自足自给的传统模式相比，发生了根本性变化。正如湖南广电集团盛伯骥所言：那种由节目生产单位提出设想，申请经费后制作样片，经领导审片后播出的自创自制的创新方式，从现在来看，已不科学，一是容易从本部门利益出发做研发，不顾及整体及市场。二是容易从眼前利益出发做研发，不顾及将来。三是研发人才过于局限。[①] 其结果就是我国电视媒体综合创新能力孱弱，这实际上也是长期以来我国电视传媒没有得到跳跃式发展的一个重要内因。[②] 鉴于此，本书认为，三网融合下内容生产与分发体系应该以用户需求为基点，以内容生产与交易为核心，以终端为导向，同时需要有包括媒体管理运行机制、研发机制等在内的相关配套措施予以保障。

一、建立全新的大内容生产与分发体系结构

无论是企业还是产业整体，其核心竞争力的构成都离不开核心资源与核心能力。对于电视媒体来说，其核心资源即是内容，在某种程度上看，独特的内容是打造电视媒体核心竞争力的核心资源。在三网融合下，"内容为王"的理念更加深入人心，有学者指出，新媒介从本质上说是新内容的发行平台和分销渠道。"从媒体的本意是传播信息这一角度来看，新闻传媒的发展应遵循一个基本模式就是通过采集或整合相关内容资源，形成具有竞争力的内容，通过内容吸引受众群，再经营受众群的商业价值。"[③]另一方面，内容也是三网融合过程中广电与通信行业竞争的重要法宝。囿于我国电视业多年来体制、机制的局限，我国电视节目存在节目雷同、同质化竞争、服务方式单一、互动性差、品牌美誉度差、

① 盛伯骥：《电视节目的研发与创新要从未来寻找动力》，央视国际 CCTV. COM。

② 任晓润：《主流电视媒体构建节目创新体系初探》，《视听界》2006 年第 6 期。

③ 转引自彭祝斌等：《电视内容产业核心竞争力研究》，新华出版社 2010 年版。

市场竞争力不强、营销方式单一等问题，远远不能满足移动互联时代各类终端用户对视频信息的需求。同时，随着媒介融合进程的加快，内容的生产量、交易量都呈现爆发性的增长，既有基于资源垄断基础上的单一内容生产与交易模式已经不适应产业发展需求，内容市场对标准化的大规模交易平台的需求迫在眉睫，也只有如此，才有可能加速内容交易、流通，实现内容的自主增值。借鉴银行等金融体系的架构和运营模式，“内容银行”这一概念水到渠成地被提了出来。[①]这个银行集内容获取、内容集成、内容监控、内容分发于一体，能够基本满足三网融合下电视多屏用户对内容的不同需求(如图 4－2)。

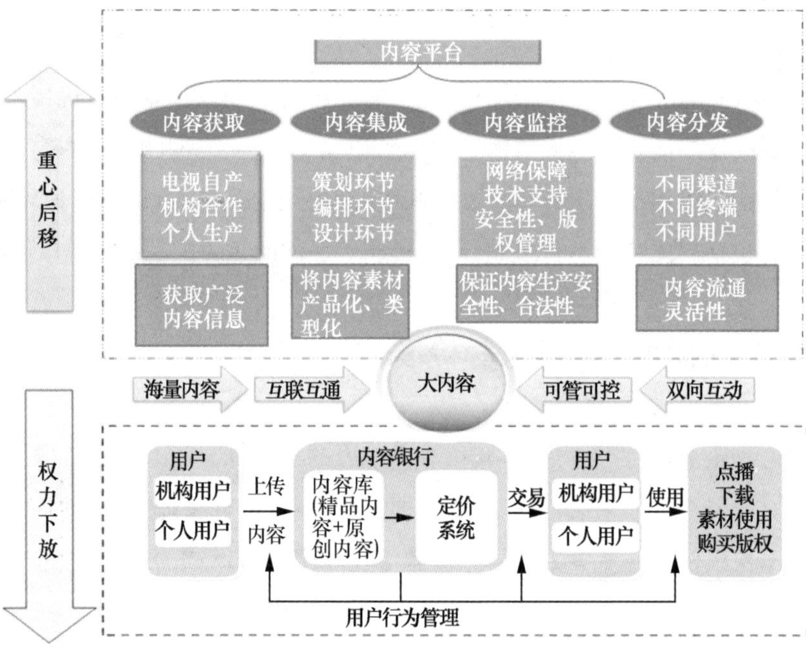

图 4－2　三网融合下基于“内容银行”的电视内容生产与分发体系

这个体系分为两大部分:重心后移和权力下放。下面将从这两大方面对这一新内容的生产与分发体系进行分析。

① 祝金甫的发言。在第五届全国经济新闻改革与发展研讨会的发言，2013 年 12 月，北京。

(一)重心后移

所谓重心后移,是指三网融合下媒介内容资源的竞争开始由对内容的自采和原创能力向对内容的后台编辑与整合能力转移。在移动互联时代,电视媒体的内容资源管理将不再局限于管理传统电视媒体自身采制的内容,而是被扩大为"大内容"的概念,即内容数据库的概念。这个大的内容数据库包括内容获取、内容集成。

内容获取。这是新的内容生产体系中的第一步。新内容的获取主要包括三大途径:一是传统电视媒体自身生产的内容,这也是电视产业的优质资源,传统电视必须学会如何将这些优质资源通过数据库的形式进行合理开发与利用。在2013年中国广播电视年会上,一位央视工作人员透露,央视经过50多年的积累,目前拥有40万小时的珍贵节目资源。目前中央电视台共开办了16套电视节目每日播出节目量约300小时,日节目制作量超过100小时,全年达到3万至4万小时。如果将这些数据进行合理开发并形成一个集音像、图书出版、数据挖掘与售卖一体的产业链,那将会是一笔可观的收入;二是与其他社会机构合作而产生的内容资源,如制播分离下从社会上制作公司买来的内容。目前,除了社会上大量存在的各种节目制作公司以外,大量门户网站、视频网站也相继进驻视频生产与传播领域。如新浪视频、搜狐视频、乐视、优酷、土豆等,搜狐视频每年在视频内容的生产与购买版权上花费近一亿元,它们还从传统电视媒体重金挖走各层次的人才,力图在视频领域做出成绩。此外,甚至一些非视频网站基于大数据的理念也开始尝试制作视频,传统电视媒体要学会与这些社会上的视频制作公司和网站合作,共同开发内容传播的有效空间。三是普通公民自己制作的内容即我们通常所说的UGC(User Greated Content),如前文所述,传统电视媒体对这些UGC进行合理开发与利用,通过二次加工、制作出更多适合不同媒介终端的内容产品,不仅可以丰富自己的内容数据库,还可以通过与UGC创作者互动,提升其对电视媒体的品牌忠诚度。综上所述,这些来源不一的丰富的内容资源被传到内容集成平台上,一经系统的合理开发,将会实现巨大的内容增值。

内容集成。是内容数据库处理中的关键环节,它要根据传播终端的特点和目标用户的需求对各种素材进行不同形式的加工,即对内容素材再次产品化、类型化的过程。例如同样的节目,其时间长度、内容设置、各种视听要素的安排也将根据传输平台的不同而改变,同样的内容题材也可能在付费电视频道、基本数字电视频道、手机电视、网络电视上呈现出不同的版本。又如作为影视内容,移动通信的内容需求和影院的需求就截然不同,移动通信需要比特量很小的影视片段,对清晰度要求很低,画面适合于小屏幕观看,而影院需要比特量很大的影视内容,对清晰度要求很高,画面适合大屏幕观看。这就要求系统要根据电视内容产业的技术标准进行组装与集成,即经过整合后的创造性利用,如根据媒介终端的需要、频道的需要、节目的需要进行类型化的编辑与加工,生产出相应的内容产品之后再通过传统电视、移动电视、网络电视等不同媒介进行分发,以满足不同终端不同用户的需求。这个过程也是全程全网、全媒体的内容再造与流通过程。前者是指媒体内容的全网交换资源共享,全网内容和业务的调度、业务的互操作;全网统一管理,跨域运营、区域间结算,实现跨区域、跨网络、跨平台、跨系统。后者是指以融合业务系统和多功能融合终端为支撑,在打通数字电视网与互联网和移动通信网的基础上,为用户提供集文字、图片、超文本、音频、视频、监控等为一体的多种媒体服务,打造权威的、全功能的全新媒体形态,实现娱乐和信息的综合服务及推荐交换。杭州广电的华数就是这样的全媒体模式。[①] 这种模式在实际系统运作时也被称为"大编辑部"模式。全媒体的大编辑部运行模式在美国电视业已经运行多年且较为成功。

图 4—3 可以看出,所谓跨媒介的大编辑部内容集成的第一步是商讨与确定选题,这是电视节目价值增值的基础。以美国广播公司(ABC)为例,每天上午 9 点半召开由 ABC 新闻副总裁主持的选题电话会议,参加这个会议的有 20 多人,他们是所有栏目的制片人、所有记者站的负责人和大编辑部的负责人,同时还会有 120 个相关人员通过电话参加这个会议。[②] 讨论当天报道的重点及各栏目的内容需求。根据这个需求由大编辑部向前方记者下达信息,由记者采制完成之后回传内容信息,然后由大编辑的编辑对这些素材进行汇总并根据各个媒介平台、各个栏目的需要将其制作加工成不同的内容产品,在这个过程中有

---

① 谷虹、黄升民:《三网融合背景下的"全战略"反思与平台化趋势》,《现代传播》2010 年第 9 期。

② 王天铮:《解析基于价值增值的电视媒体"大编辑部"模式》,《现代视听》2011 年第 6 期。

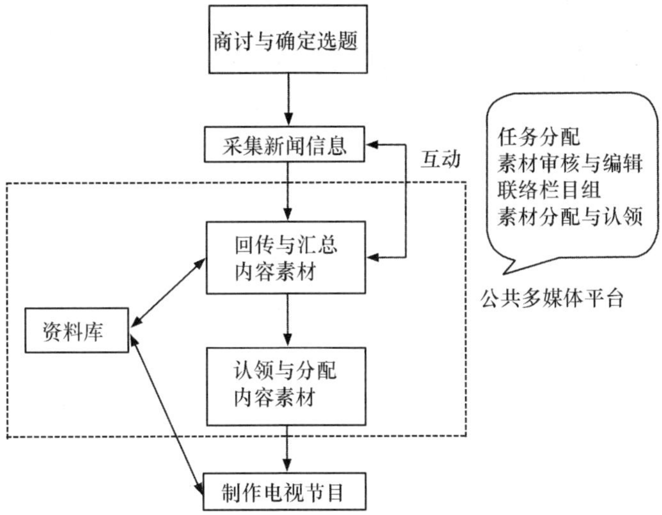

图 4－3　美国主要电视媒体的跨媒介“大编辑部”内容集成模式

的栏目和平台也会派出编辑对相关素材进行加工，以适应自己的需要。加工完成之后，由大编辑部统一发出指令，进行统一的内容审核与分发。

在这个过程中，一个重要的环节是从网络、技术、内容交易中的版权保护等方面予以保障。如通过传统有线电视的渠道传输需要有广电网的保障，IPTV、移动媒体传输需要有电信网、互联网的保障。同时，技术要求标准化，三网融合后各新媒介市场内发生机制的两个目标是技术标准化和内容差异化。此外，通过不同的分销渠道传输还要注意内容传输的安全性与版权意识。电视媒体既依法使用别的媒介机构或个人的内容，也要注意自己的内容产品不被别的机构或个人盗用。

近年来，有的电视机构已在建设自己跨媒介的内容集成平台，以应对三网融合下多平台、多终端传播的需求，内容集成平台也直接带动了原创内容的大规模生产，带动了制播分离下制作机构生产优质内容的积极性，甚至有人预见，未来强势社会节目制作公司凭借节目生产、资本、渠道等优势，兼并小型节目制作公司，不断扩大再生产，在长期积累发展的基础上，将逐步成为专业性或综合型的电视节目内容集成中心的重要来源。部分小的社会节目制作公司，由于资本、经营等压力，从自主节目生产、发行，逐步转为向某一或某几个资源中心服务，甚至从完整的节目生产转为节目素材提供，节目生产进一步细分化、专业化。[①] 同时，内容集成平台的发展还意味着，电视台将逐渐由节目生产商向内容集成平台运营商转型。

另一方面，目前我国仍有不少地方电视媒体存在内部资源无法打通，壁垒重重，节目资源无法共享等问题，同属一个集团的网络、移动电视、手机电视等新媒体要试图二度使用频道播出的节目很难，导致有的集团广电网络平台只有再花钱去购买其他公司的节目，见表 4－1[②]。

表 4－1　我国电视台节目资源中心建设情况

建设情况	百分比(%)
节目资源中心停留在储存播出节目带的阶段，缺乏对节目资源的再开发应用	40
节目资源中心只对本台开放，不面向社会经营	32.5
还没有建立节目资源中心	22.5
节目资源中心已经开始商业化运营	5
总计	100

(二)权力下放

所谓权力下放，是指三网融合下电视媒体原先凭借资源垄断与稀缺而拥有的传播优势地位和主导权，以及由此而产生的对受众使用权与选择权的漠视将被彻底改变，“传者为王”的时代将被“用户为王”的时代所代替，用户根据自己的需要向媒介组织提出消费要求，作为媒介组织则要按需实现对媒介内容产品的生产并通过不同分销渠道满足不同终端用户的各种需求。

三网融合下所谓“饵”的全平台生产与分发模式，是用“1＋N”的方式，以无限生产满足无限需求。在这里，“1”是饵，是媒体所洞察到的用户独特的信息消费需求，并设计了一套使得生产和需求双方能够互动运转起来的游戏规则；对于自己不能满足的无限需求，开一个口子，用来自社会上无限的“N”来补充“1”的不足。于是无穷无尽的“N”开始源源不断地向平台聚集，无限的生产满足了

①② 丁俊杰:《问题结构与战略选择:中国广电产业发展研究》，中国传媒大学出版社 2009 年版，第 116 页。

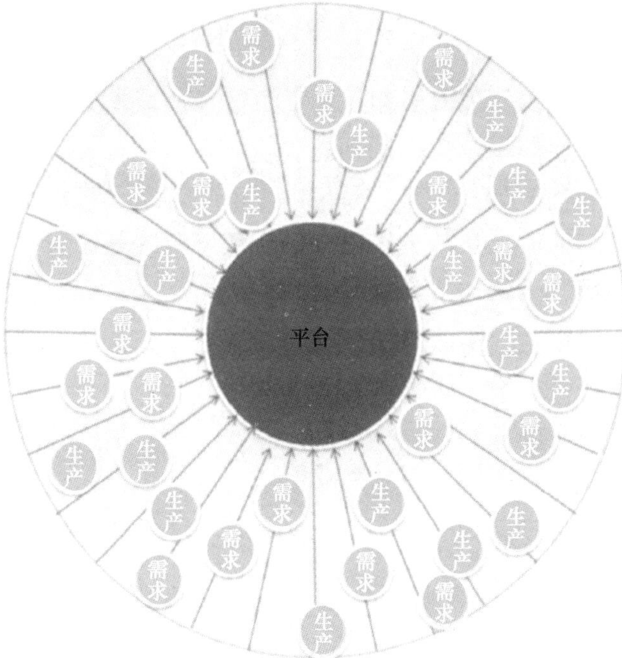

图 4-4　“用户为王”的全媒体平台生产与分发模式——用“饵”的方式，无限生产满足无限需求

无限的需求，根据设定好的游戏规则和算法自动完成匹配，如图 4—4。[①]

同时，为了保证平台交易顺利进行，一个全新的用户行为管理系统急需要建立。这个系统能够适应包括内容存储、评估、定价、支取方式等新的交易需求，同时，新的交易标准的建立也将被提上议程，如图 4—5。

二、建立适应内容生产的扁平组织管理模式

内容生产模式的创新需要生产机制的创新予以保障。长期以来，我国电视台在管理上先后进行的“四级办台”、双重管理到制播分离、频道化管理等各种模式的探索过程中，在内容生产机制上采用的一直是垂直的管理模式。即大多采用有线与无线分离，台下面是中心、部、栏目的垂直模式。从 1993 年中央

① 谷虹、黄升民：《三网融合背景下的“全战略”反思与平台化趋势》，《现代传播》2010 年第 9 期。

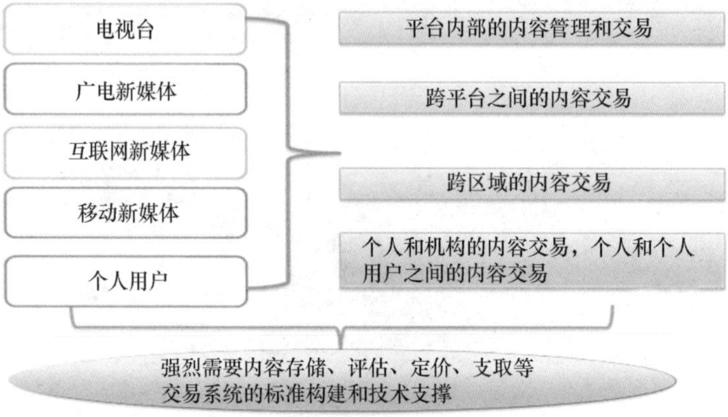

图 4－5　三网融合下电视内容产业多屏交易体系

台率先进行机制改革之后，各地纷纷开始采用制片人制，制片人拥有对节目人员使用权、经费使用权、行政管理权的管理。以中央台为例，1998 年的管理架构如图 4—6。[①]

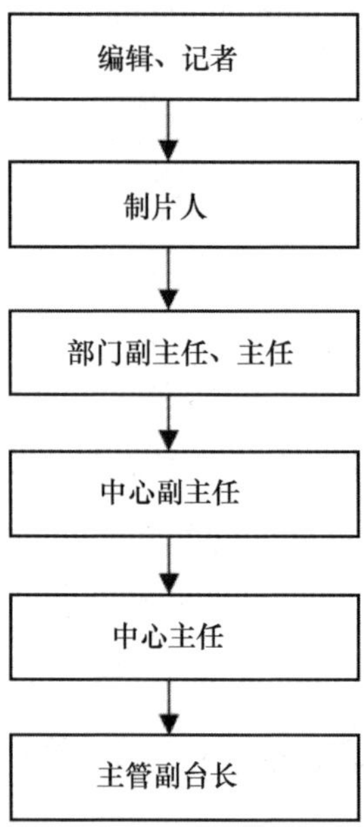

图 4－6　央视 1998 年的组织结构

这种垂直的管理模式意味着权力是以行政级别进行划分，而不是根据电视节目生产的流程进行设置。带来的问题是生产效率低下，更不能适应融合时代多终端用户对产品的个性化需求。

与我国不同，国外发达国家电视机构的设置大多是扁平设置，网状管理。以 CNN 为例，CNN 的组织结构是根据产品端的需要进行设计的，并按照产品所需部件的功能来设计职务。在 CNN 的一把手下面，有很多的副总裁，相当于我们中央电视台的副台长，但不是按一个副总裁管几个频道这样一个以权力范围划分设计的。仅次于一把手的人是负责新闻

① 王冲：《媒介社会学视野下的央视新闻生产机制变革研究》，中国人民大学博士论文，2010 年。

采集的副总裁，接下来依次是负责制作的副总裁、负责国际的副总裁、负责整个集团法律事务的副总裁、负责国际频道的高级副总裁、负责新闻服务的副总裁、负责国内版的副总裁、负责运行操作的副总裁。这八位副总裁并不是一个人把守一摊，而是 CNN 产品链中的一个个必要的环节。举一个例子，第一位副总裁负责新闻，因为一个新闻集团中最重要的莫过于新闻采集，为整个 CNN 提供新闻来源，在新闻采集部门的员工是为整个 CNN 各种产品提供原料，可以说这个部门是整个 CNN 的生命线和源头，如图 4－7。①

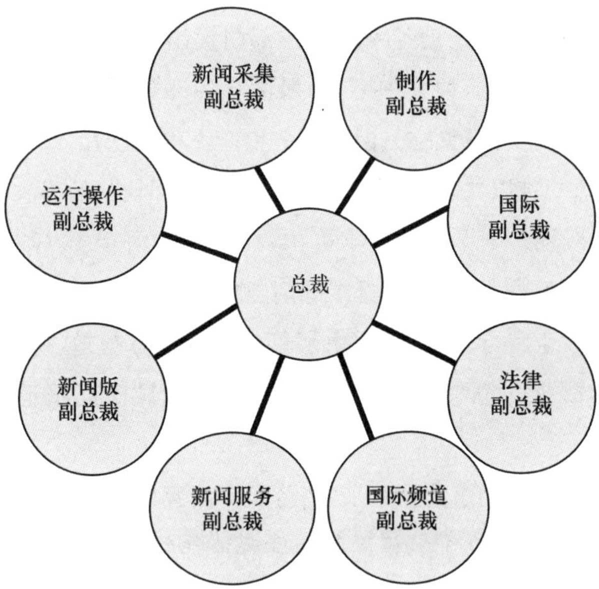

图 4－7　CNN 的扁平化组织结构

与这个根据职能划分的扁平化结构相适应，CNN 有一个国际国内总任务台，叫作大 DESK，我们也把它叫作一个类似于中央厨房式的编辑部。这个编辑部相当于一个指挥部，它连接的一端是新闻采集，另一端是各栏目或者各种需求。它是所有信息的交汇地、枢纽地带。所有需求都必须通过这个中枢神经传达下去，这个地方有权将需求合并，也有权拒绝与 CNN 公司利益不相符的某些需求。值得一提的是，这个运转的总司令部是一个职能部门而不是 CNN 集

① 王利芬：《对话美国电视》，中信出版社 2006 年版。

团最高负责人。在这里，有六种手段将 CNN 紧紧连在一起。一是电话，按下一个键就可以打到莫斯科等记者站；二是内部网络，CNN 的内部邮件系统；三是即时网上通讯；四是卫星网络；五是总部紧急传播系统；六是全球紧急传播系统。只要启用第六个系统，全球的 CNN 各个部门工作的员工，除了流动人员，都能获得这个信息。这里的工作人员 24 小时三班倒。

从功能划分来看，CNN 采用切片式的生产管理，即根据一条新闻所需组成的所有部件来进行划分如采访、请嘉宾、编辑、找资料、使用演播室直播等，这些都是各司其职，不会由一个部门来完成。比如像请嘉宾，CNN 有一个单独的部门负责为所有节目服务，先是各内容制作部门提出条件，然后由这个嘉宾联络部向各个栏目输送。在这种管理下，如果没有各部分的有机衔接，要应付每天不停的直播几乎是不可想象的。但如果大生产流程不采用这种切片式的管理，势必会导致资源的难以共享，整个管理方式将会是团块状的小农生产方式。

同样，CNN 设有 26 个国外分支机构，在美国国内有 10 家机构，分布在各地的记者，不隶属于哪一个频道、哪个部门、哪个栏目，记者按区域分工，在分管的区域内，不管发生哪方面的事，都由那里的记者负责报道，所以 CNN 的记者要求是多面手，既能为新闻栏目采编短消息，也能做深度报道、访谈、现场直播等。①

在三网融合之后，为了适应跨平台、跨媒介内容资源的统一利用和集成，美国的大多数电视媒体建立了电视部门与新媒体部门联合办公机制。以笔者在 2009 年访问的 CBS 纽约台为例，其网络新媒体与传统电视媒体的后台编辑同在一个大的办公室里办公，拥有一套统一的中央集成内容编辑与集成系统，通过统一集成与分发基本能够满足不同媒介使用内容产品。

随着电视产业市场化的发展，我国各地电视台也逐步探索适应市场需要的管理模式。2009 年 9 月 21 日，中央台新闻中心总值班室（简称 DESK）开始试运行，这是此次机制调整中最为关键的举措。其目的是“力图摆脱传统作坊式生产的分割、零散、杂乱，按照现代新闻生产模式确立起策划指挥系统的功能定位，形成资源的有效分配和有序衔接。”其功能包括：信息收集、决策控制、协调

---

① 王利芬：《对话美国电视》，中信出版社 2006 年版。

执行、反馈评估，如图 4－8。[1]

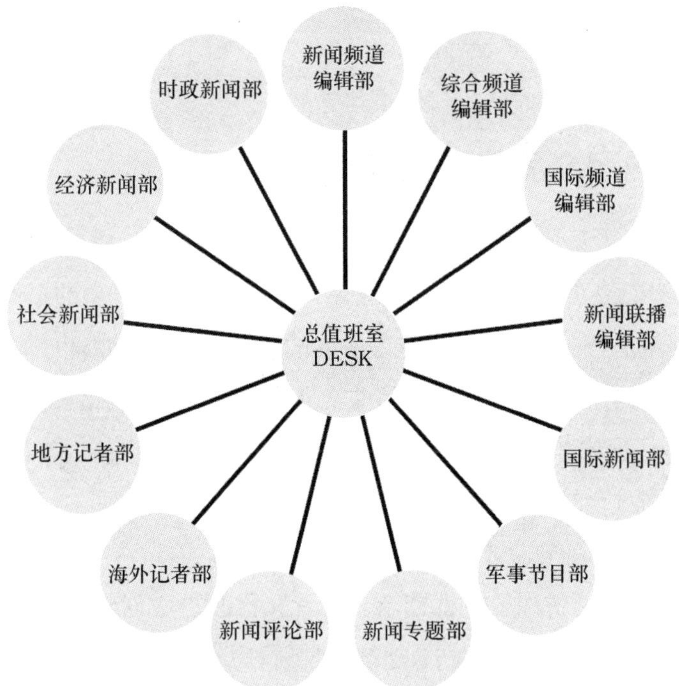

图 4－8　中央台 2009 年改革后的新闻大编辑部

我们可以看到，中央台新闻中心推出的 DESK 与 CNN 的大编辑部颇为相似。这意味着央视的节目生产管理也开始向扁平化推进。但是，中央台的 DESK 仍限于中心或者频道内的资源共享，基于全台、全媒体运营的大编辑部或资源集成平台仍没有建立。并且，由于历史原因，即使是基于中心或频道基础上成立的 DESK 在具体推进过程中仍然存在资源重复浪费、协调沟通困难、政令不通等问题。

在地方台，各地在推进组织管理改革方面各有特色。江苏广播电视总台和上海电视总台借用通用电气集团的矩阵式管理模式，对自身组织架构和管理方式进行创新。南方广播影视传媒集团在自己省内的省级卫视和地市级电视台（除深圳、广州两市）中实行统一调配的管理和生产方式。湖南广播电视台的组

① 王冲：《媒介社会学视野下的央视新闻生产机制变革研究》，中国人民大学博士论文，2010 年。

织架构则是,在源头上挤兑各频道进行差异化定位,对每个电视台的发展方向有严格的界定,但各频道之间又存在着一定的节目流动渠道,并不是简单的各自为政。[①]

第三节　内容产品的创新与改革

产品是指任何提供给市场,并能满足人们某种需要和欲望的东西。[②]

产品创新是产业得以生存和持续发展的动力。对于电视业而言,内容产品是其生产营销体系中的基本单元,如前文所述,内容的同质化长期以来是我国电视业竞争力不强的主要“顽症”,因此,具备强大的内容产品创新能力,是我国电视业在三网融合的营销环境下获得主动权的基本前提。

电视内容产品的创新类型,根据电视内容产品创新过程中变革强度的不同,可分为渐进型创新和根本性创新。前者又称改进型创新,是指对现有电视内容产品的改进引起的渐进性的、连续的创新;后者指推出新的内容产品(又称产品研发),其特点是非连续性和重大突破。根据电视内容产业作为创新主体与外部经济环境的关系来划分,电视内容产品创新可以分为自主创新、模仿创新、合作创新三种基本类型。[③] 从创新的战略角度分类划分,根据科特勒关于品牌定位战略的营销理论,电视内容产品创新可分为差异化战略、产品生命周期营销战略、市场追随者战略。差异化战略(POD,Points-of-Differences)是从定位中衍生出来的。是消费者能强烈地联想起与一个品牌相关的属性或者利益,并且相信不能从其他竞争性的品牌中发现这些属性或利益。差异化可以通过节目的特色、风格等体现出来。比如湖南卫视的娱乐性、《南方周末》的严肃性。差异化战略又可分为产品的差异化和服务的差异化。产品生命周期的营销战略指节目产品的生命周期(Product Life Cycle, PLC)曲线都被描绘成一条钟形曲线,这条曲线分为四个阶段:导入、成长、成熟和衰退。其中,导入阶段是一个

① 宋靖:《当代中国电视生产机制研究》,中国人民大学博士论文,2012 年。

② 〔美〕菲利普·科特勒:《市场营销教程》(第 6 版),华夏出版社 2004 年版,第 8 页。

③ 彭祝斌等:《电视内容产业核心竞争力研究》,新华出版社 2010 年版。

新的产品从无到有，从有到进行市场销售的过程，这一阶段成本较高，利润几乎不存在，甚至有可能赔本。当今时代是节目产品生命周期不断缩短的时代，需要加快创新的时间。市场追随者战略分为模仿、借鉴、嫁接、孵化。

按照沃尔特·麦克道尔在《塑造电视品牌 原则与实践》里指出的，电视的内容产品有三个层次：第一个层次是最微观的内容产品，指单个的内容产品品牌，即节目，如湖南卫视的《快乐大本营》，浙江卫视的《中国好声音》；第二个层次是中观的内容组织，指媒介组织，如湖南卫视、浙江卫视；第三个是较为宏观的产业层次，如中国电视业。

综合以上对电视内容产品创新形式的分类，本书提出，在三网融合下要真正实现电视内容产品的创新，必须具备三大能力：品牌产品研发能力、品牌产品营销能力、品牌产品重塑能力。

一、品牌产品研发能力

"研发"一词长期以来在商品生产领域里尤其是高科技产品的生产领域里使用，与电视业的关联性并不大，指的是"对事物及其生产方法产生新知识的活动，由科学、技术方面的研究、设计以及原型和生产过程的开发构成。"[①]随着电视产业化进程的加快，当我们把电视的采制与传播过程看作生产过程，把电视节目看作一个普通商品或产品的时候，"研发"一词自然就被引进电视节目生产领域。指有组织、有系统地对节目创意进行评估、吸收、整合和实现的过程。节目研发活动具有组织性和系统化特征，它的核心内容是如何最大限度地促进有效节目创意的产生，如何科学地对创意进行评估，如何对创意进行吸收和整合，进而顺利实现创意。[②]

（一）节目产品研发的必要性

世界上大的跨国公司都非常注重新产品的研发，国外知名研究机构的报告指出：新产品或服务项目的开发已成为大部分企业成长的动力来源，也唯有推

① 寇文煜：《跨国公司研发本地化实证研究》，中国财政经济出版社2004年版，第11页。

② 梁首钢：《对香港TVB电视节目研发机制的观察和探讨》，《视听界》2009第5期。

出新产品才能让企业利润持续大幅成长。根据这份研究报告，若将样本中的公司依据增长幅度排序，就增长幅度较高的前三分之一企业而言，其销售收入中有 34%是由新产品创造的。新产品开发对于企业成长的影响力由此可知。除了降低成本和差异化两个策略外，研发对于企业竞争力还有很多贡献，包含协助企业进入新的产品市场、扩大既有的产品组合、满足客户需求、提高获利能力以及建立障碍让其他竞争者无法超越等。[①]

同样，在电视产业领域里，节目研发能力的高低直接影响着一个电视台的创新能力以及在此基础上的市场竞争力。通过研发打造一个强大的电视产品创意产业链，可以刺激电视媒体的整体活力和核心竞争力。欧美发达国家电视价值链中的一个重要环节，就是通过节目研发打造节目模式，通过模式节目的售卖创造出收视、广告、相关产品和全球经营的奇迹。[②]

我国电视业长期以来的节目创新基本实行自上而下、自给自足的生产，更谈不上研发。电视台的所谓“节目研发”也基本是电视台内部以行政方式推进的，新节目的出台过程基本遵循：台领导提出任务——台内部人员提出创意——样片制作——台领导审核修改或通过——样片试播——正式播出这一流程。这种研发模式具有针对性强、成功率高、有完善的保障系统等特点。在这种研发体制下，也曾诞生过不少优秀节目。以央视为例，其在 1994 年 4 月 1 日推出的《焦点访谈》，是在 1980 年 7 月开办的述评型电视新闻栏目《观察与思考》基础上经过台内部对节目进行修改后推出的，节目定位与口号几经修改之后最终确立了“用事实说话”，因充分体现了电视新闻深度报道“深、广、新”的特点逐渐发展成为央视优秀节目；之后又诞生了优秀节目《新闻调查》，这是在 1996 年台里对晚间 9 点时段进行台内公开招标的基础上， 群热血沸腾的青年电视人在借鉴美国《60 分钟》的基础上，提出了双机拍摄、记者现场采访、现场评述，对事件多角度分析、递进式探究的节目形态模式，并制作样片《宏志班》，被台里审核通过之后，这一节目得到了正式确认，同时《宏志班》也成了首期节目。但从长远来看，这种自给自足、自创自制的研发模式已经远远不能适应新形势下市场对节目创新的要求了。湖南卫视盛伯骥认为传统的研发模式有三种弊

① 石长顺、罗金辉：《研发制胜：我国电视产业发展的源动力》，《南方电视学刊》2005 年第 4 期。

② 方明伟：《电视节目研发、创新的现状及对策分析》，《视听纵横》2012 年第 6 期。

端：一是容易从本部门利益出发做研发，不顾及整体及市场；二是容易从眼前利益出发做研发，不顾及将来；三是研发人才过于局限。[①]

从世界范围来看，适应电视产业化发展需要的节目创新与研发一定是建立在制播分离的基础上，电视台以市场行为购买社会研发机构的节目，或者电视台成立专门的研发部门，有专门的节目研发人员，同时发挥一线工作人员在节目创新中的生力军作用，辅以电视台全员创新。后者尤其适合当下中国的电视体制，也是目前中国电视业内普遍认可的、较为理想的节目研发和创新模式。在这种思维下，近几年，以央视为先导，全国各地电视台纷纷设立研发机构，如南京广电集团成立了专门的节目企划部，这个部门承担台内节目的原始创新境内节目的集成创新、消化引进吸收再创新的任务。湖南卫视则在《超级女声》一炮打响的基础上，认识到品牌节目在激活创意产业价值链方面的作用，于2006年成立节目研发中心，实行创制分离、提倡二度创新。据统计，目前全国已有80%的省市级以上电视台设立了研发部门，其中70%是在近几年设立的；75%的研发部门直属台领导，台主要领导直接抓研发工作。有些电视台，如上海、重庆、辽宁、陕西、江苏、湖南等已将研究部门称为“发展研究部”“规划发展部”“研究发展中心”“发展战略研究部”，这不仅仅是名称的改变，更是地位、任务、作用的定位转型。20世纪90年代的研发部门多是用来安排退居二线的富余干部，基本上处于无所事事、无为而治的状态。而近几年来，电视研发机构逐渐向“智囊团”“参谋部”转变，走研究与开发并重之路，紧密结合实际，更好地服务和应用于电视实践。为了加强研发工作，一些电视台在人员配备、资金调拨等方面均给予扶持、倾斜。[②]

(二)推进节目产品研发的各种必要措施

1. 灵活的机制保障

要使节目研发顺利推进，首先要在制播分离条件下，成立专门针对节目研发的部门。研发部门是电视台与外界联系的桥梁与纽带，在推广和创新节目方面拥有解释权，拥有一支相对固定的创意—策划团队，同时引进多种研发主体。

① 王卫军:《浅论电视节目研发的路径》,《电视研究》2010年第6期。

② 石长顺、罗金辉:《研发制胜:我国电视产业发展的源动力》,《南方电视学刊》2005年第4期。

这些研发主体包括社会制作公司、个人、电视台内部员工、节目组等。在运行上，研发部门要单独分离出来，直接对台领导负责，避免好的创意囿于频道或栏目领导的思维局限而被扼杀在摇篮里。“要想避免因忽视而扼杀新事物的最好也是唯一的办法，就是在建立创新项目伊始，就将它作为一项独立的业务。”[①]以湖南广电为例，湖南卫视研发中心2006年成立，年拨经费1000万元，专门从事新节目的研发以及节目创意管理。这一部门与其他部门进行了分离，直接对台长负责，其运行机制特点为：专职研发与全员创新相结合，创新主体多元化，创新管理流程化。[②] 所谓专职研发与全员创新相结合就是研发中心员工是创新的主力军，在研究国外节目、跟进同行竞争动态、提出本台节目创新思路上拥有主要发言权。同时，台里鼓励全员创新，并以奖励的形式给予创意以鼓励；所谓创新主体多元化就是台里台外，台上台下都可以提创意，创意方案不拘一格；所谓创新管理流程化是其建立了一套包括节目创意征集、评审、试制、准入/退出及追踪评价等诸多环节在内的节目创新管理流程。如前所述，创意征集面向台内台外，评审由联席会议评审委员会担任，其成员包括研发部门、生产管理部门（总编室与生产调度中心）与营销部门（广告部）的联席会议。联席会议通过之后，创意进入创意库，根据创意级别决定是否进入样片备播阶段，在样片出来并审核通过后，由不上星的频道进行试播，根据观众测评结果决定是否推广进入卫视播出。流程如图4—9。[③]

在节目成长空间里，台里要出台措施，从机制上给予新节目的成长以保障。比如江苏台提出允许创意失败、宽容失败、经费买单的政策。[④] 为了保护新节目，江苏台提出对新节目建立一个“百日保护期”，在保护期内的节目考核会相对宽容，为的就是要让新节目能够有一个培育成长的空间。通过这种创新体系，近年来，江苏卫视产生了《非诚勿扰》《脱颖而出》等一大批创新的自制节目。江苏城市、综艺、影视等地面频道也分别推出了《万家灯火》《健康零距离》《都市爱梦》《中华老堂会》等新节目。

2. 较好的人员待遇

要保障研发工作顺利进行，还要在人员待遇上予以保障。因为研发工作比

① 〔美〕彼得·德鲁克：《创新与企业家精神》，机械工业出版社2007年版，第142页。

②③ 杨晓凌：《湖南卫视节目研发创新机制考察》，《南方电视学刊》2010年第3期。

④ 引自2013年中国电视论坛，江苏台副台长陈辉的发言：《新媒体环境下江苏台内容生产机制创新》。

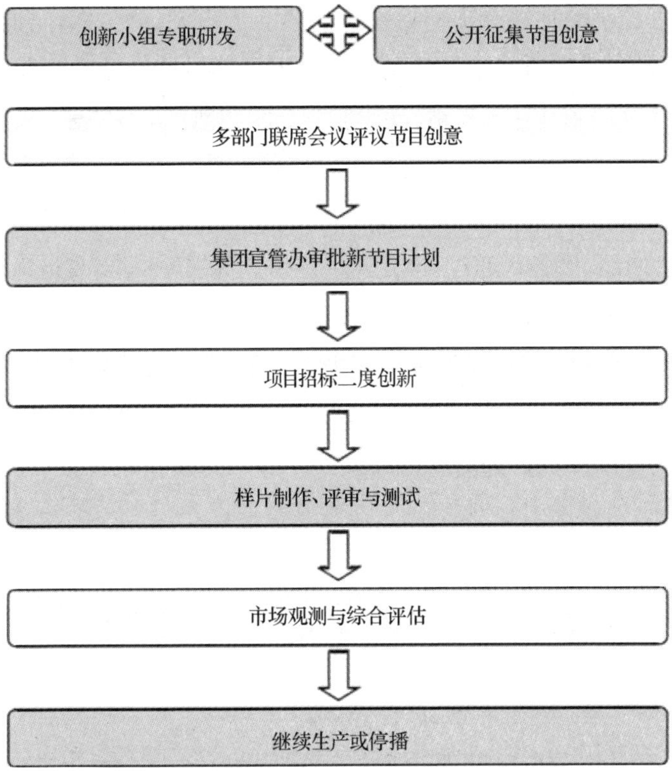

图 4－9　湖南卫视节目创新管理流程

较特殊，其创造行为并不能像其他节目生产那样容易被量化统计，因此在计酬问题上要灵活掌握，一般来说，为了保障研发积极性，研发人员的待遇应不低于全台平均水平。“具体地说，这意味着负责新项目的人员应该享受中等水平的待遇。然而，如果公司发给他们低于其原有工作的薪水，还要他们承担创新工作，这显然十分荒谬。负责新领域的人员往往在现有业务中享有高薪待遇，而且他们一般都能够很容易地换工作，不论是在公司内部还是去其他公司，并且薪水不菲。因此，他们的报酬应该从他们现有的薪酬和福利起步。”[①]在欧美发达国家，节目研发人员的待遇往往是普通员工的双倍以上，与薪水一致的并不是研发人员的职称、年龄与资历等。与国内一般研发部使用大量的年长者、有

① 〔美〕彼得·德鲁克：《创新与企业家精神》，机械工业出版社 2007 年版，第 145 页。转引自杨晓凌：《湖南卫视节目研发创新机制考察》，《南方电视学刊》2010 年第 3 期。

经验者不同，在国外往往是那些最怪异的人在做研发、做创意，与此相适应，创意者不分年龄、资历，有头脑风暴的人往往更是那种毫无节目制作经验可言的年轻人，因为这些人往往不易被经验禁锢，更容易创意出新点子。[①]

另一方面，对创意提出者也需要相应的物质奖励与鼓励。湖南卫视在对创意的奖励方面，也许可作为借鉴。湖南按照创意级别给予不同物质奖励，最高级为A级，即经联席会议通过，得分大于80分，台领导批准，可进入样片制作阶段的创意，一次性奖励创意人10 000元；如审议通过，但暂未进入频道编排，每个创意可获5 000—6 000元奖金。如果审议未通过，进入研发中心创意库，并一次性奖励提交人3 000元。其次为B级：得分小于80分，但大于60分，进入研发中心创意库，一次性奖励提交人1 000—2 000元。再次为C级，即得分小于60分，不进入研发中心创意库，一次性奖励提交人200元。[②] 同样，南京广电集团也采取前期投入、后期奖励等各种形式鼓励各个利益主体在节目研发的整体目标下进行创新，各地根据实际情况出台的这些激励机制无疑可以大大调动全员创意的积极性。

3. 充裕的资金保障

研发需要费用是不言而喻的，高新技术产品的界定标准之一是研发经费与产品附加值的比例大于10%。微软对新产品研发的重视程度体现在它的经费投入方面：拿出其利润的50%以上用作研发。[③]

在当前各地电视台纷纷成立研发部门的背景下，节目研发资金问题成为大家讨论的热点。一个新节目从创意提出、论证、制作到试播都需要资金，因此，充裕的资金是节目研发的基础保障。

近年，央视在进行部门大改组、裁撤了原有很多中心的情况下，组建了高规格的发展研究中心，拿出一个亿作为节目创新专项资金，把节目创新提升到发展战略的高度。在央视影响下，浙江、湖南、上海、江苏等收视领先的行业第一方阵，也开始相继设立类似的节目创新专项资金。比如江苏广播电视总台为理论研究和节目研发投入的经费近年来大幅增长，“目前已提升至每年1000万元

---

① 梁瑞平：《创意产业——抢先中国电视下一个力量空间》，载《前沿》（湖南广电内部刊物）理论专刊第一辑（2006）。

②③ 参考杨晓凌：《湖南卫视节目研发创新机制考察》，《南方电视学刊》2010年第3期。

以上。”[①]贵州卫视也提出了“创新节目是核心竞争力”的发展方针，设立了节目研发资金。而另一方面，节目研发资金投入不在于其额度是多少，而在于占电视台创收总量的比例。在全球经济一体化的趋势下，品牌企业的科研经费达不到年收入的 5%很难保持优势，3%则勉强维持，而低于 2%就马上落伍了。央视去年的节目研发资金超过 1 亿元，在全国名列前茅，但实际算下来，最多也就是年经营额的 1%。对照现代企业制度和国际标准还差了一大截。[②] 因此，总体来看，我国对于节目研发的投资还处在初级阶段。这说明，节目研发还没有被真正重视起来。

4. 引进观众测试，让市场说话

目前我国绝大多数电视台在新节目推出之前，尚未引进观众测试系统，仅凭节目播出后市场收视率反馈节目播出效果，这样做的弊端是节目的播出风险大大提升。一些电视台如湖南卫视采用新节目先在不上星的频道进行试播，保证影响面不会扩大，一旦节目成功，再在卫视频道播出，这样的做法可在一定程度上降低市场风险，但其缺点在于，节目播出存在市场反应周期，因此电视台要承担时间与频道资源的试播成本，且在市场反应不明朗的情况下，广告商的投放会更加小心，不利于节目产业链在短期内的价值提升。而在国外，美国哥伦比亚广播公司(CBS)的新栏目出台程序大致如下：每年公开征集不少于 1000 个节目创意，由研发部门组织专家从中选出 100 个比较可行的方案，然后组织台内团队或台外节目制作公司制作 25 至 30 个样片，样片出来之后进行观众测试，有时选择某个时间段(通常是几天时间)小范围播放，由观众填写收视情况，有时是在专门的测试室里组织观看，由观众填写问卷。观众测试环节非常重要，这些数据是决定样片是否可以出台的最重要依据，没有任何领导干预，也几乎不考虑广告投放，至于说片子的重奖重罚也没有，就是根据观众的反应。观众测试之后会有 8 个新节目，这些节目会很快在社会上掀起一个收视高潮。”[③]

事实证明，节目产品的研发能力是一个国家一个媒体核心竞争力的重要表现形式。三网融合下多屏竞争加剧，电视只有加大节目创新的力度，将节目产

---

① 赵立凡：《在探索中创新 在改革中发展——中广学会电视学研委会第三届理事会工作报告》，央视国际. cctv. com，2005 年 6 月 24 日。

② 方明伟：《电视节目研发、创新的现状及对策分析》，《视听纵横》2012 年第 6 期。

③ 王甫：《中国电视栏目创新思考》，2006 中国电视栏目创新论坛主演讲，2006 年 5 月 28 日。

品创意产业作为我国“文化创意产业”和电视内容产业的重要组成部门，对此予以高度重视，才能在激烈的视频竞争环境下拥有一席之地。比如 2013 年广受赞誉的国产纪录片《舌尖上的中国》就是节目创新的优秀代表。该节目因主题设立独特，在呈现中华美食文化的同时，表达中国传统文化中重视家庭、团圆、和谐的文化理念，收到很好的市场反应。

二、品牌产品营销能力

本节这一部分将主要通过对美国的电视新闻的产品营销能力分析，来阐述三网融合下中国电视产品创新可以借鉴的方向。这与人们长期以来普遍认为的新闻与市场是一对矛盾的关系，新闻不是用来赢利的，而是用来立台的观念似乎相悖。本书之所以这样做，基于以下理由：一、长期以来，电视新闻作为不用来进行市场赢利但却是电视媒介最重要的产品，是一个国家级电视媒体的立身之本。而且，从一定程度上电视新闻的发展能够反映一个国家电视媒介的发展水平。因此，即使在认为电视新闻不是用来赢利的历史长河中，对电视新闻的品牌管理也是而且也应该是一个电视媒体最重要的行为。二、最早诞生的电视节目产品就是电视新闻，因此，美国作为世界上电视新闻的发源地，实际也是世界电视节目产品的发源地，同时也是将电视新闻品牌这一概念管理做得最早且营销最好的国家。当年 CBS 的《骆驼新闻大篷车》是最早的电视新闻，也是最早的电视节目，此后美国三大电视网陆续开办了很多电视新闻节目，并由此展开了竞争，直到 20 世纪 80 年代中期，三大电视网之间的竞争主要是电视新闻节目的竞争。因此，到 80 年代以后随着有线电视网、FOX 等其他电视频道的出现电视业竞争开始加剧，从而导致美国电视有了品牌竞争和品牌管理的意识，这个过程中对于电视品牌的竞争与管理均是首先围绕电视新闻的品牌竞争和管理进行的。因此，研究美国电视新闻的品牌管理经验对于理解电视媒介如何管理好产品品牌具有参考意义。三、美国 1996 年《电信法》颁布以后三网融合进程加快，电视市场竞争加剧，其新闻业进行了相应的改革。这些改革表明，作为电视产业的特殊产品，新闻不但可以立台也可以通过产品整合与分销以及产业链构建实现价值增值，进而用来赢利。那么新闻产品在具体的品牌营销中如何平衡社会价值与经济价值之间的关系，如何平衡新闻专业主义与企业市场行为的二者矛盾？基于此，研究三网融合之后美国电视新闻的品牌竞争与管理经验对于理解电视产品如何进行品牌营销具有典型性与代表性。此前，笔者曾在2009年赴美对其在数字时代电视新闻的转型与发展做过专门的项目研究，对美国的电视新闻向市场转型作了一些思考。基于以上原因，下文主要以美国三大电视网的新闻产品为例，结合国内的相关做法，对电视产品如何进行品牌构建与品牌营销作如下观点阐述。

（一）以个性促节目品牌

对于电视产业来说，难于模仿性是核心竞争力区别于一般竞争力的主要特点。[①] 这里的难于模仿性指的是电视的个性。个性在促进电视的品牌营销中可以起到很大作用。

对于一个节目来说，其个性可通过各种元素如形式、风格、色彩、主持人等予以体现。这些元素如果能够和节目融为一体、相得益彰，并且被观众认可，就可以长期维持，形成自己的节目产品品牌资产；对于一个媒体来说，其品牌元素通常包括：台标、色彩、风格、节目特点、节目类别等，这些元素如果能够和媒体定位节目相吻合，并且能够被观众认可，就可以长期坚持，形成自己的媒体品牌资产。

美国主要电视网的节目有一个共同特点：节目类别不多，所有节目基本可被归属于新闻、娱乐、服务节目这几类，但每一类节目均有自己独特的个性，比如，提到新闻节目，人们会马上想到克朗凯特、麦克·华莱士、丹·拉瑟，想到《60分钟》；提到娱乐节目，人们马上会想到大卫·莱特曼。换句话说，美国每一类电视节目均有观众耳熟能详的品牌节目及其独特的个性。同时，节目个性与节目品牌紧密相连。需要指出的是，节目因为先有了自己的个性，被观众认可，继而才会形成了自己的品牌。而节目个性则是通过节目风格、主持人等元素得以凸显，并且，这些元素之间水乳交融，相得益彰。以新闻节目为例，美国的三大电视网均有自己的新闻节目，这些新闻节目可大

---

① 彭祝斌：《中国电视内容产业建设发展研究》，新华出版社2010年版，第125页。

致分为早间新闻、晚间新闻、新闻杂志、新闻访谈等类别。每一类新闻节目均有不同于其他新闻类别的显著个性，这些个性通过主持人、节目风格、节目色彩、节目包装等表现出来。比如早间新闻与晚间新闻，上述元素的差异很大。从主持人来看，早间新闻主持人相对活泼、年轻、时尚，而晚间新闻主持人则相对老成持重稳健。从节目风格来看，早间新闻相对轻松、综合、服务，而晚间新闻相对严肃、集中、深刻。从节目色彩来看，早间新闻相对明快，晚间新闻相对稳重。如图4－10。

图 4－10 NBC 早间新闻《今天》的主持人 Hoda Kotb 与 NBC 晚间新闻主持人 Brian Williams

此外，众所周知，美国新闻节目采用主持人中心制，因此主持人对于节目的忠诚、对节目个性的形成和维护起到很大作用。名牌节目与主持人生死与共，主持人是节目的符号和灵魂。我们能够想起很多光辉的名字，比如麦克·华莱士与《60 分钟》、沃尔特·克朗凯特、丹拉瑟与《CBS 晚间新闻》、皮特·詹宁斯与《ABC 晚间新闻》、汤姆·布罗考与 NBC《晚间新闻》等。以麦克·华莱士为例，1951 年首次任职于 CBS 电视台，自 1968 年《60 分钟》创办时他出任记者和主持人，从未离开过。1986 年在北京中南海独家采访了邓小平，那一年他已经年近 70 岁，2000 年，他再次到北京采访了江泽民。2003 年，已经 85 岁高龄的他仍然是这个栏目的全职记者。华莱士的采访以思维敏捷、尖锐犀利著称，在美国电视观众中有这样一种说法"只要看到麦克，准会看到有人局促不安"。

娱乐节目也同样如此，有个性且大家耳熟能详的节目均与主持人的名字紧紧联系在一起，如 CBS 的《大卫·莱特曼深夜秀》，NBC 的《杰·雷诺深夜秀》等，娱乐节目的主持人很多是表演出身，因此能把节目的娱乐性做到极致。

我国目前很多媒体会结合自身特点和优势，确定自己的定位，比如央视的新闻立台、湖南卫视的娱乐立台、浙江卫视的人文立台等。但真正叫得响有个性的节目尚凤毛麟角。以新闻立台的央视，真正有个性的节目不多。现在被大家认可的主持人如白岩松、水均益等也是毁誉参半。笔者曾对央视《360 度》停播前 2007 年 7 月 6 日央视《360 度》的节目和 2009 年 4 月 27 日的《AC360》的节目做过粗略统计对比，前者在总计四十七分钟的节目中，白岩松的解说和评论一共近十一分钟。相比而言，后者在二十七分钟的节目中，库伯的解说评论一共不到三分钟。白岩松的评论虽不乏深刻，然而，很多时候却弱化了新闻本身的价值。所以，新闻的本源是事实，只有回归事实，新闻才能有生命力，而通过有技巧的提问，将评论语言转化为报道语言，显然在任何时候都容易被公众认可。[①]

（二）以品牌节目锁住核心观众，同时谨慎改革，以吸纳年轻观众

如前文所述，美国电视新闻业从 20 世纪 50 年代诞生以来，大致经历了这样几个发展阶段：50—70 年代，三大网新闻初现和发展时期；70—80 年代，电视新闻发展的黄金时期；80—90 年代，CNN、FOX 等新闻的出现，对传统三大电视网新闻形成了一定冲击；90 年代至今，随着数字电视、互动电视以及网络电视的发展，美国电视业均面临着前所未有的冲击，传统电视新闻观众被分流。在此情境下，美国主要电视网采取一些应对措施。为了分析的方便，笔者对 CBS、ABC、NBC 三大电视网目前的主要新闻节目作如下归纳。

① 连少英等：《CNN〈Anderson Cooper 360〉与央视〈360 度〉的分析比较》，《新闻界》2010 年第 6 期。

表 4—2 美国三大电视网目前的新闻节目及形态

NBC	ABC	CBS	节目形态或样式
Dateline NBC	20/20 ; Prime Time Live	60 Minutes;48 Hours; CBS News Sunday Morning	新闻杂志
Early Today	America This Morning	CBS Morning News	凌晨新闻
Today	Good Morning America	The Early Show	早间新闻秀
Weekend Today	Good Morning America Weekend Edition	The Saturday Early Show	早间新闻秀周末版
NBC Nightly News with Brian Williams	World News with Charles Gibson	CBS Evening News with Katie Couric	晚间新闻
NBC Nightly News with Lester Holt	ABC World News (Saturday & Sunday)	CBS Evening News with Jeff Glor (Saturday Edition); CBS Evening News with Russ Mitchell (Sunday Edition)	晚间新闻周末版
Meet the Press with David Gregory	This week with George Stephanopoulos	Face the Nation with Bob Schieffer	周日新闻访谈
All Night	World News Now	Up to the Minute	通宵新闻
NBC News Update		CBS news Break; CBS News Moneywatch	其他日间滚动新闻播报

从表 4—2 可以看出，三大电视网的新闻节目品种齐全，同一时段的节目高度雷同。从早新闻、晚新闻、新闻杂志到通宵长时段大跨度的新闻、周日新闻访谈、新闻周末版等，节目品种较以往更加齐全。既有消息汇总，又有深度分析，既有周一到周五常规时段的新闻节目，又有通宵达旦的大跨度新闻播报以及周日深度访谈。这样的节目编排，可以满足人们对信息的多层次需求，真正做到随时打开电视看最新新闻。在形态上，三家电视网在同时段内的节目设置也高度雷同。早上醒来，人们打开电视时会发现，三大网同时在播早间秀，内容也基本包括软、硬新闻，便民服务，明星现场表演秀等。而在周末晚上，人们又会发现三大网同时在对一周的重大新闻进行深度解读和盘点。这样的节目编排一方面是遵循电视新闻的传播规律，让新闻无时不在，另一方面也是出于同业竞争的考虑。在这个表里面，有很多节目是最近几年根据媒介竞争的需要新增设的。

在三大网的节目编排里，每个电视网均有自己的品牌节目牢牢锁定黄金时间，其中新闻杂志、早间新闻、晚间新闻是电视网新闻节目中的龙头老大，尤其是晚间新闻节目，美国的新闻界有这样的特点：晚间新闻节目被认为是新闻节目中最重要的，其主持人也被认为是最有分量的，主持人的成长往往遵循这样的规律：助理记者——记者——名记者——主持人——著名主持人——名牌主持人——晚间新闻主持人。这些名牌新闻节目放在全天电视频道播出的关键时间节点上，以此来带动全频道的节目播出。

名牌节目的产生依靠节目的个性，而名牌节目一旦产生，则会被电视网悉心经营，一个最大的特点就是不会轻易改版。节目形式、风格、播出时间、节目的核心元素主持人等都比较稳定。节目很珍惜与观众长期培养起来的约会意识。以晚间新闻为例，NBC 的《晚间新闻》如今是三大电视网收视率最高的新闻节目，从创建到今天因主持人的更迭节目名称先后发生三次改变，分别是：John Chancellor/David Brinkley 时期（1970—1982 年），Tom Brokaw 时期（1982—2004 年），Brian Williams 时期（2004 年至今）。同样，ABC 晚间新闻也发生了四次更迭：分别是早期（1978—1983 年），World News Tonight with Peter Jennings 时期（1983—2005 年），World News Tonight with Elizabeth Vargas and Bob Woodruff 时期（2006 年 1 月—5 月），World News with Charles Gibson 时期（2006 年 5 月 29 日至今）。作为三大网晚间新闻的先驱，CBS 晚新闻从 1948 年创办至今，变化得更多一些，共六次：Douglas Edwards 时期（1948—1962 年），Walter Cronkite 时期（1962—1981 年），Dan Rather 时期（1981—2005 年），Dan Rather & Connie Chung 时期（1993—1995 年），Bob Schieffer 时期（2005—2006 年），Katie Couric 时期（2006 年至今）。我们看到，在保持节目主持人相对稳定的情况下，节目风格、播出时间等更是几十年基本不变。即使在今天，晚间新闻的收视率普遍都不比从前，但是它们一直作为电视网的标杆牢牢地立在黄金时间。当然，近年来，面对新媒介竞争下年轻受众的流失，三大网也谨慎推出几个相对年轻的主持人来吸引年轻观众，如 ABC 在 Peter Jennings 去世之后，经过了短暂的调整，启用了年轻英俊的 Charles Gibson（2006 年做晚新闻主播时 63 岁，相对于他的前辈，算是“少年”得志），CBS 则在 2006 年 Dan Rather 退休后，从 NBC 早新闻挖走了其当家主持人，49

岁的 Katie Couric，相对于老成持重的 Rather，CBS 启用 Katie Couric 显然是冒了巨大的风险和压力，要知道，49 岁成为三大网晚新闻主播，这在美国是非常罕见的。经历了一年多的收视压力之后，现在 Katie Couric 已经成为观众非常喜欢的主持人。

除了晚间新闻，新闻杂志也同样如此，以创办于 1968 年历史最悠久的《60 分钟》为例，其节目风格、形式、主持人从没有作过一次大规模的调整，并始终遵循其创办之初的独立、客观、公正、严肃的制作理念，被公认为是电视节目领域里的一个奇迹。很多美国人回忆起孩童时代的《60 分钟》，会想起它的特殊标志——悬挂着永远在滴滴答答地走的时钟，就像爷爷屋里的纱窗门，虽然会发出吱吱的声响，但却没有必要去给它加润滑油，因为它会给你带来回忆。这样的品牌符号，没有任何一家电视机构能够克隆，因为他们知道，即使克隆了，也丝毫没有意义，因为他们夺不走《60 分钟》的品牌价值。跟其他节目一样，为应对新媒介的竞争压力，《60 分钟》同样谨慎地启用了几个相对年轻的出镜记者，CBS 的现任制片人 Jeffrey Fager 近年来陆续吸纳了 CNN 的著名主播，39 岁的 Anderson Coper 和 CBS 的晚间新闻的主播，50 岁的 Katie Couric，每年为《60 分钟》担任 5—10 个故事的出镜记者。目前，编导的平均年龄为 40 多岁，出镜记者的平均年龄为 50 多岁。这与几年前相比，队伍的整体年龄年轻了将近 10 岁。这样做，也是为了在留住忠实观众的同时，尽量吸引年轻的观众。目前，《60 分钟》在每周日晚上仍然吸引 1400 多万名观众，在所有的新闻杂志类节目中，收视率是最高的。如图 4－11。

从以上分析不难看出，当下的美国电视新闻业，正是通过对品牌节目的坚守，来锁定大量核心观众，因为他们始终坚信，这些品牌新闻节目，是三大电视网的核心资产。在这个技术整合的时代，真正要紧的就是内容，或者更准确地说，是内容当中满足观众需求和愿望的那部分。[①] 这或许也是在数字时代新媒介层出不穷，受众口味变化万千的时代，三大电视网仍然保持着最大的收视份额的制胜法宝。

相较之下，国内的节目动不动改版，以央视新闻频道为例，从 2003 年 5 月 1

---

① 〔美〕沃尔特·麦克道尔，艾伦·巴滕：《塑造电视品牌原则与实践》，马敏译，中国传媒大学出版社 2006 年版，第 6 页。

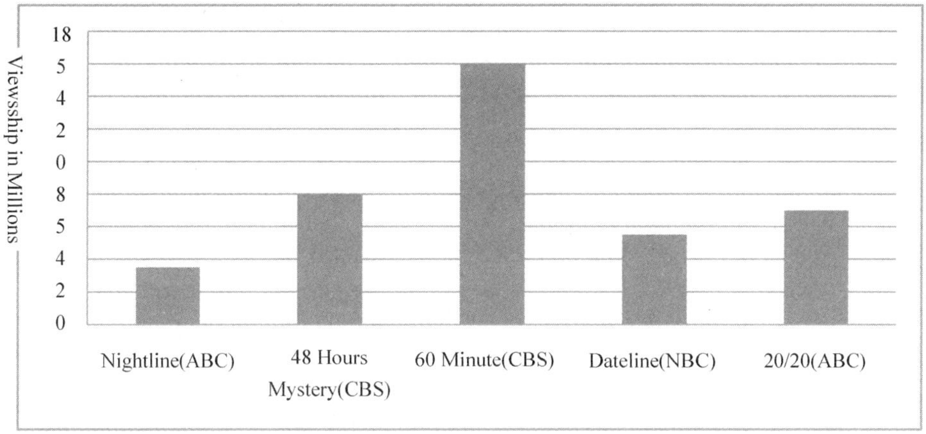

来源：尼尔森媒体调查

图 4－11　黄金时段新闻杂志栏目平均收视人数(2004 年 11 月—2006 年 11 月)

日开播，至今已经历六次大规模改版，平均每两年就有一次，每次改版中，形式和内容均有调整。形式上，从播出时间、主持人到节目其他元素、风格等均有变化；内容上，节目或被拿掉，或被增设，有的甚至昙花一现。这样一来，观众真正能记住的品牌节目少之又少，这也从另一方面反映了我们的品牌节目太少，形不成品牌，就会着急，着急就容易想到改版。如此周而复始、恶性循环。这与美国新闻节目的品牌稳定性形成了一定反差，正如《60 分钟》的制片人唐·休伊特曾说的，观众熟悉了我们讲故事的手法，因此我们不会改变。

(三)培育新节目，争夺受众市场

随着新媒介的增加，可供选择的节目数量不断上升，然而尼尔森的研究报告显示，在过去的 15 年间，用户收看电视的时间基本上维持不变。对电视节目制作人员来说，令人烦恼的暗示是：尽管电视节目这块馅饼被分的份数越来越多，但馅饼自身的大小却没有明显的变化。用品牌营销的术语来说，电视收视市场似乎已经演化到一种饱和状态，或叫零和状态(ZERO SUM)。因此，当更多的品牌进入市场的时候，其唯一的生存办法就是把顾客(观众)从竞争对手手中争取过来。[①] 在这方面,中美两国采取了类似做法,即推出新节目来培育新观众。但囿于两国媒介体制、文化传统、节目制作理念等不同,两国新节目在形式、风格、内容以及在市场培育的效果上均多有不同。下文分三大部分进行分析和阐述,第一部分是对近年来美国电视新闻推出新节目的做法进行介绍;第二部分通过分析对比美国 ABC 的《早安美国》和央视近年推出的早间新闻节目《朝闻天下》,来对我国电视新闻新节目的培育作出分析;第三部分基于前面的分析,对我国未来在电视新闻品牌培育中应注意的问题进行阐述。

1. 近年来美国电视新闻推出新节目的做法

美国主要电视网一方面开始重新审视竞争对手的节目单,看看哪些节目自己没有而需要开设;另一方面,开始着力开发原先不被重视的非黄金甚至"垃圾"时间段。因此,从 20 世纪末,主要电视网除了固守原有的品牌节目外,也着力挖掘了新的新闻节目形态,希望借此从对方手中争取观众。

以 ABC 和 FOX 为例,20 世纪 40 年代末 50 年代初,其竞争对手 NBC 和 CBS 作为早期唯一的两大电视网,各自创办了很多新闻节目,这些节目大部分延续了下来,并随着时间的沉淀成为了电视网新闻中的品牌节目。随着媒介竞争的加剧,ABC 和 FOX 纷纷开始效仿 NBC 和 CBS 办同样形态的节目,例如周日访谈节目,ABC 在 1981 年创办了"ABC This Week",以此来瓜分 NBC《会见新闻界》(Meet the Press,1947 年率先创办)和 CBS《面对国民》(Face the Nation,1954 年创办)的观众市场份额,FOX 则在 1996 年 4 月 28 日创办了同类节目《福克斯周日新闻》("Fox News Sunday")。各大电视网通过创办新节目,培育新的受众市场。如图 4—12。

截至 2006 年 4 月,NBC 的《会见新闻界》连续五年在三大网同类节目中收视率保持第一,打败了《面对国民》(CBS "Face the Nation") 和 ABC 的《本周》("This Week"),即使在周日早间的所有新闻节目里,也仅次于《CBS 周日早新闻》("CBS News Sunday Morning")。

靠电视新闻起家的 CBS 则尤其注意小心谨慎地挖掘新的新闻节目形态,培养新闻品牌。1988 年,它创办了《48 小时》(48hours),节目时长 60 分钟,最初

① 沃尔特·麦克道尔,艾伦·巴滕:《塑造电视品牌原则与实践》,马敏译,中国传媒大学出版社 2006 年版,第 6 页。

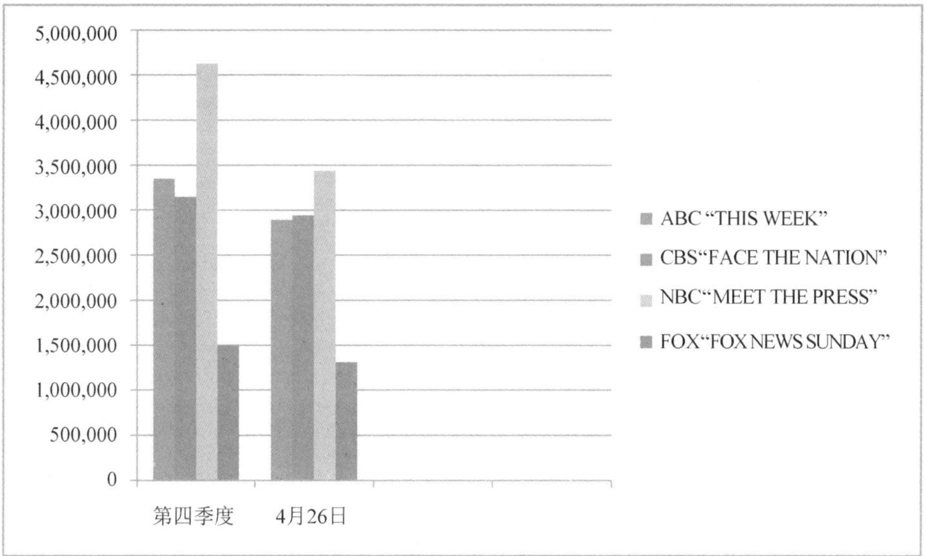

图 4－12　2008 年第四季度和 4 月 26 日这天同类节目的收视观众情况

资料来源：尼尔森。

作为纪录片记录 48 小时内发生的围绕某一主题的各类新闻事件，被誉为早期真人秀类新闻节目。一年以后，ABC 则创办了同类节目《黄金时间》（“Prime Time Live”）。NBC 新闻杂志类节目此前一直空缺，但当看到两大竞争对手纷纷在原有新闻杂志类节目的基础上又添新丁，意识到了危机，于是在 1992 年也开办了同类节目《日界线》（“Dateline NBC”）。

此外，为了更有利地抢占受众市场，向来被电视网新闻摒弃的午夜以后的时段也被利用了起来。CBS 率先在 1992 年创办《即时新闻》（“Up to the Minute”），代替了创办于 1982 年的《CBS 新闻夜观察》（“CBS News Nightwatch”）。该新闻节目包含了软、硬新闻，特写，专访，天气预报，体育，财经以及评论等各类新闻题材和内容。内容来源于 CBS 新闻部，包括 CBS 晚新闻，附属台，广播网等。同时，该节目会重播来自于《CBS 周日早新闻》《48 小时》《60 分钟》《面对国民》等节目的部分内容。ABC 接着开办了同类节目《世界新闻播报》（“World News Now”），该节目历时 1 小时 30 分钟，于 1992 年 1 月首播。节目风格轻松幽默，语气玩世不恭，共分三个部分，每部分半小时，其中包括 31 分钟的《夜线》（“Nightline”，周一到周五）。每天东部时间 2：00—3：30 播出，电视网当地时间

4：30 重播，直到《美国早新闻》(“America This Morning”)开始播出。[①]

2. 中国电视新闻节目品牌培育分析——兼析 ABC《早安美国》与中国央视《朝闻天下》在内容、形式上的差异

随着电视产业化的发展和媒介市场竞争的加剧，以新闻立台的央视在 2003 年 5 月 1 日，经过四个月的筹备之后正式推出新闻频道。其特点是 24 小时不间断播出，并仿照国外同行建立了“整点新闻＋现场直播＋字幕新闻”的播报模式。此后的十年间，已经进行了六次改版，每次改版或砍掉一些原有节目并同时推出了一些新节目，或将节目形式、节目包装、节目播出时间进行调整。仔细分析我们发现，在受众普遍对电视新闻信息感到饥渴的情况下，这些节目大多也曾让人们感到耳目一新。然而，囿于我们的观念或理念所限，在内容和形式上均与国外同类型节目差异较大。内容的不足和形式上刻意的标新立异导致了我们在追求受众市场占有率的同时，始终游走于锁住核心忠实观众的边缘。下面以央视 2006 年 6 月 5 日开播的《朝闻天下》和 ABC1975 年推出并多年来牢牢稳住收视率的《早安美国》为例进行分析对比。

(1)内容分析对比

为了比较的方便，笔者选取了 2010 年 5 月 3 日这一天的两档节目，做了内容统计，见表 4—3、表 4—4。

表 4—3 《早安美国》的基本内容构成

时段	内容	时段	内容
7：00—7：30	片头	8：00—8：30	8：00—8：30 的节目预告、广告
	最新消息(国内三条、国际一条)		标题新闻
	标题新闻(国内)		天气预报
	天气预报		专题节目(本期与体育有关)
7：30—8：00	7：30—8：00 的节目预告、广告		访谈节目(本期与财经有关)
	深度报道(承袭前面的消息新闻进一步挖掘报道)	8：30—9：00	8：30—9：00 的节目预告、广告
	天气预报		健康类节目
	访谈节目(有时承袭前面的消息新闻进行深度访谈)		体育趣闻

① http://en.wikipedia.org/wiki/World_News_Now

表 4—4　《朝闻天下》的基本内容构成

时间	内容
6：00—6：07	片头
	时政新闻
6：07—6：22	国内新闻
6：22—6：25	广告
6：25—6：34	片头
	国际新闻
6：34—6：37	广告
6：37—6：45	国内新闻
6：45—6:47	广告
6：47—6：54	文体新闻
6：54—7：00	广告
7：00—7：08	片头
	时政新闻
7：08—7：20	国内新闻
7：20—7：22	广告
7：20—7：36	国际新闻
7：36—7：39	广告
7：39—7：43	片头
	国内新闻
7：43—7：46	广告
7：46—7：55	片头
	财经新闻
7：55—8：00	广告
8：00—8：08	时政新闻
8：08—8：17	国内新闻
8：17—8：20	广告
8：20—8：27	片头
	国际新闻
8：27—8：30	广告
8：30—8：38	片头国内新闻
8：39—8：47	国际新闻
8：47—8：53	文体新闻

通过考察两档节目的基本内容及其构成，有以下几点明显不同：

● 信息的服务性、娱乐性特点不同

从内容题材设置来看，表 4－5 表明，《早安美国》在本期节目的前半段，与《朝闻天下》类似，也是以“硬新闻”为主，包括国内外新闻、气象预报、交通、财经信息等。这是因为前半段时间正是上班族出门的高峰时间，将硬新闻集中在前半段呈现，可以极大地满足上班族在早间对信息的渴求。但《早安美国》在接下来的时间则以服务和娱乐信息为主，内容涉及政治、健康、理财、烹饪、读书、宠物以及花絮等五花八门的内容，这是为家庭主妇们准备的上午时段的丰盛大餐。相较之下，《朝闻天下》在总体节目设置上均主打新闻，且以硬新闻为主，包括时政新闻、国际新闻、国内新闻等板块。总体来看，新闻内容偏政治化，生活服务方面基本只有天气服务和旅游出行信息，远远满足不了人们的多样化生活需求，此外，娱乐信息几乎没有。由此看出，美国早间电视节目表现出较强的大众化和通俗化，倾向强调“软”“近”“实用”，追求趣味性和吸引力。

表 4—5　2010 年 5 月 3 日《早安美国》主要新闻内容及其编排

结构	标题	内容	类别	时长
第一时段 7：00— 7：30	MANHUNT FOR BOMBER	追捕在广场投放炸弹的人	时事新闻/灾难新闻（国内）	2：25
	MAYOR ON SEARCH FOR BOMBER	纽约市长就广场爆炸的缉凶情况发言	时事新闻/灾难新闻（国内）	4：40
	STOPPING SPILL COULD TAKE MONTHS	阻止石油扩散的工作可能需要数月时间	时事新闻/灾难新闻（国外）	3：30
	WHAT IS GOVERNMENT DOING NOW?	漏油事件中美国政府正在做什么	时事新闻（国内）	3：05
	MASSIVE CHILDREN'S MEDICATION RECALL	大量儿童药物被召回	标题新闻（国内）	1：35
下一时段的节目预告及商业新闻				
第二时段 7：30— 8：00	BP CEO TAKES QUESTIONS	英国石油公司 CEO 回答漏油事件相关问题	时事新闻（国外）	3：03
	WEATHER	天气服务		
	RUNAWAY COUPLE BREAK SILENCE	私奔夫妇回答为什么逃离家庭	访谈节目（国内）	7：12
下一时段的节目预告及商业新闻				
第三时段 8：00— 8：30	FLOODS WASH AWAY ROADS, BRIDGES, SCHOOL	纳什维尔的大洪水，28 人死亡	标题新闻（灾难新闻/国内）	0：55
	WEATHER	天气服务		
	GMA'S LIVING THE DREAM	采访知名棒球运动员	GMA 特备专题	5：55
	WARREN BUFFETT ONE-ON-ONE	与股神巴菲特一对一"交谈"	访谈节目（财经新闻）	3：48
下一时段的节目预告及商业新闻				
第四时段 8：30— 9：00	DR. OZ MAKES A HOUSE CALL	医生教你 6 个月得到一个更好的身体	健康类软新闻	4：16
	CHESS BOXING, ANYONE?	趣闻：世界上最愚蠢的运动	体育类软新闻	5：08
	GET COOKING WITH WOLFGANG PUCK	和 WOLFGANG 一起做菜	生活类软新闻	5：32

● 新闻的时效性、现场性不同

新闻在时间上是最新发生的，在内容上是人们未知的，新闻发布距新闻事实发生的时间越短，新闻价值越大。只有时效性强的新闻才能吸引观众的眼球，从而提升电视新闻节目品牌。

《早安美国》十分注重时效性和现场性，即使对夜间发生的重大事件和突发事件也会通过滚动播出及时挖掘和报道事件的最新进展。这是基于经过一个晚上的休息，受众对由 8 小时跨度而产生的信息饥渴的新闻跟进，这也正是早新闻吸引观众的优势。相较之下，《朝闻天下》的时效性较差，基本上是昨日新闻的回顾和今日新闻的预报，也很少看见记者出现在新闻现场做直播。此外，《朝闻天下》在节目编排上存在大量重复，三个时段中大部分新闻内容是相同的。这样做虽然可突出重要新闻，在一定程度上弥补线性传播造成的信息接收不变，但很大程度上影响了整个节目的系统性、逻辑性和时效性。

● 杂志型与准杂志型

“电视新闻杂志”（The Magazine-Format Documentary Series）是美国电视将娱乐元素融入新闻节目过程中所创造的一种新型节目样态，直译是“杂志型新闻纪录片”。所谓“杂志型”，就是在一个栏目的统一标识下，由多个看似独立的节目单元构成一个多板块的节目整体。电视节目借鉴杂志的综合编排方法，利用电视的传播优势和报道、评述手法、按栏目的宗旨，将不同样式和内容的新闻节目板块小栏目串联起来，形成一个完整的节目，在固定栏目和时间播出，主持人起着突出的作用。杂志节目强调板块的相对独立与每期节目的主题一致性。

我们看到，《早安美国》每期节目均有一条核心报道，其先以消息的形式呈现，之后以深度报道和访谈节目的形式进行分析，由此实现对新闻事件的立体化、深度化、全方位挖掘，使得传播效果最大化。与美国不同的是，中国的早间节目还只能称为准杂志型，板块与板块之间是完全以时间为节点进行分割，缺乏主题联系性与统一性。

●《早安美国》穿插进行标题新闻与深度解析的报道

信息社会下人们生活节奏的加快要求电视能够在最短的时间内以简洁明了的形式提供有价值的新闻信息。标题新闻的出现正是顺应了人们对新闻信息短平快的要求而产生的。《早安美国》节目开始头条播出最新消息（breaking news）之后会有一条标题新闻，标题新闻指以标题形式表现新闻事实，这种新闻是以题代文，文题相融，文简、事简、意明、信息含量大而丰富。在节目样本中，两条标题新闻内容分别为“大量儿童药物被召回”和“纳什维尔（美国一座小城）大洪水造成 28 人死亡”，这两个内容都是和大众生活息息相关的，可以有效吸引读者眼球，引导读者收看重要新闻，高效快速传播信息并扩大整个节目的信息量。而《朝闻天下》把长达 8 分钟的时政新闻放在每个时段的节目开头位置加以强调。

此外，可以看出，《早安美国》节目中标题新闻和深度报道是穿插进行的，在播出两条最新消息之后安排了与之相关的长达 3—4 分钟的深度报道，接下来又插播一条 1 分钟的标题新闻，这种编排方式使节目起伏有致，且让看过前面时间较长的深度报道而略感疲惫的观众稍事休息，同时加深了对本条新闻的印象；而《朝闻天下》在编排上通篇一律，节目缺乏节奏感，观众容易产生疲惫感。

●《早安美国》以本土化新闻信息为主

通过对硬新闻的数量统计可以发现，5 月 3 日这期节目中共有七条话题新闻，其中国外新闻占 2 条，也就是“硬新闻”内容的 28.6%，有关国内的新闻内容占 71.4%；从“硬新闻”中内容所占时长分析，节目样本中共有“硬新闻”19 分 13 秒，其中国内新闻 12 分 40 秒，占“硬新闻”时长的近 66%，国外新闻 6 分 33 秒，占“硬新闻”时长的近 34%，同时，“软新闻”板块内容大多也是美国本土的人物或事件。

相较之下，《朝闻天下》的节目内容更为丰富，包括时政新闻、国内新闻、国际新闻、文体及财经新闻等。其中，时政新闻共 24 分钟，占节目的 16.6%；国内新闻共 53 分钟，占节目的 36.6%；国际新闻共 29 分钟，占节目的 20%；文体与财经新闻共 18 分钟，占节目的 12.4%；剩余时间为广告和天气预报以及城市宣传片，占节目的 14.5%，如图 4—13、图 4—14。

从节目的内容和各个部分时长的不同我们可以直观地看出内容趋于本土化是《早安美国》的最大特点。这与美国人的收视心理有关，美国人更加关注和自己切身利益相关的事情，对国际问题不是特别关心，除非国际议题牵涉到本土了。

事实上，本土化新闻立足本土，按照“后院篱笆原则”把新闻价值建立在受众最感兴趣的话题上，关注市民周围的人物和事件，虽然不具有影响国计民生

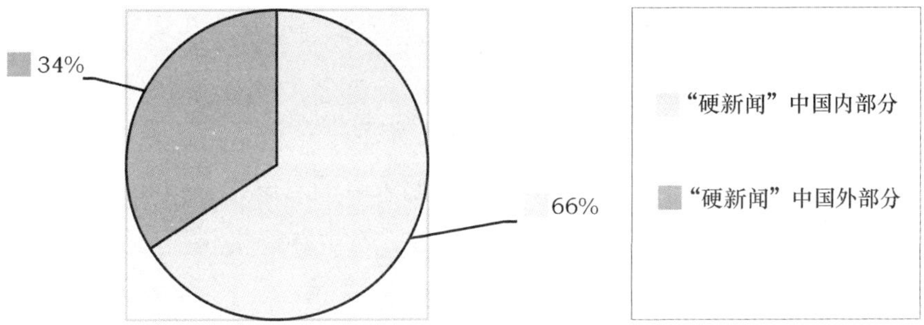

图 4－13 《早安美国》节目中国内、国外新闻占节目"硬新闻"的时长比例

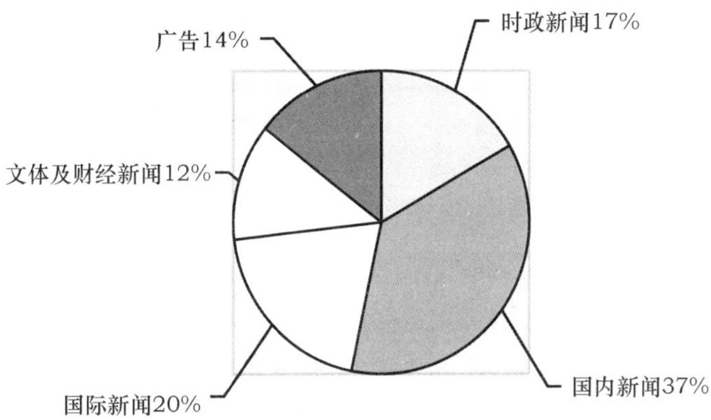

图 4－14 《朝闻天下》节目类型构成

的重大决断力量，但从微观的视角，它更加契合老百姓的凡人生活。相较之下，长期以来，我国电视新闻节目在制作理念、编排策略上，均缺乏对受众需求的尊重和新闻传播规律的尊重，导致新闻节目的有效信息量不足、吸引力低下。

(2)形式分析对比

相比内容，形式上的改变能让人从视觉上产生直观的耳目一新的体验。然而，媒介竞争最终是内容的竞争，对形式的刻意追求能短暂吸引观众，却不能锁住核心观众。

● 主持人的风格差异

主持人是节目的形象代表，是节目风格的重要象征，在任何节目中，主持人的能力和个人魅力都尤为重要。对于早间节目来说，主持人应与早间新闻轻松、清新的节目风格一致，给人以朝气蓬勃、健康向上的感觉。

如前文所述，美国早间电视十分注重主持人个性的发挥及其与节目特色的有机结合，美国三大电视网早间节目均由一男一女两位主持，另设有新闻、气象、谈话等多位专项内容主持人。此外，还有多位专家型主持人，分别负责政治、经济、军事等议题的报道分析。与早上起来人们对轻松、清新的信息诉求相吻合，所有主持人衣着随意轻松，语气幽默诙谐，主持风格轻快明朗，主持人一边交谈调侃一边把最新的新闻带给观众，如图 4—15。

图 4－15 《早安美国》主持人 robin 在演播室与嘉宾的“亲密接触”

相比之下，由于体制和文化传统等原因，我国当前的早间节目少有鲜明风格的主持人。目前《朝闻天下》共有 3 位主持人，文静、赵普以及 2009 年 7 月改版后，原来国际频道负责播报《今日亚洲》和凌晨整点新闻的女主持人胡蝶。我们看到，即使在改版中不断启用靓丽的新面孔，给观众的感觉也永远是主持人身着正装，端坐在镜头前以播报新闻的方式主持节目，内容完全按照稿件播报，没有自己的发挥，书面用语太多，与早间节目所要求的简洁明快的风格不相协调，因而，以上形式的改变也只能暂时吸引观众，难以长久留住观众，如图 4—16。

● 演播室设置差异

美国早间新闻节目的直播点均设有室内和室外两部分。其中室内部分是透明鱼缸式演播室，根据节目功能又分成几个区域，如客厅风格的主景区、新闻

图 4－16 《朝闻天下》主持人长啸播报新闻

演播室风格的新闻景区、起居室及厨房风格的服务资讯类景区，以及具有多种功能的移动景区等。起居室为演播室内的休闲采访区，摆放有新闻书报和休息长椅，以营造清晨轻松的家居氛围。演播室外则设有观众现场参与互动区。透明鱼缸演播室的设立可使得室外行人对室内节目的进展情况一览无余，沙发区的访谈区域设计则能使访谈对象像唠家常一样和主持人坦诚交流，这些均可大大缩小传者与观众之间的心理距离。此外，演播室外面的观众与主持人参与互动穿插在节目的行进过程，使得节目整体信息量大、节奏感强，如图 4－17、图 4－18。

● 节目包装的不同

与我国电视新闻节目非常重视包装相比，美国的新闻节目更加注重内容的呈现。在《朝闻天下》改版后，节目新包装采用了 3D 片头、滚动字幕等新元素。其中滚动字幕分三行，从上到下分别是新闻发生的地点、新闻标题和固定的滚动新闻。字幕在颜色上主要采用了蓝底黄字，同时在三条滚动字幕中采用了红、黑、蓝、黄四种颜色，这样的配色方案使新闻标题显得更加醒目。同时字幕在字体上也比原来的字幕样式大了几号。不仅视觉上比改版前更加美观大方，而且能让观众一目了然地了解了新闻要素，滚动字幕的内容为反复播出新闻内容和天气预报，更方便观众了解。相较之下，《早安美国》的节目包装在视觉上

图 4－17 《早安美国》的家庭化演播室

图 4－18 "鱼缸式"演播室——透过窗户可以看到车水马龙的时报广场

更感觉简洁明了，蓝白的配色方案让观众一目了然。字幕分为三个层次，分别是消息的时效性情况如最新消息、新闻标题及新闻说明。这样做的目的是希望将观众的关注点吸引到新闻所报道的内容，而不是形式，如图 4－19 至图 4－21。

3. 中国电视新闻节目在品牌培育中应注意的问题

从中美两国早间新闻节目的分析对比中，我们不难看出，培育一个新节目并对其进行品牌塑造，绝不仅仅只是为一个产品进行外观包装这么简单，品牌塑造的目的在于将品牌名称变成消费者头脑中独一无二的、记忆深刻的、有价

图 4－19 《朝闻天下》

图 4－20 《早安美国》

值的东西，[①]这种有价值的东西应该是内容本身。基于这一核心要素，对于目前的中国电视新闻节目，要培育并经营好一个节目品牌，可从以下几方面着手：

(1)以主持人为中心，全力打造主持人的品牌效应。主持人是节目的灵魂，主持人的选择，不由传播者自己决定，而是结合多数受众的需要来选定，好的主

① 〔美〕沃尔特·麦克道尔、艾伦巴滕：《塑造电视品牌》，马敏译，中国传媒大学出版社 2007 年版，第 21 页。

图4-21 《朝闻天下》

持人能和观众建立一种约会意识，并以自身影响力带动节目锁住核心观众。对主持人的品牌塑造需要一种长效机制，不可能一蹴而就。

(2)依节目性质不同，风格亦应该有差异。对于晚间新闻节目，从节目主持人到节目内容到节目包装都应该是严肃、稳重、客观、中立，而早间新闻则应该欢快、明朗、清新、严肃不乏娱乐。

(3)信息要反映当下，并服务于大众。“受众本位与传播者本位不同，传播者在参与传播过程中主要根据受众的需要来确定传播的目的、步骤以及传播的内容和方式，并以受众受传的实际状况作为评价传播得失的标准。在以受众为本位的传播关系中，受众是传播者服务的对象。”①我国电视新闻要真正赢得观众、锁住观众，就必须放下端坐高台的大架子，改革传播方式、创新传播内容，使传播行为与观众需求真正联系起来。

(4)注重节目的跨媒介宣传。美国的新闻节目均注重跨媒介宣传，或者互相预告，或者跨媒介节目互动，如在2009年奥巴马当选美国总统时，CNN曾在网站上开通奥巴马执政100天的跟踪报道与民意征集，同时电视频道对每天网民意见反馈进行互动。很多节目在电视台、电台、网络等设有不同版本，以《早安美国》为例，其还设有电台版的节目，提供来自于电视新闻编辑的议题，让支

① 郑兴东：《受众心理与传媒引导》，新华出版社1999年版，第221页。

持者能一起讨论。

(四) 以适当的"娱乐化"迎合受众新的需求

随着新闻媒介竞争的加剧,电视媒介商业化运作的力度不断加大,电视新闻的娱乐化问题也日益受到人们关注。其实"娱乐化"这个词原本是个中性词,始于美国的《60分钟》,指的是节目表现形式的"娱乐化",即将硬新闻题材通过故事化的讲述手法加以软化,强调"人文化的情怀,故事化的外观",这事实上也是《60分钟》成功的法宝,既结束了电视新闻赔钱的历史,又以牢固的品牌形象屹立于美国电视新闻之林。长期以来,国内外新闻界的一个通行理念就是电视新闻是作为媒体提升自己的社会影响力而存在,赢利赚钱要靠综艺节目,而《60分钟》带来了一个全新的理念"干新闻的活,挣演艺界的钱",其秘诀之一就是像好莱坞包装电影一样包装电视新闻,本意即是指用吸引观众的故事手法创作电视新闻。唐·休伊特曾说过这样的话:"新闻业和演艺业之间有一道界线,成功的秘诀就是走到线旁,用你的脚尖碰它,但是不跨过去,如果你不靠近这条界线的话,你就会失去你的观众。如果你跨过这条界线,你就会丢失你的良心。三十多年来,《60分钟》靠近这条线,却从来没有跨过去。"然而时至今日,甚至在全球范围内,"娱乐化"已经在很大程度上被演绎成内容的娱乐化,诸多新闻节目靠追加娱乐元素来吸引眼球,我们仍然记得,在几年改版之后的中央台的《新闻联播》的某期节目里,某演艺明星被排在新闻靠前的位置,从而遭人诟病。

近年来,美国媒介市场竞争日益激烈,受众对信息的需求也显现复杂、多元化状态,因此新闻节目的品质也有所下降,这也成了美国批评家公开指责和批评的对象。笔者曾在圣克劳德州立大学访学期间参加其校园电视台的采访报道,作为记者和联合主持人参加过大量新闻节目的采制。通过实地参与新闻采制,有一个切身的体会,相比以前,现在的电视新闻,从选题到报道视角,甚至报道语言,已发生了很大变化。这实际已经关涉了"娱乐化"的形式和内容。这一感受后来在对纽约三大电视网总部调研时得到了印证。这正反映了当前国内外普遍盛行的电视新闻的娱乐化现象突出的问题。从早新闻到午夜新闻,从消息类新闻到杂志型新闻,娱乐化现象无处不在。以早新闻为例,三大网的早新闻都由几条硬新闻、大量的软新闻、明星现场秀、厨艺、天气预报等组成。节目持续时间从两小时到三小时不等，但都只在节目开始时播报几条硬新闻。其他大量的时间都是带领观众现场同乐。

事实证明，这种方式在提高收视率上非常有效。2008 年电视季，《早间秀》呈现了与去年同期相比两位数的上升幅度。《今天》平均有 600 万观众（上升 6%），25—54 岁之间的成年人中拥有 220 万；ABC 的《早安美国》平均拥有 490 万（上升 1%），拥有 170 万 25—52 岁成年观众；《早间秀》则有 350 万观众（增长了 20%），130 万成年观众（上升了 30%），如图 4—22。

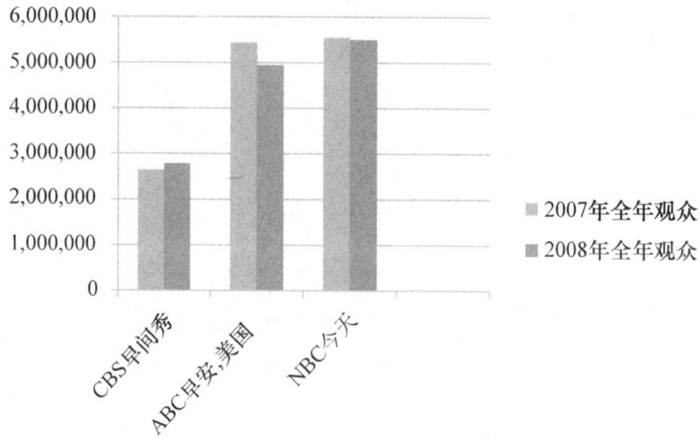

资料来源：尼尔森

图 4－22　三大网早间新闻 2007、2008 年平均收视人数

本书将“娱乐化”在此提出分析，实际是呼唤“娱乐化”回归原点，以形式的娱乐化带动节目的品牌化，而不是以内容的娱乐化迎合市场的低俗化。相比其他电视节目产品，新闻产品更需要品质的坚守，而《60 分钟》的历史也证明，有生命力的品牌新闻正是此种新闻。

(五)利用品牌资产向新媒介拓展品牌价值

市场营销学认为，产品在有品牌时与无品牌时的市场效益差别很大，因为品牌里面蕴含着一个重要的因素，即品牌资产。品牌资产是顾客对品牌主观上的无形评价和超出客观理解的价值。品牌资产的子因素是顾客的品牌意识、顾客对品牌的态度以及顾客对品牌道德规范的认识。[①] 品牌资产一旦形成，就会使品牌超越普通的产品类别，具有一段时期的稳定性和可预见性；而且，强大的品牌资产的另外一个优势在于，可以利用它来支持品牌拓展。品牌名称的附加值可以转化到新产品上，使消费者更易于接受，从而推动新产品的销售。一个成功的媒介品牌也能加强另一个节目或电视网的促销力度。[②] 美国很多电视节目的成功营销正是得益于对品牌资产的拓展与运用。如 MSNBC 利用了 NBC 和微软的声望、《60 分钟Ⅱ》是利用了《60 分钟》的声望、ESPN2 利用了 ESPN 的声望，近年来，传统媒体通过合资、合作等形式大量进军新媒体，以拓展品牌价值，实现规模营销。如 NBC 环球与新闻集团合资成立视频网站 Hulu. com，中央电视台与中国移动合资成立中国移动电视台。在进军新媒体业务的电视媒体中，CNN 是其中一个佼佼者。下文以 CNN 为例来分析其品牌拓展策略。

CNN(Cable News Network)是世界上第一个 24 小时全天候新闻频道，也是美国第一家通过卫星向电视用户提供全天候 24 小时新闻节目的电视公司。1980 年 6 月创办，总部设在美国佐治亚州的亚特兰大。1991 年海湾战争期间，因全天候连续直播战争动态而声名鹊起。目前，CNN 包括 36 个机构，10 个国内机构，26 个国外机构，有 900 多个附属台，通过 CNN International 在 212 个国家和地区播出，覆盖 2 亿多个家庭。

在美国三网融合之后，CNN 属于较早开办自己的网站并将自己的品牌价值延伸到新媒体的电视媒体。早在 1993 年就注册了域名的 CNN. com ，1995 年 8 月建立了新闻网站，开办“美国有线电视新闻网交互电视”(CNN Interactive)，成了美国第一个电视新闻与网络结合的新媒体，后又开办了手机电视，不惜花费重金提高频道的数字化、智能化、高效化，在传统媒体向新媒体的转型中一路领先。被称为魔术墙(Magic Wall)的触摸屏技术、全息影像技术这些似乎只存在于电影中的幻想高科技，也在 2008 年美国总统大选的直播中被 CNN 搬到了电视上。CNN 还快速赶上了 Web2. 0 时代的潮流，开展了博客、播客、RSS 订阅服务等业务，并与微博 Twitter、社交网站 Facebook、视频网

---

① 〔美〕菲利普・科特勒：《营销管理》(第 12 版)，海清豪译，上海人民出版社 2006 年版，第 166 页。

② 〔美〕沃尔特・麦克道尔、艾伦巴滕著，马敏译：《塑造电视品牌原则与实践》，中国传媒大学出版社 2007 年版，第 30 页。

站 Youtube 等新媒体积极合作，通过资源互补和整合，不断抢占新的传播阵地，力图在激烈的新闻市场竞争和媒介融合时代中保持领先地位，如图 4－23。[①]

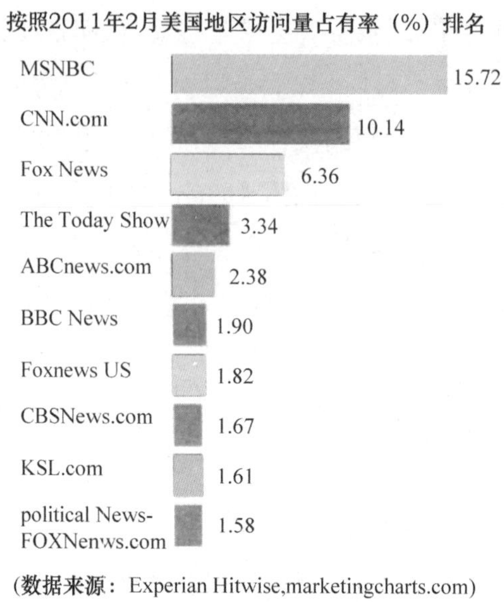

图 4－23　美国电视媒体网站前十名（截止到 2011 年 2 月）

综合 CNN 的新媒体战略，有以下几个特点：

1. 注重用户信息体验，实现互动参与营销

目前，CNN 主网站下有包括 video、International、IReport 等在内的 14 个分网站，此外还有 RSS 订阅、Blog、CNN Mobile 等 11 个功能设置。与国内很多网站将首页布满各种信息不同，CNN 网页首页简洁大方，应用性强，每个子网页功能性很强，一目了然。

据调查，目前，CNN. com 是仅次于 GOOGLE 和 YAHOO 新闻的全球第三大受欢迎的新闻网站。

同时，CNN 依托庞大的新闻数据库，将新闻资源应用到在 CNN Mobile 上，用户不但可以通过手机订阅新闻业务，同时还可以享受包括天气预报、电子邮件、航班等信息服务，而增值服务全部通过下载 CNN APP 应用程序免费获得。

① 刘笑盈等：《CNN 的新媒体战略》，《电视研究》2011 年第 8 期。

CNN Mobile 的订阅用户可以通过微博报道自己的新闻。iPad 版 CNN 支持分享和评论，可以将新闻通过 Facebook、Twitter 和 Email 进行分享，并且支持离线浏览模式。CNN 的 Ireport 更是将公民新闻的理念融进新闻报道中，充分调动受众参与新闻采制的积极性。

CNN 重视用户体验，最大限度地吸引用户，它在很多重大新闻事件中注重与视频新媒体的合作与产品开发。2007 年，在美国总统大选中，CNN 与 Youtube 合作，主持总统辩论，这是传统媒体与新媒体合作最早的案例之一。观众被邀请通过 Youtube 视频分享服务提交投票。通过这一做法，CNN 在用户中的黏性大增。2009 年奥巴马就职时，CNN 与微软合作推出了一项图片合成服务。网民从现场传回的图片，可以在 CNN 网站上合成立体图，CNN 同期产生的页面访问量超过 1.36 亿次。

CNN 的这些做法，既充分利用了自己的内容优势，又通过跨屏传播，极大凝聚了用户注意力，增强了用户黏性。对于电视内容产业来说，受众的注意力资源是其生存与发展的根本。按照传播学中的使用与满足理论，受众在电视内容选择中，随着满足感的增强，容易产生内容依赖。美国传播学者伯奇（A. A. Berge）曾列出四种受众的需求细目，其中包括娱乐、分享他人经验、狂欢与消遣、体验自由、获取认同、旁观他人错误、毫无风险地违反禁忌等七大类。① 可见，电视营销创新的首要任务是找准受众需求的靶心，以最恰当和最直接的方式吸引受众参与内容体验的过程，增加体验的厚度。而 CNN 在以跨屏体验充分满足用户参与体验愿望的同时，也在创造一种互动营销模式。这种营销模式实现了传统营销理论向现代营销理论的跨越，将影响营销者单方面的努力转变为营销者和消费者的互动，切合了数字时代网络环境下信息传播的特点，体现了受众对信息需求与个性张扬的双重要求。②

2. 适配内容资源，实现跨屏营销

CNN 遵循每一种媒介的传播特点，将内容进行适当调整，而不是简单复制。如 CNN. com LIVE 作为 CNN 网站的新闻直播频道，并不是单纯地将 CNN 的电视节目一成不变地照搬到网上，而是充分发挥网络的互动特性，将互动性融入节目制作、编排和播出的方方面面。所有这些，都很好地将 CNN 本身

---

①② 转引自彭祝斌、向志：《电视内容产业核心竞争力研究》，新华出版社 2010 年版。

所具有的内容、制作优势与网络的互动性有机地融合起来。为了将内容跨屏做好，它从内部组织结构调整做起，充分改革。如在1999年以前，CNN各个频道以及网站都有自己的节目制作部门。在非线性编辑普及和节目全面数字化后，CNN内部建立起了一个能够统管所有素材的总任务台(Media Operation)，专门负责处理每天从世界各地传送过来的新闻素材，供各个频道和网站以及其他新媒体编辑使用。与此相适应，采编队伍也是全媒体业务。①

3. 利用组合销售，实现多元化整合营销

品牌营销能够给电视营销带来大的经济效益之一就是广告营销。CNN的营销由实行跨媒体捆绑式整合营销模式、对视频广告进行跨屏分类定制、对无线通信商的内容订阅收入等几大部分组成。从2004年开始，CNN约80%的广告销售收入来自不止提供一种服务的跨平台销售套装，这种一体化捆绑式销售模式帮助CNN连续六年实现了逾10%的年利润增长。在电视媒体广告不断下滑的情况下，CNN凭借这种整合营销模式取得了独特的成功。②

以上这些做法，使得CNN利用自己强大的品牌资产在新媒体上完成了自己的品牌价值延伸。

CNN的成功营销给我们带来这样的启示：在进行新媒体品牌拓展和跨屏营销的同时，要根据不同媒体的传播特点合理制定营销策略，并根据各种"屏"的用户接受习惯合理调配内容。在内容为王的时代，受众最缺的并不是内容，而是便捷、个性化的内容接收方式。这正如在三网融合时代，媒介缺的不是技术，而是对技术的灵活使用。对于电视业而言，只有在充分尊重用户需求的基础上，进行科学跨屏分销，才能在满足用户需求的基础上，实现产业价值提升，而这实际也是4C理论与SIVA理论的核心。

三、品牌产品重塑能力

产品生命周期营销战略表明，一个产品的生命周期通常分为四个阶段：导入、成长、成熟和衰退。与普通产品一样，通常情况下，一个电视节目也有一个

---

① 胡理文：《CNN网络新闻频道的互动特色分析》，《东南传播》2009年第10期。

② 刘笑盈、张聪：《CNN的新媒体战略》，《电视研究》2011年第8期。

生命周期，在一个生命周期结束时，需要对品牌节目注入新的元素，刺激其“二次生长”并进入到第二个生命周期。这个注入新元素的过程，就是电视节目的品牌重塑过程。就我国国内节目目前的创新情况，本书参考孙宝国《中国电视节目形态研究》一书中对电视节目创新种类的划分，对电视节目产品的品牌重塑，从四个方面予以分析：模仿、借鉴、嫁接、孵化。

（一）以“模仿”重塑品牌产品

主要表现在对国内外比较成熟的电视节目形态进行本地化或本土化的改造和处理，以降低新节目的市场推广风险。从《幸运 52》开始，很多国内受欢迎的节目都是对境外节目模仿的结果。如《玫瑰之约》对《非常男女》，《开心词典》对《谁想成为百万富翁》，《完美佳期》对《幸存者》，《绝对挑战》对《学徒》，《鲁豫有约》对《奥普拉温弗瑞访谈》，《超级女声》对《美国偶像》等等。从时间上看，中国对境外节目的模仿可分三个阶段：第一个阶段，1990 年代中期，中国电视产业化之路伊始，简单的抄袭照搬、模仿国外节目模式，照猫画虎。例如《超级女声》其实就是山寨版《美国偶像》；第二阶段，开始正式引进模式，却囫囵吞枣，没有认真对待；第三阶段，和版权方开始深入地研究模式节目找出电视节目制作的内在规律。[①] 版权方会提供几百页的“产品说明书”，从情节设计、台词脚本、灯光、音乐、流程，甚至连邀请函和报名表的写法都统一予以说明；同时，版权商还会派出专人进行现场指导，参与节目的制作、执行、营销等各个环节。更重要的是，在全球化的背景下，一档成功的电视节目也往往是一个具有全球知名度的品牌。在获得模式授权的情况下，节目制作方可使用节目品牌作为营销手段，在寻找节目赞助商和广告商、提升节目知名度等方面都如虎添翼。[②]《中国好声音》《我是歌手》等均是此类模式，是境外引进与合作节目的成功范例。2013 年被称为“模式节目年”，这一年国内各大电视台引进并播出的海外模式节目超过 50 档，占电视台播出节目总量的 5%，除了上述《中国好声音》《我是歌手》以外，湖南卫视播出的《爸爸去哪儿》也引爆全中国。与此同时，国内也出现了多家专营节目模式版权代理的公司，如世熙传媒、创意亚洲、IPCN 等。下面将从近年来模

---

① 余月玲：《版权类电视节目的引进与本土化改造——以〈中国好声音〉为例》，《新闻世界》2013 年第 7 期。

② 余晴航：《国外电视节目模式的本土化探析》，《中国报业》2012 年第 20 期。

式节目在我国受广泛欢迎的原因及在引进中应注意的问题两方面展开分析。

1. 模式节目近年来在我国受欢迎的原因

近年来模式节目在我国电视节目市场不断升温，主要源自于我国电视业的如下考虑：

(1)以成熟的节目模式降低节目自我研发的成本与风险

如前文所述，国内各大电视台近几年相继成立了节目研发中心或研发部，专门从事节目创作与研发。但研发需要大量的人力、物力、时间以及市场验证等方面的成本。限于制播分离的时间较短，因此在新节目的研发与推行方面国内尚缺乏一套成熟、系统的流程予以支撑，比如播前检测、节目创意论证机制等，即使国内做得较好的湖南卫视也曾出现新节目短命的情况。

鉴于此，引进国外成熟的节目模式加之以本土化改造，既可以大大节约研发成本，又减少了市场推行失败的风险。模式节目在国外发展多年，拥有了一套系统的制作标准和创作流程。如以“模式节目之都”英国为例，在制播分离长达50年的市场推动下，这里几乎云集了世界上所有大的模式节目公司，也诞生过世界上最受欢迎的模式节目，从“模式之都”走出来的模式节目，在市场营销方面已经非常成熟，移植到我国以后，辅之以模式团队的全程跟踪改造，节目成功率大大提高。

(2)以国外先进的制作理念更新国内同行的制作观念

首先，模式节目的制作需要先进的市场化理念和工业化生产制作流程，从节目创意的提出到节目论证到节目制作，每个环节分工明确，环环相扣，呈现大规模的工业化生产制作流程。从引进模式到论证模式，主要影响恐怕是更新了我们的观念。这些观念对包括克隆、模仿与创新之间关系的认识，以及由此引发的节目版权意识和原创意识。并带动了电视内容产业链的上下游研究与开发，推动国内同类节目制作水准的提升。①

其次，提升了国内此类节目的制作水准，在引进过程中，国外同行在本土进行从脚本设计到制作环节的手把手教授，在这当中，国内同行学习了发达国家节目运作理念的同时，还学习了其专业制作技巧。世熙传媒的刘熙晨曾说：“好的模式节目就是好的创意加制作，它的核心是制作节目的技术诀窍和经验，并

---

① 李欣：《模式生产对大陆综艺娱乐节目创作观念的影响》，《电影评介》2010年第21期。

以此保持节目在不同平台播出时的整体价值。更加确切地说，它强调的是一套技术，而不是内容本身。”两年前，在东方卫视，除了“中国达人秀”的团队，其他年轻团队很少有人能真正理解推动节目的力量所在，那时候大家多数做的还是板块式综艺节目或者情感类的节目。今天，情况已大为改观。我们从《梦立方》学到了世界最新的一些电视技术以及节目和手游的互动方式，我们从《顶级厨师》学到了后期剪辑的分类剪辑法和产业链的架构，我们从《中国梦之声》《中国达人秀》《舞林争霸》中学到了真人秀的系统。这些学习和操作，在最短时间里全面提升了团队的制作能力。今天任何一个团队在研究节目的时候都会考虑节目的核心元素、推动力量、故事组的设计、与新媒体的互动、产业链的开发等系统。[①]

(3)以深度的市场机制推动国内市场节目生产机制的改革

据了解，目前全球模式节目交易市场总额高达每年200亿元，并且以每年30%以上的增幅递增。这些节目中的70%以上都来自欧洲国家，不少优秀模式节目的版权销售收益远远高于其播出广告收益。但在这个巨大的市场中，中国的模式节目输出量少之又少，几乎处于失语状态。据统计，英国的电视节目模式版权每年出口创收超过5亿英镑，超过中国全年所有影视剧的出口总额。市场机制不健全是制约我国电视模式节目原创能力低下的根本原因。[②]

市场机制不健全表现在：节目制作与推广缺乏一套成熟的模式以及缺乏长期从事模式节目创作的专业团队。人才对于节目的创造至关重要，在欧洲，健全的市场准入和淘汰机制确保了负责每个模式节目工口的工作人员都非常专业，他们往往在一个岗位上一干就是十几年，丰富的经验确保了节目的高质量。相较之下，国内制作团队无论是人才的培养还是人才的打磨都远远不够，人员流动性较强，对技术的掌握泛而不精，团队在凝聚力、执行力等方面力度不够，自然影响到节目创造。

据了解，一些重要国际电视节对模式节目的评估大致包括四项标准：一是特殊卖点，即节目形式是否适合在提案中用一两句话说清楚；二是原创比重，即

① 杨文红：《以包容的心态看待模式引进》，《中国广播电视学刊》2013年第10期。

② 《电视节目创新　走市场才是正道》，深聚焦，http://culture.people.com.cn/n/2013/1128/c1013－23678001－5.html

节目的新意在哪里；三是节目的结构和流程是否清晰，是否具有稳定的系统性；四是可复制性，即节目能否被复制到各个国家的播出平台，不做或做少量变动就能被其他文化语境接受。以此对照，国内目前的原创节目与国际优秀模式节目的差距显而易见。虽然近年以来，以河南卫视《汉字英雄》、中央电视台《汉字听写大会》为代表的一系列汉字听写节目在国内受到欢迎，但要对其进行模式化，进而在非汉语地区推广，并非易事。而在中国已经热播许多年的湖南卫视《快乐大本营》《天天向上》等节目，则由于过度依赖主持人、缺乏结构和流程的系统性，而不具备模式化的基础条件。[①]

2. 我国在引进模式节目中应该注意的问题

模式节目的引进给我国电视节目的品牌重塑带来了新的活力，但是，引进模式节目的同时应注意以下几点：

(1)要避免全部“拿来主义”，要根据需要引进与本土化改造

应该说，近年来模式节目的大批量引进，在一定程度上促进了我国电视节目的市场化发展。同时，面对微博、微信等新媒体强势冲击的中国电视媒体仍能在 2013 年的前三季度保持比较高的开机率和一定比例的广告增长，为电视媒体的转型赢得了时间和空间。[②] 但同时，我们应该看到，在这个过程中也出现了很多负面影响，表现在：第一，盲目引进、跟风引进，市场无序竞争，引进成本大幅飙升的同时，国内节目市场雷同，观众厌恶。如 2012 年大热的“盲选”，造成趋同节目跟风，一时间《天籁之声》《完美声音》《一声所爱》等全部跟进，造成观众收视疲劳。第二，引进后本土化改造不力，导致节目市场惨败。十年前，湖南经视曾经制作全国第一档室内真人秀节目《完美假期》，即是模仿被誉为真人秀“鼻祖”的西方经典真人秀节目《老大哥》。虽然节目在短期内获得了较高的收视率，但在播出期间，参赛选手之间的钩心斗角、阴谋和拉帮结派等行为在观众当中引发了较大的争议，更有人说它是“一场令人恶心的人生丑剧”。最后《完美假期》节目只能在一片质疑声中退出电视荧屏，至此，《老大哥》节目模式

① 《电视节目创新　走市场才是正道》，深聚焦，http://culture.people.com.cn/n/2013/1128/c1013－23678001－5.html

② 杨文红：《以包容的心态看待模式引进》，《中国广播电视学刊》2013 年第 10 期。

也成了无法与中国文化很好融合的模仿“雷区”。[①]

(2)引进不是最终目的,自我创新能力提升才是发展的根本

引进模式节目可以在短期内提升电视媒体的市场竞争力,但从长远来看,一个国家的电视内容产品的核心竞争力体现在原创能力上,而不是引进能力上。引进海外电视节目模式可以作为我国电视业学习国外先进成熟的节目生产机制、创新节目形态的一种过渡性选择,但通过引进实现节目创意研发的能力升级,建立起原创节目的开发机制,才应是我们真正的目标。

随着近年来在引进模式节目出现的问题越来越多,广电总局在 2013 年 7 月 26 日,特别召集由国内九家卫视参加的内部工作会议上,对一段时间内出现的歌唱类选拔节目的跟风现象进行调控,停播了几档节目、调整了几档节目的上市时间,同时,还以特急规格下发了《关于进一步规范歌唱类选拔节目的通知》。同时要求各地电视台从资金、人员、机制上加强对自主节目的创新扶持力度,提高原创节目比重,改变对引进节目模式的依赖心理。并表示将对原创节目予以优先备案、在各类评比评奖中给予倾斜。2013 年 10 月下旬,广电总局又下发了《关于做好 2014 年电视上星综合频道节目编排和备案工作的通知》。通知强调,要加强自主创新和引进管理,各电视上星综合频道每年播出的新引进境外版权模式节目不得超过一个,当年不得安排在黄金时段播出。

2013 年 11 月 17 日上午,首届中国电视模式节目大赛在第十二届四川电视节上举行。这是国内首次举办模式节目大赛。据主办方世熙传媒首席执行官刘熙晨介绍,大赛共收到了各种模式节目提案 210 件。参赛者既有电视台制作人团队、电视节目制作公司,也有视频网站和高校学生。[②] 大赛受到如此关注的重要原因与不久前广电总局鼓励原创节目的政策有关。但是,正如前文所述,要想让原创节目增多,仅靠政策限制或鼓励是远远不够的,真正的激励是要靠市场。只有市场机制健全了,我国电视节目市场的自我创新能力才能真正得到提升。

---

① 《海外节目模式的中国式路径》,搜狐传媒/广电咨询,http://media. sohu. com/20130626/n379927167. shtml,2013 年 6 月 26 日。

② 《海外节目模式的中国式路径》,搜狐传媒/广电咨询,2013 年 6 月 26 日,http://media. sohu. com/20130626/n379927167. shtml

(二)以“借鉴”重塑品牌产品

本部分排除掉借鉴境外节目模式进行本土化改造的部分,这里的“借鉴”指借鉴其他媒介的传播特点以及艺术表现形式等,经过电视媒介的重新打造包装而推出的新的节目形态。比较典型的节目包括:借鉴报纸的风格推出的读报类节目、借鉴情景剧的风格推出的骗术侦探类节目、借鉴传统评书的表现形式而推出的拍案类电视节目等等。

下面以《有报天天读》为例,对借鉴报纸风格而推出的读报类节目进行分析。

1. 从电视角度看,通过内容整合、形式借鉴,以低成本创新节目产品

电视读报类节目整合各大报纸中精彩内容并通过电视媒介加以包装后进行传播,在无须外采的情况下,将平面媒体的深度与电视媒体的声画并茂的视频优势很好地结合起来,这样做在加大了信息量的同时,也能够降低采制成本。以《有报天天读》为例,其率先将报纸与电视融合,打破了印刷媒体与电子媒体之间泾渭分明的界限,符合多媒体整合的大趋势。清华大学新闻与传播学院副院长尹鸿认为:“《有报天天读》,是对电视信息话语的发现和开掘”[①],该节目分为六个板块:“天天头条”“天天浮世绘”“天天两岸行”“天天焦点”“天天点题”等。内容涵盖美国《纽约时报》《华盛顿邮报》《洛杉矶时报》,英国《泰晤士报》《金融时报》《卫报》《国际先驱论坛报》等世界主流媒体,主持人杨锦麟声情并茂、语带幽默与讽刺,带领观众轻松阅览天下大事。节目整体信息丰富、节奏明快。在开播短短半年内,收视率进入凤凰卫视前三名,2003 年,该节目在《新周刊》举办的《2003 中国年度新锐榜》中,获颁《年度电视节目奖》。

2. 从受众角度,通过节目阅遍天下大报,足不出户却满足了信息诉求

《有报天天读》通过对海量、碎片的信息进行筛选、过滤、整理、编排,将精选信息推送至观众面前,在改变受众传统阅读方式的同时也节约了大量时间。同时,通过媒体的权威解读、深度解析,比受众单独看报纸更能清楚洞察事件的来龙去脉。

---

① 许鑫:《有报天天读》栏目的成功对内地电视新闻改革的启示,《惠州学院学报·社会科学版》2006 年第 2 期。

3. 通过拓展新闻的深度和广度，为电视深度报道开创了一条新路

《有报天天读》打破了新闻与评论分开的框框，采用夹叙夹议的方式，既读报、又点评，大大增强了新闻的深度，为电视深度报道开创了一条新路。国内电视深度报道的兴起，以央视《东方时空》《焦点访谈》《新闻调查》等栏目的开播为标志，但依然受到电视画面表面性和新闻与评论分开的观念限制，对深度的追求主要体现在对新闻背景的反映、新闻事件的全景展示上。如《焦点访谈》强调"用事实说话"，《新闻调查》追求"新闻背后的新闻"，记者和主持人的直接点评不多。《有报天天读》则完全将新闻报道与新闻评论融合到一起，在深度上是一个大胆的尝试。

4. 从节目核心元素来看，读报节目对主持人的个性要求很高，要求主持人以个人魅力带动节目品牌

《有报天天读》的主持人杨锦麟的特点是平实不乏深刻，幽默不乏严肃。读报类节目需要主持人睿智、诙谐、平易而有担当。与很多其他节目类型一样，主持人与节目风格需互相依托、互相交融，《有报天天读》开创了这类节目成功的范例。在该节目创办之后，各地纷纷创办此类节目，如《马斌读报》《孟非读报》等，均取得不错的市场反响。

除读报类节目外，电视媒体还可以艺术表现形式等对各种元素加以整合，对节目进行重塑，如中央台的假期特别节目《骗术侦探在行动》就是借鉴了情景剧的风格，凤凰的《文涛拍案》，重庆卫视的《拍案说法》等是借鉴了评书的形式进行创作，这些卫视节目也都曾红极一时。

（三）以"嫁接"重塑品牌产品

"嫁接"原是一个农业术语，指剪取植物体的部分枝叶接到另一株植物体培育出一个新植株。电视节目的嫁接与此类似，指将新的电视节目形态嫁接在旧有电视节目形态当中，并且将两种节目形态有机融合，形成新的节目。

在实际创新过程中，我国本土节目结合自身情况，曾通过"嫁接"的方式创作出很多广受观众欢迎的节目。比如中央台的《绝对挑战》把带有某种紧张气氛的人才招聘现场与轻松娱乐的电视真人秀两种形态嫁接到一起。无论是"实力作证"这一环节中当事人的表现，还是现场主持人的幽默言行，嘉宾、应聘方、

招聘方的表现等都体现出电视真人秀的特征。再如东方卫视的《东方夜谭》、中央台的《今晚》等嫁接了电视谈话节目、娱乐节目、情景喜剧等元素，形成了一种全新的节目形态。而中央三套的《快乐驿站》则成功地将时下流行的Flash动画与经典相声小品有机地嫁接起来，运用现代动漫幽默、夸张的表现方式，为传统相声注入鲜活时尚的元素，通过电视声画并茂这一媒介平台，让观众在轻松愉悦中欣赏中国传统曲艺表现，从而实现电视节目形态的二次创新。

作为成熟的文化工业，娱乐节目的创作应该从简单的层面上升至复合嫁接的层面，这方面比较成功的范例是《快乐大本营》。其游戏设置虽然大多也是借鉴日本和香港的节目，但它会根据国内的现实条件在形式上大胆改造，花样翻新，这样不仅强化了节目的惊险性与可视性，而且这种有别于简单克隆，开动脑筋嫁接创意与复制成功的做法使得《快乐大本营》一经湖南卫视上星播出后，就在全国收视擂台上横扫千军。有关数据表明，该节目在全国收视率已接近20%，拥有超过一亿的观众群体。该节目更在中国第十六届电视金鹰奖评选中以高扬通俗文化、释放平民精神为本的娱乐游戏，名利双收回归主流，是成功的娱乐节目典范。[①]

(四)以“孵化”重塑品牌产品

“孵化”指的是在原有已成功的母体节目的基础上，通过对母体节目中某些环节或元素的组合加工，从而衍生出来一档新节目。其优点是：新节目可以依托旧有的品牌节目，从形态、风格设计、制作成本到市场推广，减少投入成本，降低推广风险。观众因为对旧有品牌节目的忠诚度较高而很容易就能接受新的节目。这方面曾成功的节目是《面对面》。《面对面》是从《新闻调查》里截取了主持人王志这一核心元素，根据其个性特点而专门打造的一档访谈节目。节目创建的背景是1998年《新闻调查》作了一期节目：《从市长到囚犯》。与以往不同的是，这期节目几乎全部是记者王志与一个访谈对象——罪犯之间面对面的访谈，通过访谈由表入里地展示人物的心路历程。这种记者与采访对象之间面对面、一对一的访谈使新闻调查人开始思索，是否可以根据王志的风格设立一个单独的人物深度访谈板块。因此最初《面对面》是作为一个新闻调查的子板

① 李欣：《模式生产对大陆综艺娱乐节目创作观念的影响》，《电影评介》2010年第21期。

块存在的。节目正式成立时间是 2002 年 5 月，第一期节目是《与神话较量的人——刘姝威》。这期节目播出后，反响很大，获得成功。2003 年 1 月 11 日《面对面》正式成立。作为第一个新闻人物专访节目在中央电视台一套登台亮相。2003 年 5 月，新闻频道开播，与新闻人物相关的栏目逐渐增多。2004 年，《面对面》退出东方时空，全面进入新闻频道。

节目采用新闻的人文制作理念：新闻是由人构成的，因为有了人，新闻有了生命，因此采访事件中的人，可以了解新闻事件真相。节目从 2002 年 5 月创办，通过记者王志的访谈涌现出一批优秀的节目，如《牛群：领导？问号》、《王岐山：军中无戏言》等。

《面对面》最大特点是王志特有的主持人风格，以及他与受访人之间的互动、对话，通过营造冲突、设置悬念，赋予了谈话节目以鲜活的生命，同时也为中国新闻谈话类节目树立了典范。

1. 话题选择的新闻性

在对话题的选择上，《面对面》一般会选择当下公众较为关注的事件当事人，这就大大增强了节目的新闻性、严肃性、权威性以及可视性。很多情况下，重大的新闻事件一旦发生，人们在第一时间可以通过新闻资讯了解到新闻事件的表象，通过《新闻调查》了解到事件的深度，而通过《面对面》对新闻事件当事人的访谈，能够洞察到事件的本质。《面对面》制作的大量优秀访谈节目均离不开话题的新闻性。在特殊时期视事件的重要性程度节目也会打破周播惯例，安排日播特别节目。如 2003 年《面对面》成立伊始，就遇到了"非典"。节目适时推出了系列访谈，在十天内共播出了七期本来是周播的《面对面》节目，其中采访北京市代市长王岐山的节目因为赶播只上了一半的字幕，也就是说播出了没有合成完的粗编版，在中央台这样一个严肃的国家电视台播出粗编版简直不可想象。然而，"非典"也成就了中国电视新闻。在那样一个"非常时期"，人们对公共信息的需求使中国的电视观众看到了真正意义上的新闻采访。密集的播出让人们记住了张积慧、姜素椿、李立明、钟南山、王岐山、吕厚山、陈冯富珍等一个个"非典"英雄，也让人们记住了坐在这些英雄对面的主持人王志和《面对面》栏目。

2. 话题选择的矛盾性和争议性

优秀的谈话节目在选择话题时都会考虑其矛盾性和争议性。在节目访谈中,有矛盾性的话题可通过主持人与嘉宾、观众与嘉宾的碰撞,提高节目的可视性。《面对面》主持人王志特有的质疑和深究的风格往往能使话题的矛盾性得到凸显。如《牛群:领导? 问号》这期节目选择了曾是相声演员、时任牛县县长的牛群作为访谈对象,话题的争议性在于牛群为牛县做的那么多好事到底是为自己还是为群众。有人认为话题涉及牛群的个人隐私,不厚道。还有人认为牛群是个公众人物,他是否在用公权谋私利,需要通过节目中话语的交锋与碰撞给公众一个交代。如果事实证明一个公众人物假借造福百姓之名为自己谋利益,如果新闻从其眼前溜走,只会有辱新闻工作神圣的使命。在《牛群:领导? 问号》这期节目中王志通过自己的质疑针针见血、环环相扣、但又都是对事而不对人,始终理智地用细节和事实提问,谨慎地控制着访谈的节奏,观众能够通过画面感受到牛群有些激动。用牛群的话说,当时就差撸袖子打起来了。整体上看,这期节目无论是现场感、真实性还是人物展现的生动性以及交锋的激烈程度,都达到了很高的水准。这期节目中,共提 60 个问题,其中质疑性提问就有 38 个,占提问总量的 63.3%,我们来看其中的几个精彩片段:[①]

解说:推销"五洲牛肉干"是牛群为官两年的过程中最显见的业绩之一。也许是从牛群和"五洲"的合作中看到了商机,经过牛群的穿针引线,一座类似"浙江义乌小商品批发市场"的"牛群中国商贸城"在 2002 年 5 月 8 日正式营业了 。

记者:起码可以说,你给蒙城带来了名声,但是也有人问,蒙城有没有给牛群带来名声? 跟两年前的牛群比,你的知名度是降低了还是上升了?

牛群:应该是上升了。

记者:你从五洲牛肉那儿你能拿到多少钱?

牛群:我的部分可能就是 20 万吧。

记者:每年,还是一次?

牛群:一年? 还是半年 20 万? 是一年是 20 万,我有点儿记不清了。

记者:商贸城你觉得是你的功劳?

① 转引自《面对面》栏目,2013 年 1 月 20 日。

牛群:我要不到蒙城,不可能有一个牛群中国商贸城。

记者:你为他们拉来项目,但蒙城老百姓突然看到,老板送给牛群房子了,那牛群到底是为我们还是为他自己呢?

牛群:老板用我这个名字不能白用,用牛群,牛群这个无形资产向有形资产转换了,那你得给我一套房子,给了多少,给了 18 间,价值 100 多万,实际上他是捐给这个特教学校的。

解说:牛群所提到的学校,是由他一手创办的"五子牛特殊教育学校"。这所特校的前身是蒙城县聋哑学校。2001 年 6 月 1 日,学校搬进了新租来的校舍,并更名为"牛群特殊教育学校",由牛群出任学校校长,在校的聋哑学生有 167 名。2002 年 8 月 16 日,经有关部门批准,"牛群特教学校"转为民办,同时,更名为"五子牛特殊教育学校",牛群拥有学校的全部股份。

记者:你为什么申请将学校改为民办?你用什么样的身份,有什么样的资格去申请,把这个学校变成你的?

牛群:因为我到全国的很多重点的、办得非常好的特教学校考察过,考察的结果,我认为必须改民营。很多县的聋哑学校办得并不是特别理想……我认为不如改成民办,生命力更强。所以我回来就写了申请,建议把这个学校改成民办。

记者:你的条件是什么?

牛群:我的条件,改成民办,所有的风险,作为法人代表的我一个人担着。所有募捐来的钱和物都是我一个人负责。

记者:负责是什么概念?是负责支配,还是归你所有?

牛群:这个东西很难去界定,我在改成民办的时候,说句心里话,并没有属于我的多少钱,只不过我坚决改体制而已。重要的是这个学校照这个态势去发展的话,将来会有很多钱、很多物,有形和无形的东西会没法计算,所以这个时候,我的担心,就是必然的了。

记者:你担心什么呢?

牛群:我担心这些东西不能归我。

解说：在牛群的推动下，特教学校受到的关注越来越大了。就在此时，牛群突然做出了两项决定。2002年8月13日，牛群写下文字声明：自愿将特教学校和校办企业的有形、无形资产中属于牛群的部分，捐赠给中华慈善总会，用于五子牛教育事业。同时，他还把“牛群”、“牛群的图像”以及和牛群有关的注册商标，也捐献给了五子牛教育项目。随后，牛群对自己的声明进行了公证。

2002年的11月25日，牛群又进行了第三项公证：把自己的劳务费和广告费收入，一并捐赠给了五子牛项目。就在牛群做出了上面这一系列捐赠决定的同时，他还对自己的家庭财产和遗嘱进行了第四项公证。

记者：可能我们下面的提问有些苛刻，但是我们必须要问，因为你捐得太彻底了，所以我们必须问明白，实际你把这些东西捐给了你自己？

牛群：自己捐给自己也是一家之言。

记者：但是你可以支配一切。从法律上来说，它仍然属于你？

牛群：这是应该的，因为我应该有这份信任。

记者：凭什么相信你？

牛群：大家相信不相信并不重要，重要的是，我是不是真这样想和能这样做，一直这样做。

记者：如果你捐赠之后，你在做生意的过程当中赔了，别人也无法从你个人财产中间得到赔偿，实际上是一种保护？

牛群：这个问题我没有想到，如果我要赔了的话，这个问题确实比较严峻，因为如果是这样的话，将会给学校的特教事业带来损失，会给合作伙伴带来损失，那就是现在我正在做的事，要找专业的、高级的管理人员来做这件事情，现在叫正在进行时。

记者：第五个遗体的公证跟特教有什么关系？为什么要把它放在与前面四个公证一起？要把它跟特教事业联系在一起捐赠？

牛群：这个和特教没有什么关系。为什么捐遗体，这个和特教没有关系，如果分开了，肯定轰动效果不够，这个属于策划范畴，我可以晚捐，也可以早捐，也可以过些日子再捐，索性搁一块来一个彻底的就行了，造成一个轰动。

解说：五份声明和公证书，在 2002 年 12 月 6 日召开的新闻发布会上的确引起了轰动。由于连自己死后的遗体都捐了出去，牛群的这次捐赠得到了一个新的称谓：裸捐。由“裸捐”所引发的争论再度把牛群推向了舆论的旋涡之中。

记者：为什么会有那么多的人不理解呢？

牛群：这个特别正常，他只能让我更加纯地，更加静地去做这件事情。每个人的不理解和他的经历有关，和他的阅历有关，和他的知识结构有关，和他的世界观有关，和他的审美标准有关。我不企盼着、不奢望着让大家都理解。

记者：你觉得你把心交给蒙城了？

牛群：心这个东西，我认为交了，别人认为交了，或者没交，或者根本没交，这些都已经不重要了。

通过以上采访，我们能看到王志对牛群回答的敏锐感知和随之而产生的尖锐的追问。通过这样的话语交锋，县长为牛县做的方方面面背后的故事被真实地展现给观众。这期节目也为中国电视新闻人物采访树立了一个参照点。而“王志风格”也成为中国电视新闻采访的一面旗帜。

3. 王志“硬气”的“质疑”风格

在某种程度上，《面对面》因为有了王志，才有了生命力。人们欣赏王志“质疑”的风格，是因为他的“质疑”中充满了“硬气”，而不是为了质疑而质疑。

2004 年 5 月 9 日《面对面》播出了一期特别的节目，沈冰采访王志。这期节目中，王志说到“关键的时刻我是一个不害怕的人”。他还谈到了对质疑的理解：“质疑是什么呢？它是一种态度，但是它更是一种手段，它把这两个点联系起来，把这个过程充分地展示给你，你不解决观众这些心目中的疑问，那不就像过去唱那首歌一样，‘无产阶级文化大革命’就是好，怎么个好法呢？正常人会这么说吗？但是那个年代不一样，‘无产阶级文化大革命’就是好，我喜欢从常识出发。”

王志所说的“常识”，就是人对事物真相认知的本能欲望。王志曾经说过他面对采访对象时经常萦绕在脑海中的一句话就是：告诉你吧，我不相信，你要让我相信，就证明给我看。

而他的质疑，体现在无论是名人还是官员、无论是权势与豪贵的采访中。采访中的王志呈现给观众的永远是冷静的、机智的、不卑不亢的、站在观众立场的职业新闻人形象。

因此，想到王志的“硬气”，我们很容易联想到美国电视新闻界的爱德华·莫罗，这位曾在 20 世纪 50 年代和参议员麦卡锡不折不挠斗争的新闻人；很容易联想到《60 分钟》，这个曾在节目中无数次因为调查性报道惹怒权贵，屡次遭到恫吓的新闻节目；想到丹·拉瑟，这位因误报前任总统布什服兵役而遭到封杀的“硬汉”……尽管与这些前辈比起来，在中国现存的媒介体制之下，王志的“硬”，有时候显得是那么的艰难。

4. 节目通过对时效性的追求保持新闻的流动感

作为一个周播节目，《面对面》在时效性上自然无法和日播节目相比。但是，时效性并不仅仅局限在简单的时间截面上，更重要的是对新闻理念的认知层面。

“非典”时期，《面对面》做了很多时效性强的特别节目。“非典”以后，这种对时效性的追求被节目作为成功经验沿袭了下来，在很多重大事件发生时，人们常常能在第一时间看到王志的身影。比如在 2004 年重庆井喷事件中，《面对面》于第一时间赶到重庆灾区采访了当地受害村民；在 2008 年北京奥运会会徽揭晓后，王志第一时间采访会徽的设计者张颐武。

另一方面，对新闻流动的认识使得王志的采访总能将新闻鲜活的现在层面呈现给观众。感受王志的采访，好比是行云流水，恍若新闻就在眼前。究其原因，是王志总能从新闻事实的现场延伸出问题，给观众一个时间空间感，从而使得新闻产生一种流动感。

比如《王岐山：军中无戏言》这期节目，2003 年 4 月 30 日，王志在采访王岐山时，第一个问题是：“发布会记者问的所有问题，都不是你最害怕的问题，你最害怕问的问题是什么，能不能告诉我？”

王志所说最害怕的问题，是针对刚刚结束的北京防治“非典”的中外记者见面会上王岐山说过一句话“我今天很高兴回答大家的问题，但是最害怕的问题还没有人提出来”。王志顺水推舟地将观众想知而未知的问题抛了出来，使新闻采访立即有了活力和流动感。

本章小结

本章以美国电视新闻业的节目品牌管理经验为参照，对我国电视节目产品的品牌塑造途径提供理论支持。

本章主要从生产体系和产品创新两大方面对三网融合下我国电视业的品牌创新路径进行了探究。从生产体系上，提出要建立全新的大内容生产与分发体系结构将海量的由电视自产、机构合作、个人生产的素材通过集成的方式进行产品化、类型化加工，并在保证内容安全性、合法性的基础上对其进行“多屏”分发，满足用户的不同需求。为保证大内容生产体系的顺利进行，需要相应的生产机制予以保障，建立新的扁平组织管理模式来取代传统的垂直管理模式，要根据内容产品的生产需求设计管理方式、管理岗位。这方面CNN的管理模式可以为我们提供参考。

在品牌产品创新中，本章提出：模式节目的引进不是长久之计，自身创新能力的提高才是电视产业走品牌发展之路的根本立足点，要结合我国实际，鼓励原创节日生产，探索适合本民族的电视品牌发展之路。

第五章　实现电视产业多屏营销的有效传播

电视产品营销的终端是电视观众，电视产品从生产商到用户的整个传播行为和组织环节，构成了电视产品的整个流通体系。而流通体系设计得科学、合理、畅通与否，直接影响到电视产品的有效传播，从而影响用户的产品使用效果。传统的传播比较简单，信息一般直接从电视台流向观众，而三网融合下，传播终端、用户信息接收行为均发生很大变化，相应的，电视业务也发生了很大变化，整个营销过程由内容提供商、服务提供商、网络传输、终端设备、用户等几个环节构成，电视产品的传播过程变得更加多元和复杂，如图 5—1。

传统的电视台作为内容提供商，可以将内容直接传播给受众即用户，也可以给服务提供商，如各种视频网站，门户网站等，然后通过网络提供商提供的传

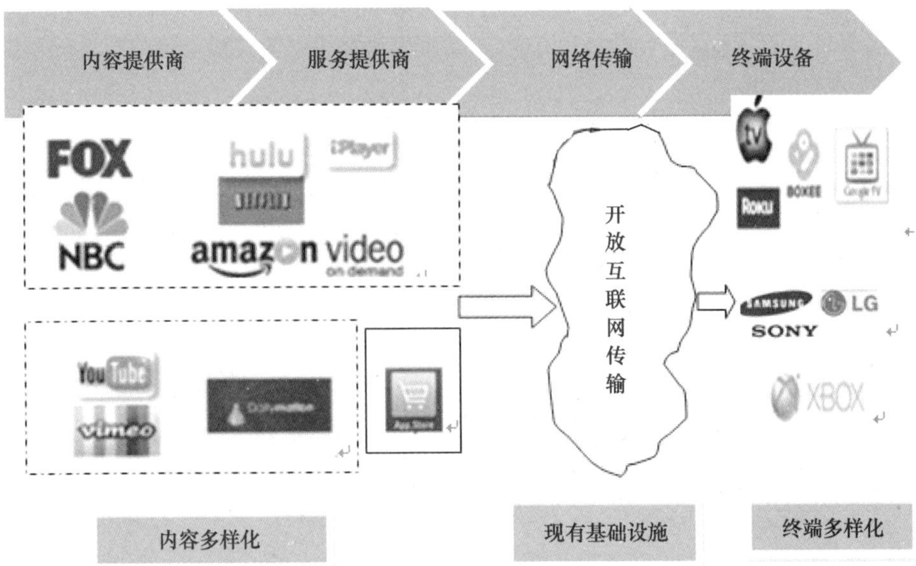

图 5－1　三网融合下电视内容产品的传播过程

输服务，通过各种终端设备（电视机、手机、车载电视、电脑等）使内容最终抵达用户。这个过程的每一个环节的营销设计都将影响信息最终的有效传播。比如，传统电视台与视频网站、门户网站的内容定价与分成，传统电视台与网络传输商的定价与分成，传统电视台应根据什么标准来生产适合在不同终端传播的内容，传统电视台如何将内容进行打包分发并统筹整个营销过程等。综合以上方面，就构成了本书提出的CPPS营销理论的第二个P，即“Place”，构建电视产业内容与多屏有效对接的营销渠道。三网融合之后基于内容之上的电视产业的渠道营销应围绕两方面做好：一是多平台整合营销；二是全产业链运作（如图5－2）。这一章，我们将从传播的过程模式说起，对上述两个方面进行研究，同时，将选择成功的案例上海百事通进行分析。

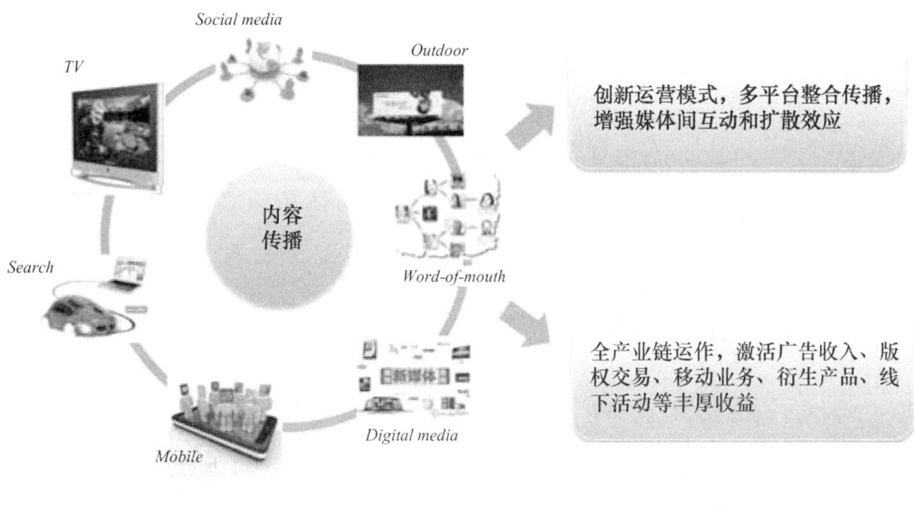

资料来源：CTR

图5－2　三网融合下电视内容产品“多屏”营销的两大渠道

第一节　创新运营模式　多平台整合营销

20世纪90年代，美国西北大学教授唐·E. 舒尔茨提出一种现代营销方法——整合营销（Integrated Marketing Communication，简称IMC），舒尔茨因此被称为整合营销传播之父。整合营销传播摒弃了营销领域沿用多年的传统4P理论——产品、价格，成本和促销，而是以4C理论——消费者、成本、便利性和沟通为基础，其中心思想是"各种形式的传播手段都可以运用，以完成我们所设定的传播目标，传播目标是由我们所欲改变、修正、强化的消费者行为所主导，所以依循此目标所运用的各种传播手段才不会误入歧途，也不会无助于传播目标的达成。同时，我们也将行销转化成传播，将传播转化成行销(这二者之间的界限变得很模糊)，我们在厂商和消费者之间凿了一道绵绵不绝的沟通之河"。[①] 由此，营销理论由以企业为中心传统的4P理论转向以消费者为中心的4C理论，该理论的意义在于"透过使用一些根据消费者需求所衍生而得到的沟通方式，你可以为你的产品建立起一种认知价值，并使产品在消费者心中与竞争产品产生区隔；如果这种消费者对你产品的认知价值持续地比竞争者的大时，那么消费者就会对你的品牌维持忠诚。"[②]简单地说，整合营销就是将各种营销活动混合并搭配，使单独的和整体的营销效果均能最大化。[③]

三网融合一方面为电视业与其他新媒介平台的合作提供了可能，另一方面，面对多屏用户的终端需求，电视业的产业价值链通过多平台整合营销也得到了提升。同时，基于电视媒体基础成立的新媒体公司，有着灵活的融资模式和跨行业的产业链条，营销方式更加多种多样，更容易发展壮大。比如中央电视台旗下的央视网络有限公司、上海东方传媒集团旗下的上海文广互动电视有限公司和百视通公司、南方广播影视传媒集团，乃至杭州、广州、深圳等一些市级广电机构的数字化布局中，均是采用多渠道跨终端营销。从近几年发展的模式来看，这些在母体电视台基础上成立的新媒体公司或网络公司，运用市场主体的灵活身份，进行业内外的融资与合作，大规模向各领域进军，反过来再激活母体，促进母体发展，继而带动整个电视品牌。湖南卫视旗下金鹰网、中央电视台旗下央视国际CNTV、浙江、杭州电视台旗下杭州华数、广东电视台旗下南方

---

① 唐·E. 舒尔茨、史丹利·田纳本、罗伯特·劳特朋著，吴怡国、钱大慧、林建宏译:《整合营销传播》，中国物价出版社2002年版，第82页。

② 唐·E. 舒尔茨:《整合营销传播:创造企业价值的五大关键步骤》，中国财政经济出版社2005年版，第127页。

③ Dawn Iacobucci and Bobby Calder, eds., Kellogg on Integrated Marketing. New York: John Wiley & Sons, 2003

传媒、上海文广传媒集团旗下百视通等无不是此种模式。

下面将从台与自身网络互动营销、台与他网合作营销、借助新媒体的节目营销、网络合作营销等四个方面来对我国目前电视产业跨平台营销模式予以研究。

一、台与自身网络互动的全面品牌营销

我国广电媒体和网络的台网互动经历了三个阶段：

第一阶段是上世纪 90 年代 Web1.0 的台网联动阶段，这一阶段的网络基本上是台的翻版，网依附于台，台网广告捆绑经营，网站无独立品牌，用户概念没有形成，用户体验及服务等理念还在初生阶段。

第二阶段是 Web2.0 的台网互动阶段，网络媒体能够向用户提供与传统电台、电视台完全不同的新体验，并且自身能聚拢新资源、产生新内容，从而慢慢走上脱离母体的道路，网开始自创品牌的初始阶段，受众开始向用户转型，传者向服务提供商转型，用户体验及服务理念渐渐形成。

第三阶段是 Web3.0 台网融通阶段。这一阶段网的显著特征是网为中心，台为辅助。建立在数据库信息深度整合及再造基础上，台的资源将全面数据化、网建立社区并增强人群黏度，二者合一，一方提供内容的深度整合，另一方提供有黏性及忠诚度的用户。Web3.0 是需求导向型的，用户的新需求可以通过数据库资源的深度开掘及整合再造而得以满足。比如，用户在电脑中输入"我想去海边度假，要求 3000 元以下，5 天以上，能够潜水"的需求，网站将在几秒钟给你提供一整套的基于其自身数据库的解决方案，甚至包括当地电台、电视台的播出节目。[①] 这一阶段，由于传统电台、电视台的增值途径及增值空间越来越受限，网络用户的数量将超越其母体——传统电台、电视台；广告商的广告投入也越来越多地从传统介质转向新媒介，这些都使得传统电台、电视台网站的经营空间与经营可能性不断扩大，甚至超过其母体。随着市场化的进一步深入及资本市场的不断介入，网络势必进入"全经营"态势，此时，其母体的经营收入很有可能大部分来源于网站。目前来看，各地的发展步伐参差不齐，走得比

---

① 栾轶玫：《台网联动 台网互动 台网融通——中国广电媒体台网一体"三段论"》，《中国广播》2009 年第 4 期。

较靠前的有凤凰新媒体、湖南芒果 TV、浙江广电集团新蓝网等，湖南芒果 TV 原作为网络视频点播平台隶属于金鹰网，2009 年 12 月 18 日从金鹰网剥离，独立运营，改名为芒果 TV。剥离之后，芒果 TV 作为市场运营主体携手湖南广电旗下芒果影业、盛世影业、天娱传媒等电影、电视剧制作公司，将大量湖南卫视自有版权的电视剧产品投放到网络市场，进一步激活了湖南卫视节目市场。[①] 同样，浙江广电集团新蓝网 2009 年 12 月 18 日上线，通过积极开发各式互动产品，利用名栏目专区、在线视听、新蓝微博、BOBO 论坛、活动介入等各种载体，提高用户黏性，拓展电视台的母体品牌。上线 10 个月后，其 Alexa 排名便由原先的第 59 万位一跃升至 1.3 万位，在国内主要省级广播电视门户网站中，位居前五。[②] 这些举措在激活其市场空间的同时，也反哺着湖南卫视、浙江卫视。业内公认做得最好的凤凰新媒体，将作为专门的案例在下面分析。

在台网互动的具体形式上，基本都是充分利用网络优势，强调用户体验，通过观众参与、点播等方式提升用户黏度。仍以湖南卫视和浙江广电集团台网互动营销为例，金鹰网充分利用网络的交互特点，通过在受众与节目之间设置明星栏目、收集反馈信息、建立受众论坛等方式架起受众与节目、节目主持人之间的传输带，实现受众对节目的零距离接触。2009 年 5 月，在“快乐女声”海选中，金鹰网通过设置“快女”网络报名窗口、开通参赛选手网上自助式查询系统、提供“快女”资讯等方式不但成就了“快乐女声”，也推广了自身网络品牌。

以上形式，与 20 世纪末完成三网融合的国外发达国家，如美国的台网互动营销形式已渐趋渐同。以用户体验做得较好的 MSNBC 为例。1996 年，NBC 与微软联合成立了 MSNBC. com，依托微软的核心先进技术，该网站形式漂亮，功能性很强，根据网络受众整体年轻化的特点，设计了融娱乐、智力、信息等于一体的各类最新的新闻产品供网友选择，该网站在 2007 年还曾发起了一场“新闻全频谱品牌运动”（A Fuller Spectrum of News）。这项运动开辟了新技术的实验和应用，包括涵盖多种媒体的 RSS 新闻，和第一视角互动影院游戏等。该运动以新闻频谱图的形式展现在 NBC 网站上。采用 NBC LOGO 传统的孔雀

---

① 孙鑫：《浅析湖南卫视“台网互动”模式》，《新闻世界》2013 年第 6 期。

② 洪永和、张胜昔：《在台网互动中迅速发展——浙江广电集团新蓝网台网互动创新举措》，《视听纵横》2010 年第 6 期。

色彩进行搭配，用户可以首先根据自己的需求点击频道（由政治、美国新闻、世界新闻等共 13 个频道供选择），从频道的子菜单中再选择自己喜欢的领域，单击完成之后所选择的产品会出现在屏幕的左下方。所选内容的相关新闻标题会同时形成漂亮的频谱立体图，并呈游动状态，点击标题，就可以轻松链接到 MSNBC 网站对该新闻的详细报道（包括视频报道）。网页同时提供各种互动游戏，可与新闻链接，可享受到类似影院虚拟互动的乐趣。[①]

同时，应该看到，我国台网互动的开发空间尚有很多工作可做。目前的问题主要体现在：形式大于实质内容。网络上设置的很多增强用户体验的方式，在一定程度上带动了用户参与的积极性，这对于多少年来习惯了信息单向传播的受众而言，自然是传播方式的大变革，然而，限于传统的思维，传播者在对用户使用信息、聚合信息的传播信任度上，与国外台网互动的差距仍然很大。以 CNN 一个知名栏目 Larry Live 的台网互动方式为例。这个页面十分紧凑，沿用 CNN 一贯的风格，上面除了醒目地出现节目的宣传 logo 外，以下部分的页面均设为三栏，左面一栏，上方是重要新闻的特别互动，如本期是“米歇尔的第一天”（Michelle 1ST days）的互动[奥巴马就职总统之后，CNN 曾在电视上推出独家直播“奥巴马总统任上第一个百天”（Obama 100-day presidency），与此同时，其网络电视也同步推出“奥巴马总统任上第一个百天的网民互动”（Obama 100-day presidency interactivity），网络与电视随时跟踪 Obama 每一天的工作进程，并鼓励网友进行网上投票，对总统的工作进行评价]。在这一议题的下方，会看到“反馈你的问题”（email your questions），网友可随时反馈对本事件的个人看法。在互动体验的设计上，该网页较为突出的是“拉里·金互动”（Larry King Interactive）、“快速投票”（Quick Vote）、“推特”（Twitter）。通过“拉里金互动”（Larry King Interactive），网友可以点击进入拉里·金（Larry King）的个人博客与其进行互动交流（美国电视几乎每个节目都会在节目网页上设有主持人个人博客，博客的更新非常及时，很多时候是围绕主持人所报道的新闻事件进行交流），“快速投票”（Quick Vote）是用户对节目进行网上投票与评价，“推特”（Twitter）是微博互动。在很多情况下，节目与拉里·金本人是通过这些即时互动形式跟踪用户对事件的看法，适时对报道事件予以跟进或澄清，如图 5—3。

---

① 连少英：《新媒介下美国传统电视新闻节目的转型》，《现代传播》2010 年第 11 期。

图 5－3　CNN《拉里·金访谈》的网页

总体而言，美国电视台网互动有以下几个特点：1. 页面形式设计简单，极大地突出视频环节，几乎每家网站在首页都有醒目的名牌节目的视频 logo；另外，几乎所有节目都可以在网上流畅地观看，包括往期和现时节目。2. 互动的环节设计丰富多彩又极富人性化，通过各种形式的互动吸引受众参与，节目除了设有主持人博客、e-mail 互动、投票等以外，美国主要电视网的大多名牌节目都有自己的社区，社区里有不同的聊天厅，网友可以在社区里面边看边与别人分享自己此时此刻的感受，甚至还可以送礼物给节目中的人物。3. 网站不是电视的简单翻版。网站有自己的队伍，有自己独立的运行体制，应聘电视记者，必须具备会写作供电视和网站两个媒介同时采用的两份不同的稿件。这也是对记者采写业务技能的基本要求。4. 由于网络电视的互动性很强，因此网民的声音对节目的生存也就生死攸关。网民不会允许一个自己喜爱的主持人无缘无故消失，他们会抗议，反之，也不会允许一个自己不喜欢的主持人或者节目长期占据黄金时段。

此外，如果说以上分析仅限于互动体验的话，美国台网互动做得最具有人气黏度的是请用户作为报道的主体，即我们通常所说的真正的公民新闻，CNN的“我来报道”（iReport）就是这样一个栏目，如图 5－4。

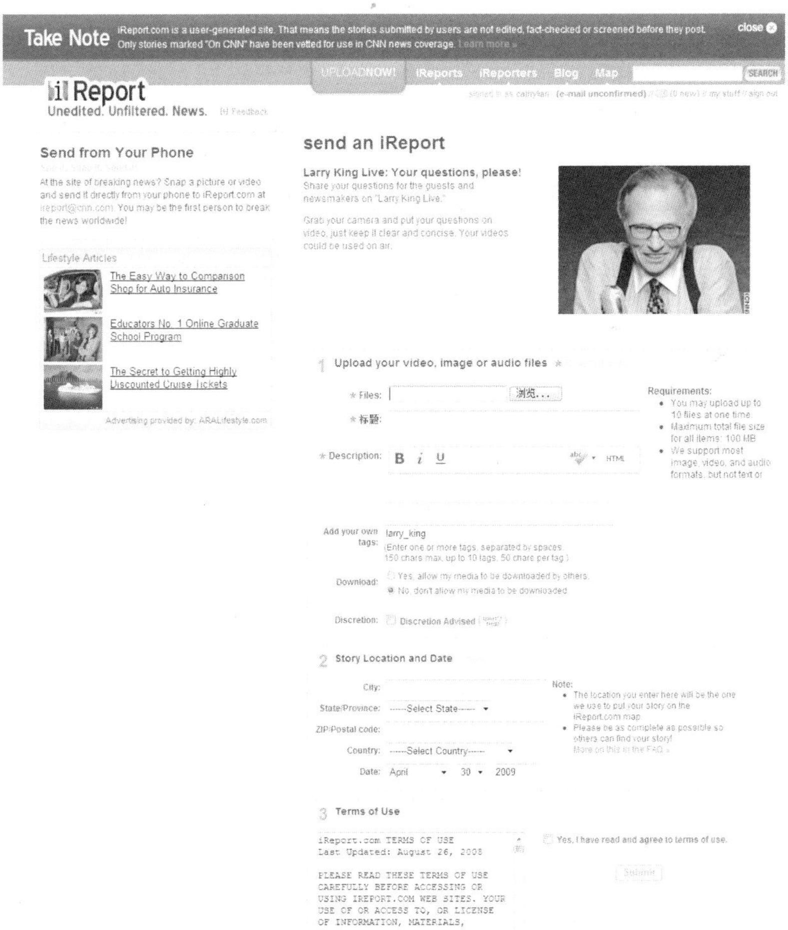

图 5－4　CNN iReport 栏目用户上传新闻页面

普通网络用户可以通过简单的注册，对事件予以发布。从发布过程来看，用户可自拟标题，上载视频，发布文字报道等。发布之后，网页会自动生成数据库，出现关于 iReport 新闻所涉及区域的情况分布地图，受众可以一目了然地根据地图上的红色标识点击自己感兴趣的区域新闻观看，如图 5—5。

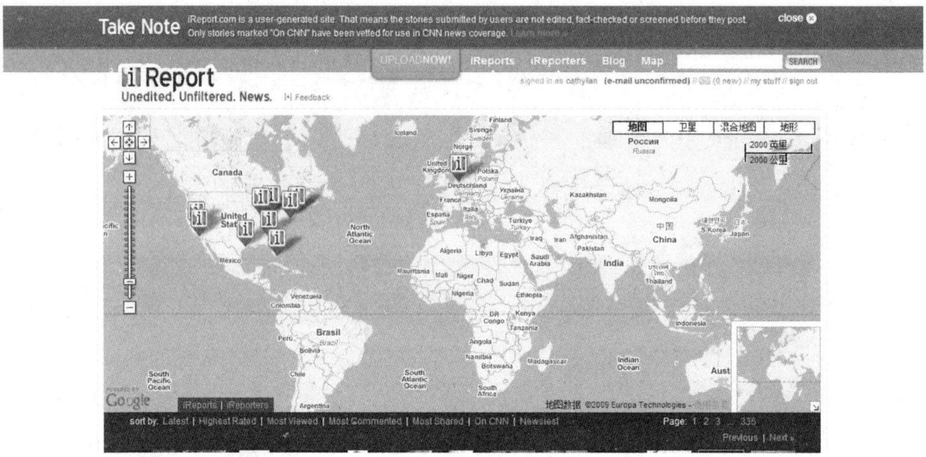

图 5－5　CNN iReport 栏目新闻报道全球分布情况图

iReport 使草根的声音与主流媒体的声音在同一个媒介平台上出现，CNN 认为，这种方式会增加媒体的公信力。CNN 会适时地将 iReport 的内容放到电视上来播，并同时在网上发起观众评论。这种方式，使 CNN 的品牌营销深入每一个公民。

案例分析

凤凰新媒体的成功

（一）凤凰新媒体“台网一体”的发展历程

凤凰新媒体的发展可以 2005 年为界限分为两个阶段：从 1998 年 6 月成立至 2005 年为第一阶段；2005 年至今为第二阶段。[①]

---

① 转引自凤凰新媒体 CEO 刘爽：《中国商业互联网十年领袖峰会暨商业网站百强评选活动》，北京大学百年讲堂演讲，2008 年 10 月 23 日。

第一阶段的特点是“台为中心，网络辅助发展”。和当时的很多电视媒体及其网站的关系一样，处于起步阶段的凤凰网，不过是作为凤凰卫视的一个宣传窗口，包括预告凤凰卫视的电视节目，或者把电视上的内容直接搬到网络上发布。当然，其凭借母公司的品牌和落户香港的优势，通过言论开放的形式，它获得了一大批用户的支持。到 2000 年，凤凰网虽然正式开始实体化运作，但其在职能上和早前相比并没有实质性变化。

2005 年至今的第二阶段为凤凰新媒体的全面台网融合发展阶段。2005 年 11 月，刘爽出任凤凰网 CEO，正式展开在新媒体领域的拓展，制定了凤凰网、凤凰移动、凤凰宽频的发展战略。这三项业务联合组成了今天的凤凰新媒体。

2006 年，作为原凤凰网第二大股东的新闻集团向中国移动转让了其所持的凤凰卫视 19.9%的股权，退居第三大股东。凤凰卫视正式与中国移动签署战略合作协议。双方共同开发、推广和分销移动内容、产品、服务和新媒体应用。此次战略融合促使了凤凰新媒体业务的起飞。

2006 年 10 月 18 日，凤凰网正式改版，重新命名为“凤凰新媒体”，开始由企业官网向门户网站转型，并开始致力于“打造一流的全球华人新媒体”。2007 年 11 月，凤凰网启用现在的域名 ifeng. com；2007 年 6 月，手机凤凰网正式上线；2008 年 6 月，凤凰视频启用一级域名 v. ifeng. com。至此，凤凰新媒体综合了门户凤凰网、手机凤凰网和凤凰视频三大平台。这使其传播渠道得到很好地延伸，如图 1。

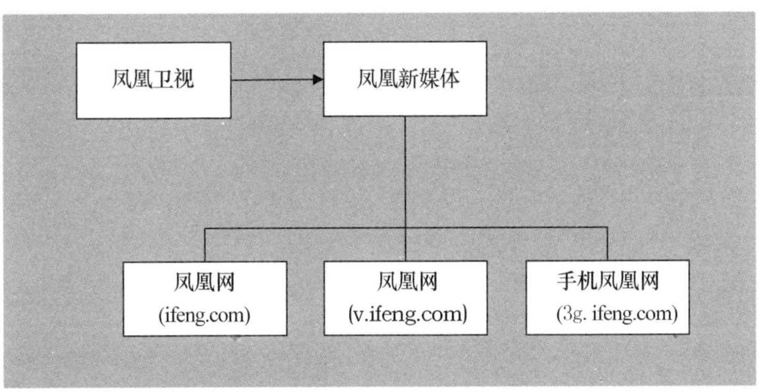

图 1　凤凰新媒体旗下业务

此时凤凰新媒体开始反哺凤凰卫视，而凤凰卫视的资源也得到了全面数据化的整合。加之凤凰新媒体所黏合的受众之多，台网融合的战略一方面保证了传播内容的深度整合，另一方面又增加了受众的黏性及忠诚度。同时，无论凤凰卫视还是凤凰新媒体对于广告商来讲都具有了很大吸引力。

（二）凤凰新媒体成功的经验

1. 灵活的资本流动

（1）灵活的融资

以2006年中国移动入股凤凰卫视集团19.9%的股份为拐点，凤凰新媒体开始了其灵活的融资之路。借助中国移动的力量，它不断拓展移动产品与服务，从而拓宽了手机移动端的影响力。2009年11月，凤凰新媒体再次融资。获得来自晨兴创投、英特尔投资和贝塔斯曼三家共2500万美金的注资。凤凰卫视传媒集团依旧是集团的控股股东，但股权比例由原来的77%降至为58.61%，员工的持股从23%降至为17.58%。身兼凤凰网首席运营官和首席财务官的李亚曾对媒体表示这三家投资公司的加入使得凤凰网从战略到公司治理都有一个很大的提升，也给凤凰网带来了更多的市场化因素。此次的融资也使凤凰新媒体从2009年起开始实现全面扭亏。2010年盈利状况大为改善，净利润为7410万元人民币（1120万美元），调整后净利润（不包括股权奖励支出）为9060万元人民币（1370万美元），运营利润为8215万元人民币。

（2）积极上市

2011年5月12日，凤凰新媒体在美国纽交所成功上市。上市前期，美国资本市场一直不稳定。直到其上市前的一个月，美国资本市场中的中国科技股还有多家出现下跌。虽然身处动荡时期，但凤凰新媒体上市首日开盘价便为11.1美元，较之前公布的11美元发行价上涨了0.9%。此后股价更是快速上扬，收盘时达到了14.75美元。若以收盘价计算，凤凰新媒体的市值高达1.1亿美元。刘爽认为，凤凰新媒体吸引全球投资者的优势在于媒体融合。通过打造依托于凤凰卫视和中国移动的平台，使目标受众随时随地获得需要的信息。[①]

① 刘爽：《凤凰新媒体吸引投资者的优势在于媒体融合》，新华社 http://tech.ifeng.com/internet/detail_2011_05/13/6370808_0.shtml，2011年5月13日。

2. 创新性的融媒体生产机制

从2006年重组首创中国跨平台跨媒体的联动传播模式到2011年在美国纽交所成功上市，凤凰新媒体之所以能够迅速发展，背后除了凤凰卫视固有的强大品牌外，还离不开创新性的融媒体生产机制。

在产业层面上，凤凰卫视集团不同的电视频道及凤凰新媒体旗下不同的终端产品等均由附属于集团的全资或非全资但由集团控制的子公司经营。这些子公司会按照自己的业务目标开展融合新闻业务。产品的形态一般会表现为栏目、板块、短信系列服务等。这些服务通过凤凰网为主的门户网站业务、凤凰卫视节目内容为主的网络宽频业务及手机为载体的无线增值业务进行单独或交叉发送。在单独业务发送上，每一种业务均有其个性化的设计。以凤凰宽频业务为例，它开辟了九大板块，分别是：最新资讯、体育时尚、历史文化、访谈节目、独家评论、社会专题、财经、台港澳、访谈节目。这些板块几乎涵盖了凤凰卫视的所有节目。但这些节目并不是原封不动地被搬上宽频，而是被剪成适合网络播放的片段。用户需要注册成会员，通过付费的方式进行消费。另一方面，用户可以通过设置和管理个人资料，在网上进行消费并与网站、节目等进行互动。

在交叉业务发送方面，三个平台业务会根据事件的特点进行适时立体化解读与报道。比如：当有重大的新闻事件发生时，凤凰卫视的《凤凰正点播报》节目以及凤凰网的《资讯快递》栏目会马上在电视台及网站上进行第一时间的报道。而凤凰卫视的《新闻今日谈》节目以及凤凰网的《凤凰宽频》栏目则会专注于开展深度的报道和分析，实现信息的二次利用。并且，同样的新闻素材在不同的栏目中使用的方式也往往不一。比如在《凤凰正点播报》中作为消息来使用的稿件，在《新闻今日谈》中就可能被作为新闻背景资料来使用。这些，实际也反映了凤凰卫视与新媒体快速、高效、协同作战的科学反应机制。我们依然还记得在2005年“非典”来袭，内地主流媒体统一失语之时，凤凰卫视集团却组织了一场声势浩大的协同作战。2003年5月1日该集团组织了《北京一日》“非典”特别报道。此节目的报道工作由副总裁钟大年在北京进行统一的协调部署。在第一天进行报道时，5路记者分赴5个地点采访，归来后制作新闻并向香港总部传送。同时进行的，还有北京记者与香港方面现场连线，及时通报北京方面的情况。这些新闻当天就被凤凰卫视的《宣战SARS》、《凤凰正点播报》以及凤凰网的《资讯快递》栏目所采用。到了第二天，拍摄的素材又被制作成了一部90分钟的特别节目并在5月3日播出。至此，我们可以明显看出，同一天内的报道素材分别以即时报道、连线及深度报道等多种形式被不同的栏目及不同的媒体平台使用。

3. 与其他媒介的战略合作

美国西北大学教授戈登将媒介融合分为以下五种类型，即所有权融合、战略融合、结构性融合、信息采集融合、信息表达融合。其中，他认为战略融合是在所有权不同的媒介之间进行的互动、合作以期实现资源共享、优势互补，提升双方竞争力。[①]

凤凰新媒体与很多媒介都建立了合作关系。除了与存在直接竞争关系的四大门户进行合作之外，凤凰新媒体还与《新京报》《第一财经日报》等平面媒体有合作协议。凤凰网利用报社早晨提供的稿件，利用其网络平台推荐这些平面媒体的资讯。一方面扩大了平面媒体在网络上的影响力，另一方面也通过链接提升了平面媒体相应网站的浏览量。2007年6月，凤凰网与遨游浏览器携手打造全方位的影音平台。2010年2月，凤凰网与财经资讯旗下的财新传媒达成战略合作，并在凤凰网上建立了"财新传媒一财经新闻进行时"的内容专区，集中展示财新传媒专供凤凰网的全部稿件等。再比如2009年11月9日与优酷达成了战略合作，凤凰卫视的收视王牌节目如《凤凰早班车》《锵锵三人行》《军情观察室》《文涛拍案》等纷纷在优酷网上开播。一方面此次战略合作促进了优酷版权的建设，另一方面也进一步帮助凤凰卫视扩大了在受众中的影响力。

（三）启示

通过对凤凰新媒体"台网一体融合模式"的研究，可以看到台网融合给传统电视和网站双方均带来了实实在在的好处。通过资源共享和优势互补，既借助电视台的品牌推广了新媒体业务，又借助互联网平台扩大了电视台原有的影响力。可见，在台网融合上不断创新，最终必定形成电视台与互联网平台的共赢局面。

纵观目前的媒体市场，台网融合需要的绝不仅仅是简单的形式上的跨媒体

---

① 王同庆、张建峰：《浅谈媒介融合趋势下凤凰卫视集团的战略融合》，《经营管理》2011年总第237期。

合作。在信息爆炸的时代，只有形式的转换而无内容的创新已经不能满足受众的需求，关键要有灵活创新的机制，才能帮助传统电视台与新媒体共同向前发展。机制的创新是从根本上解决媒介融合问题的先决条件，凤凰卫视与凤凰新媒体的融合之路也已经向我们证明了这一点。

因此，传统电视台应努力在传播平台、体制机制、战略规划、经营管理等多方面进行发展与融合。只有这样才能在新时代下，通过媒介融合的技术手段以及机制创新的配合发展，真正走出出“1＋1＞2”未来的新局面。

二、台与他网合资、合作营销

在新的融合趋势下，电视台除了经营好并充分利用自身网站资源对本台品牌进行推广之外，还应该走出去，主动通过与他网合资、合作等，实现内容的产业增值。

(一)台与网站的合资营销

通过与网站合资成立视频网站，将电视台的内容进行平台延伸，从而实现价值增值。最成功的案例就是 NBC 环球、新闻集团与迪士尼合资推出的视频网站 Hulu. com。

2007 年 10 月，NBC 环球和新闻集团合资成立并推出网络视频网站 Hulu，与同类网站 Youtube 竞争，NBC 环球拥有 30％的股份。网站于 2008 年 3 月正式启动，向用户免费提供经过授权的正版影视作品和电视节目，即“视频—免费播放—收取广告赞助”的商业方式，播出平台横跨电脑和 iPad 双屏。并允许用户免费订阅，分享、重新上传或被截取片段在博客或社交网站上分享视频。与 Youtube 不同的是，Hulu 鼓励用户制作视频剪辑并将它们上传到网站上与他人分享的同时，其网站的广告不会跟着走。同时，内容提供商则向 Hulu 收取五成至七成不等的广告收入来实现内容增值。尽管内容提供商因为不适应自己专业精美的内容被免费收看而多有抱怨，但 Hulu 自成立以来，以流量不断翻倍吸引了众多广告商注意的同时，也吸引了越来越多内容提供商的注意，目前它拥有包括福克斯、NBC、华纳、米高梅公司和索尼等在内 200 多家内容提供商。与此同时，Hulu 以其高品质、个性化的服务使市场份额不断攀升。美国知名互联网流量监测机构 ComScore 于 2008 年 7 月 15 日发布的统计报告显示,2008 年 5 月,也就是 Hulu 正式启动网站仅两个月后,Hulu.com 的市场份额名列第十,浏览量为 8800 万,份额为 0.7%。网站上已经包含了 6300 万份网络视频媒体;每个用户平均每月在 Hulu 上的收视时间为 2 小时。广告商青睐 Hulu 甚于 Youtube,特别是后者所提供的四十亿份影音档中,只有 3%可嵌入广告;而 Hulu 虽然仅拥有近 9000 万部作品,但广告植入比率却高达八成。[①] 2009 年,Hulu 营收冲破一亿美元。

在 Hulu.com 的建立与运行中,NBC 环球正是看到了视频网站的平台优势,希望借网络平台将电视和电影内容无限延伸。而这一案例也再次告诉传统电视业,在媒介投资环境日益松动的情况下,适当将产业投资延伸到新媒介,将可以实现内容落地与产业价值升值的双赢。

(二)台与网站的合作营销

通过与视频网站合作,采用台网联动、优势互补的方式,实现双赢。如 2011 年,天津卫视与优酷、新浪正式结成新《水浒传》战略同盟,共同打造"大剧共赢"的模式,资源共享、广告互换、共同招商,三家媒体同时高调开播新《水浒传》。优酷使用优势资源配合新《水浒传》的推广和营销,包括参与制作围绕新《水浒传》的专题节目、召开新《水浒传》开播盛典、打造新《水浒传》的衍生纪念品、招商和广告营销。

再如上海文广与百度在 2006 年 6 月宣布全方位合作。前者旗下负责运营 IPTV 业务的子公司百视通与百度联手共同推动 IPTV 及相关产品的深度开发。根据协议,百度著名的社区知识服务类搜索产品"百度知道",将在上海文广的 IPTV 平台上应用并推广;同时,百度作为全球中文搜索技术领先的公司,也将积极配合上海文广进行一系列基于 IPTV 平台的内容搜索服务项目的设计与开发。上海文广选择与百度合作,基于当前传统电视广播式的节目传播手段已很难适应现代观众碎片化的接收需求,而新兴的 IPTV 媒体还无法建立起数量庞大的满足个性化需求的内容资源体系的现实考虑。它此时选择与网络搜索引擎企业进行合作,可以将网络内容通过互动的方式延伸到 IPTV 上面,

---

① 百度百科 http://baike.so.com/doc/5421498.html

不仅可以为用户提供更为便捷和个性化的信息获取方式，而且可以解决困扰IPTV 发展的内容和运营模式上的瓶颈问题。当然，对于百度来说，可以通过这次合作在更广泛的数字家庭设备终端推广自己的搜索服务。因此，双方可以实现合作共赢。

(三)台与移动电信网的手机电视合作营销

2006 年 6 月，全球最大的移动通信运营商中国移动宣布入股香港凤凰卫视。利用凤凰卫视的内容资源和中国移动的数据管理经验，双方联手开发手机电视业务。由于双方均同为在港上市公司，且与凤凰合作的政策制约因素较少，双方的合作操作较为简单。无独有偶，内地广电与电信业实行分业监管造成了双方的博弈，五年之后的 2011 年 6 月 30 日，中央电视台和中国移动通信集团公司也签署战略合作协议，宣布将设立由中央电视台控股的合资公司，联手打造“中国手机电视台”，共同发展流媒体手机电视业务。此举被业界普遍认为是在“三网融合”上具有战略意义的一次合作。新成立的中国手机电视台打通了从内容播控、内容服务到用户管理的端对端全程全网管理。依托中央电视台庞大的内容版权资源和视频产品生产、策划能力、深入的品牌影响力以及强大的受众到达率和中国移动庞大的用户基础、成熟的无线数据业务市场运营机制及运营经验，可以开展包括手机电视集成播控管理，手机电视内容服务、手机视频内容经营、广告经营等在内的多种业务，建立多元化，立体化的业务模型，以全面应对移动互联网发展态势和竞争需求。①

电视媒体进入手机电视领域，是多屏战略的有效提升，将极大提高核心内容的价值增值。同时，需要指出的是，电视媒体在与移动电信网合作开发手机电视业务的内容中，应该避免对传统电视内容的照搬平移，而要根据手机屏的特点及手机用户的消费习惯对内容进行合理改造，有数据显示，用户在视频市场超过 90 分钟时更倾向于在 PC 观看，而手机用户对时长的偏好区间为 15－60 分钟。因此电视媒体只有掌握多屏的各自传播特点和受众接受习惯，并对内容进行科学合理的编排与分发，才能将多屏营销的理念以及在此基础上的内容

① 参见焦利台长在“中央电视台－中国移动战略合作框架协议”签约仪式上的致辞，中国网络电视台，2011 年 7 月 1 日。

价值增值真正落到实处。

目前,更有电视媒体根据手机屏的传播特点尝试通过移动端的分享软件推出微视频服务。比如英国广播公司在2014年初尝试在Instagram上推出Instafax视频咨询服务。该条资讯根据手机传播的特点,通过15秒钟的视频,用3—5个镜头来叙事,为用户提供重要新闻的摘要,如果用户想要了解新闻详细内容,可以转到BBC官网。除BBC外,还有另外一家名为“现在新闻播报”(Now This News)的广播公司也通过Instagram提供新闻。BBC的这种尝试,显然是看到了手机屏不同与传统电视屏的传播特点,将有利于提升电视内容的二次增值。

三、借助社交新媒体的节目品牌营销

社交媒体的快速兴起,给电视媒体带来了全新的营销模式和发展空间。我们知道,传统的电视营销主要通过广告或公关等方式进行,以“覆盖量”作为衡量电视媒体或节目的营销效果。这种基于单向传播基础上的传播方式本质上属于宣传模式(propaganda)。而基于社交媒体的营销模式,则是将宣传(propaganda)向involvement(卷入度)改变,即通过受众的广泛参与,使营销以精准性、互动性、沟通性等特点让受众卷入营销活动中。社交媒体营销的渠道,主要包括但不限于:微博、SNS、博客、播客、BBS、RSS、WIKI等。传统电视媒体可以通过以上一种或多种社交媒体的合作进行整合营销,形成全方位立体式营销。如图5—6。

2013年,微博、微信成为传统电视媒体合作营销的新宠,并在一定程度上推动了传统电视节目的有效落地。微信的二维码对于传统电视节目的营销作用在第三章第四节里已有述及,在此主要分析一下微博对电视媒体及节目的品牌营销。

(一)我国电视媒体微博营销的现状

近三年以来,我国微博用户迅速发展到3亿,引发了传播方式和生活方式的革命,链接起了整个社会的神经末梢。无数个体的热烈反应促发了信息的核聚变,推动了国家新语境、国民新思维和社会生态的变革,共同构成和推动了信

图 5-6　以受众卷入为特点的社交媒体

息传播和社会生活方面的微革命。[①]

在媒介融合之下，传统电视媒体与新媒体之间如今已不是丛林式恶性竞争，二者开始优势互补、战略合作。电视媒体利用微博的用户量大、黏性强等优势与其开展合作，将其作为延伸品牌营销的重要渠道。

通过对新浪微博的“名人堂＃媒体汇”的统计，截至 2014 年 1 月底，在新浪进行实名认证的媒体共有 7130 家，其中纸质媒体 2176 家，包括报纸和杂志等，电视媒体高达 3089 家，包括电视台、频道和栏目等（见表 5—1、表 5—2）。[②]

表 5—1　各类媒体入驻新浪微博统计（截止到 2014 年 1 月）

<table>
<tr><th colspan="2">媒体类型</th><th colspan="2">开通数量</th></tr>
<tr><td rowspan="2">报刊类</td><td>报纸</td><td rowspan="2">2176</td><td>746</td></tr>
<tr><td>杂志</td><td>1430</td></tr>
<tr><td rowspan="3">电视媒体类</td><td>电视台</td><td rowspan="3">3089</td><td>86</td></tr>
<tr><td>电视频道</td><td>342</td></tr>
<tr><td>电视栏目</td><td>2661</td></tr>
<tr><td colspan="2">新媒体类</td><td colspan="2">174</td></tr>
<tr><td colspan="2">广播电台类</td><td colspan="2">1268</td></tr>
<tr><td colspan="2">网站类</td><td colspan="2">400</td></tr>
<tr><td colspan="2">通讯社</td><td colspan="2">23</td></tr>
</table>

① 胡泳：《微革命——从推特到新浪微博》，《新周刊》2010 年第 1 期。

② 根据新浪微博的实时数据统计。

表 5—2 各类媒体入驻新浪微博数量(截止到 2011 年)①

媒体类型	开通数量
报刊类	1425
电视媒体类	1632
媒体类	120
广播电台类	260
网站类	234

这个数目均比三年前有了大幅提升，其中，电视媒体类和广播电台类增长速度尤其明显，分别增长了 1457 个和 1008 个，值得注意的是，与三年前相比，通讯社开始入驻微博，如图 5—7。

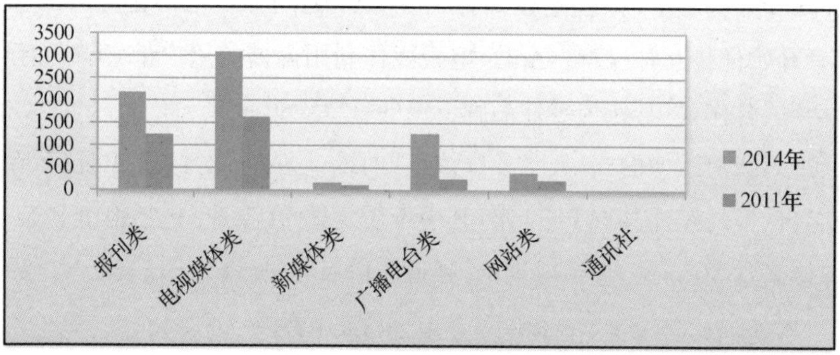

图 5－7 2014 年与 2011 年各类媒体入驻新浪微博的数量对比

此外，在受关注程度方面，根据对新浪微博“风云榜♯媒体粉丝排行榜”的数据统计，在最受关注的前 50 家媒体中，与三年前相比，电视媒体类的微博下降了 10 个，网络类微博受关注数量增长了 11 个。这说明随着新媒体的出现，用户的注意力开始分散，媒介的竞争日益加剧。

在最受关注的前 50 家媒体中，电视媒体类，排名最高的是央视新闻，排名第五位。其余入围的像凤凰卫视、山东卫视、江苏卫视《非诚勿扰》、浙江卫视、江苏卫视、湖南卫视《快乐大本营》《快乐男声》等也都是平时收视率相对较高、较受观众欢迎的媒体、频道或节目。

① 根据新浪微博的实时数据统计。

在微时代，传统电视在微博上的表现力与实际品牌知名度有着紧密关联度。

从微博具体的营销策略来看，方法灵活、形式丰富。如电视媒体、频道、节目等通过在微博上建立微话题发起微讨论从而激活微宣传的方式来凝聚人气；如通过主持人、编导、记者等注册微博，作为意见领袖活跃在微话题上，为传统媒体内容做宣传和推广；如巧借名人之嘴，利用社交媒体口碑相传的聚拢效应，将节目品牌予以推广；如使用微博开展线上线下活动，将媒介环境与物理环境有效连接，提高用户的节目或媒体卷入度等。传统电视的这些营销做法，正是利用了微博与生俱来的诸多营销优势。以下将这一点展开分析。

（二）微博营销的优势

1. 降低成本，传播便捷

相对于在传统媒体或其他广告行为的品牌推广而言，利用微博拓展营销的成本要低得多。在微博上发布讯息无须提供版面费用、无须占用节目时间。只需要在前期进行信息发布和少量的推广活动，其他传播行为仅靠微博社交媒体的人际传播效应就能完成。140 字符的限定也使得媒体的信息发布更加迅速便捷。而且可以突破时间和空间的限制，只要用户有一个微博账号，一个移动终端，就可以随时随地进行话题讨论和信息延伸。而相对于传统媒体和其他推介活动，微博的匿名特点又能使每个碎片式发言具有高度隐秘性和保护性。

2. 参与性与互动性

微博最大的意义就在于分享与互动。媒体与粉丝之间、粉丝与粉丝之间通过快速的信息分享与互动可以大大提升传播效果。如传统电视媒体可以利用微博的黏合性强这一特点发起微话题讨论，然后采用有代表性的粉丝发言在传统媒体上发布，通过与新媒体的联动起到整合营销的效果，此外，粉丝间通过深度交流也可以大大提升话题的人气，传统电视可以利用这一特点进行议程设置，同时还可以树立品牌形象。如《中国达人秀》就曾在腾讯微博大力开展了微报名、微征集、微抢票、微投票、微话题等多种互动方式，引发了粉丝的广泛关注和共鸣，并最终达到反哺收视的效果。

除了微话题，电视媒体还可以采用微访谈、微直播的方式与用户展开充分互动,提升品牌形象。如《中国达人秀》在播出期间,腾讯微博就曾邀请优秀选手在线与众多网友互动,网友通过微博向选手直接提问,充分满足了受众的信息获知欲,而网友的活跃表现和热情参与,也有助于进一步提高节目和选手的知名度。①

此外,传统电视还可利用微博的参与性与互动性特点进行线上线下活动,从而拓展营销。如 2013 年 4 月 6 日浙江卫视首播推出的《中国星跳跃》,每期节目播出期间,其官方微博 @ 中国星跳跃,紧密结合节目中力推的"校园安全饮水计划",特别策划推出"你转发一次,我捐献一瓶净化水"的微公益活动,该活动得到微博名人和网友的热烈响应,黄渤、王宝强、段奕宏、陈嘉上、黄贯中、苏有朋、刘烨、汪东城、聂远、舒淇等众多明星都自发进行微博转发响应爱心行动,4 月 6 日首期节目播出前,该微博转发量已达 233 056 次,募集公益金 233 056 元。②

3. 精准定位

新媒体的特点是拥有强大的数据处理能力。数据库的特点是可以通过对用户的每一次发言、行为、选择等数据的统计,分析他们的需求和不同偏好,从而制定适合用户需要的个性化方案。

自从微博加入营销矩阵之后,便日益现出它独特的优势,协助媒体加强了市场定位的精准性。在微博平台上,受众不再是被动接收的群体,而是主动关注媒体、评论内容,并对感兴趣的内容进行转发、扩散。因而,通过对粉丝群体的研究、划分,可以帮助电视媒体更准确地进行市场定位微调,并可以通过粉丝的不同活跃度来判断受众的忠诚度。③

(三)《中国好声音》的微博营销之道

《中国好声音》自 2012 年 7 月 13 日开播以来,每周五晚在浙江卫视播出,收视率一路飙升,赢得业界和普通观众的良好口碑。这是一档由浙江卫视和星空传媒旗下灿星制作联合打造的大型励志专业音乐评论节目,由中国音乐界重量级的那英、刘欢、庾澄庆和杨坤担纲导师,著名主持人华少担任主持,每期十

---

① 束秀芳:《反思 2011 电视节目"微博营销"——以东方卫视〈中国达人秀〉与腾讯微博的互动为个案》,《中国电视》2012 年第 4 期。

② 方行:《电视媒体的微博营销》,《视听纵横》2013 年第 4 期。

③ 同①。

个选手。[1]《中国好声音》的成功，离不开微博营销之功。

1.“大V”的裂变式“病毒”营销

所谓病毒营销，是指通过受众的积极性和人际网络，让营销信息像病毒一样传播和扩散，快速复制、广泛传播，在短时间内将信息传向更多的受众。其利用的是受众之间的主动传播来实现业务量的“爆炸式增长”。[2] 微博的“病毒”营销来源于其裂变式的信息传播方式，而其裂变式的传播能量来源于它可以被无限转发的特点。正如中国人民大学喻国明教授所言：一条微博被关注和广泛传播的根本点不取决于是谁发布和什么时候发布，而在于微博内容的分享价值。[3]

微博名人可以说是裂变式病毒营销的重中之重。如果说微博营销可以引起爆炸般的反应，那微博名人就是点燃这个火药桶的引线。因此，微博营销的第一条，就是要发挥这些“大V”们的影响力。[4] 比如，一个“大V”的粉丝，可能有很多也是名人，这些名人的粉丝有平民可能还有名人，这样一条“大V”的微博，可以通过裂变式转发，被无穷无尽地延伸，从而在人群中产生无限能量。《中国好声音》正是运用了这一原理。首先请一些娱乐明星现场观看，其次请他们通过微博发布评论，从而发生裂变效应，明星转给明星，粉丝转给朋友，一些大V如姚晨、冯小刚、刘若英、陈建州、张靓颖、李湘、王珞丹等在这个过程中起到意见领袖的作用，影响了数亿用户，从而为《中国好声音》的品牌营销起到关键的作用。

2. 传统媒体与微博的整合营销

传统电视媒体借力新媒体，后者又可以反哺传统电视，这是三网融合时代跨媒介整合营销的优胜法则。《中国好声音》在这方面做得可圈可点。

节目开播前到录制中和播出后，《中国好声音》设计了周密的营销传播计划。比如在节目播出前一个月，栏目组首先在户外媒体、平面媒体和网络上进行预热，重点介绍节目内容，在发布会现场上，专门播放了录制的两位好莱坞名人对节目品质的评价，强调节目的高品质特性。在节目正式录制过程中，栏目

---

① 任树燕：《〈中国好声音〉的成功之道》，《今传媒》2012年第12期。

② 束秀芳：《反思2011电视节目“微博营销”——以东方卫视〈中国达人秀〉与腾讯微博的互动为个案》，《中国电视》2012年第4期。

③ 崔岸雍：《传统媒体微博融合现状与发展趋势研究》，http://media.people.com.cn/GB/22114/150608/150618/13576818.html，2010年12月24日。

④ 黄顺：《〈中国好声音〉的新媒体营销之道》，《新经济》2013年第20期。

组通过各大网络媒体在网络门户、微博上及时进行预告，邀请记者和娱乐明星好友现场观看，在第一场节目录制之后，及时通过其新浪微博发布相关感受和评论，通过这些意见领袖的口碑传播影响其周边的朋友圈子。在后续播出中，还定期要请名人做客新浪进行微访谈。[①] 这种电视＋门户网站＋微博，辅之以线下宣传与推广的组合营销模式，对于节目的成功营销起到了关键作用。

3. 通过微话题实现持续营销——话题的矛盾性、争议性

作为网络社交媒体，微博的传播是一种人际传播方式。人际传播最大的特点是要有话题。话题争议性越大、矛盾性越强就越容易造成轰动效应。《中国好声音》几乎每期节目都会出现一些有争议性的话题，从而引发粉丝的热烈讨论甚至激烈辩论。比如选手徐海星的身份讨论。有网友指责其是在借父亲进行炒作，而又有网友为徐海星进行激烈辩护。又比如李代沫和曲婉婷的版权纠纷，双方的粉丝们进行唇枪舌剑地争论，让话题深度卷入。甚至围绕主持人华少也不断有话题出现。凡此种种，无疑对节目推广起到推波助澜的作用。

《中国好声音》成功的微博营销为传统电视节目借力新媒体并受其反哺实现价值增值的营销途径树立了榜样。但《中国好声音》的成功营销绝不仅仅体现在其微博营销的成功，据不完全统计，加多宝手机节目冠名费达 6 000 多万元，节目广告总收益估计在 2.5 亿元～2.7 亿元。同时，电视产业链建构意识也在增强，比如，不仅开发了衍生节目，以薄利多销的方式将版权销售给爱奇艺等多家视频网站，还开发了多项全方位学员线下演艺活动，并与中国移动联合开展选手所唱曲目的网络彩铃下载业务。[②] 所有这些，使得《中国好声音》不仅引爆 2012 年暑期音乐娱乐收视热潮，而且成为 2012 年度收视率最高的音乐娱乐节目。

四、网络合作产业战略营销

网络与网络间的合作共赢模式，是通过强强联合的方式，突出网络互补性，促进产业共赢发展。目前此种合作很多，如 2010 年 3 月 13 日，盛大网络与 **CNTV** 宣布展开全面战略合作。通过组建公司的方式，双方将完成在网游和视

---

① 胡敏：《“微营销”引爆中国好声音》，《中国林业产业》2012 年第 9 期。

② 崔保国主编：《2013 年中国传媒产业发展报告》，社会科学文献出版社 2013 年版，第 40 页。

频两个方面的合作。

盛大网络是一家互动娱乐媒体企业，涉足游戏、文学等多个领域，为用户提供多元化的娱乐内容。同时，通过收购知名视频分享网站“酷6网”，盛大开始涉足影视制作和分享。CNTV看中其较为全面的娱乐文化产业链，通过与它合作找到切入网友互动娱乐途径的良机。

2012年，在广电总局的推动下，拥有政策资源的CNTV和拥有国内绝大多数IPTV市场用户的上海百视通的播控平台进行了合并，在机制上完成了一级播控平台上主体的统一，实现了中国特色的合作。在IPTV播控平台上，双方也计划成立新的合资公司，来共同运营IPTV相关业务，但由于迟迟未挂牌，导致在实际操盘中存在着很大的不明确性。2012年8月份，CNTV起诉百视通，称在伦敦奥运会期间乃至结束后，百视通违规向广东、江苏、湖北、四川等地与其合作的电信运营商IPTV业务提供了大量盗播的央视伦敦奥运节目。[①] 这一事件表明，在当前，由于各方面条件的原因，跨平台合作营销还处在摸索与发展阶段。此外，无论哪种合作方式，都是基于共赢战略考虑，为使双方合作顺利，必须从合作伊始就责权清楚，否则双方还是会短兵相接。

第二节 全产业链运作

产业链是基于最终产品生产需要和最终用户需求而向上下游或旁侧延伸的产业集合，是由不同产业领域组成的生产与供应、成品生产和营销及服务、全过程物流和信息流及知识流等所有活动的链式集合。[②]

我国电视媒体受长期行政属性所限，采用的营销方式相对单一，即通过内容吸引收视率继而吸引广告。电视的优质内容只能为单一媒介服务，媒体的盈利也只能靠广告支撑。由于媒介过分依赖收视率，造成节目被收视率牵着鼻子走，导致节目质量下滑。三网融合下，由于全方位激活了电信、广电、互联网业等各行业间的关联性，内容向手机电视、IPTV、互联网电视等多平台、多终端传

① 参见中国(上海)网络视听产业基地编:《2013中国网络视听产业报告》,上海科学技术文献出版社。
② 周新生:《产业链与产业链打造》,《广东社会科学》2006年第4期。

播。因而，围绕内容而构建的传播产业链更加立体、多元，产业间合作模式更加灵活多样，信息传播呈现出全产业链的互动传播形式。

一、三网融合下视频产业链基本构成

三网融合下视频产业链由内容提供商、服务运营商、终端设备提供商和用户等几个环节构成，如图5－8。

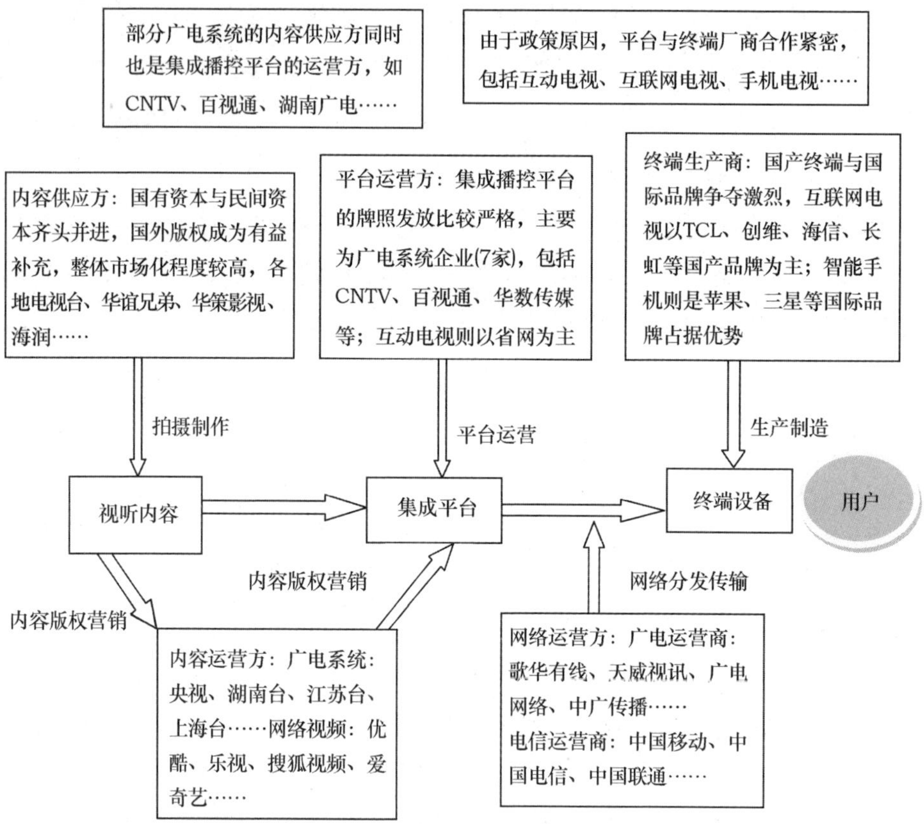

图5－8 三网融合下视频基本产业链

在内容提供商的构成中，广电的国有内容提供商占据着主流位置，包括央视、地方电视台、中影等成为运营商合作的首选。与内容提供商紧密相关的是版权分销商，将版权内容分销给其他网络运营商、传统电视媒体和提供手机视频服务的企业。版权分销商主要包括专门从事版权分销的公司，以及网络视频平台运营商。平台运营商包括 **CNTV**、百视通、华数传媒、中广传播等拥有集成播控牌照的广电系统运营方，还有以优酷、土豆、搜狐视频、爱奇艺、乐视网、**PPLIVE** 等为代表的社会力量的网络视听平台。

就网络视频产业链来说，由产业相应的内容运营商、平台运营商、内容分销商和电视台、手机电视等终端视频媒介组成，如图 5—9。

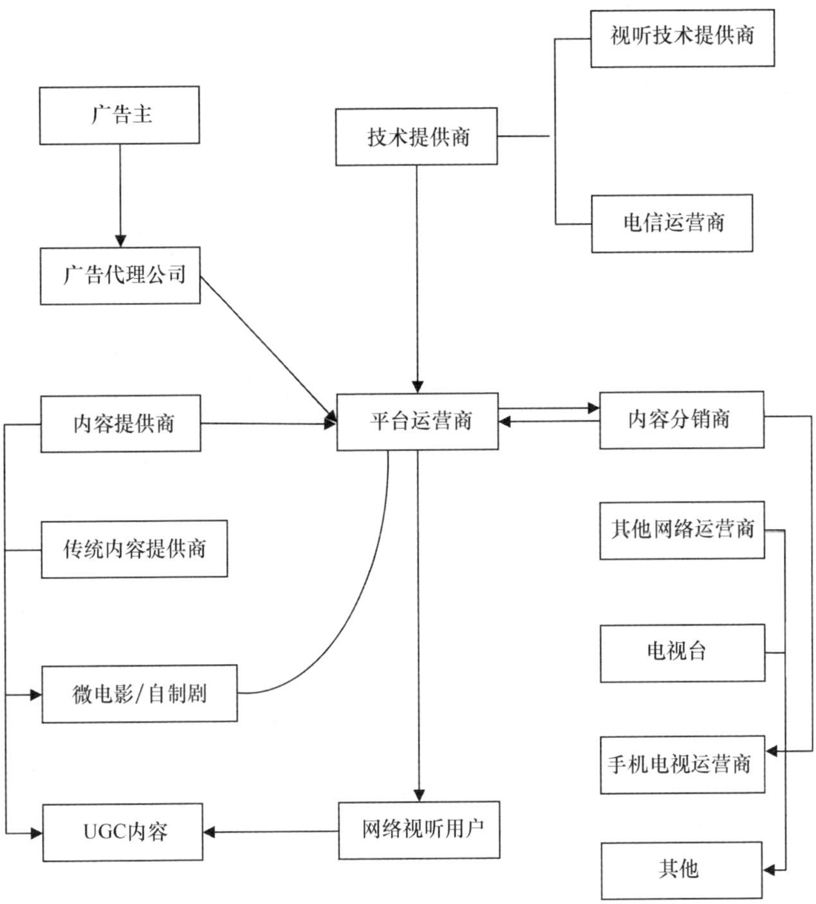

资料来源：中国（上海）网络视听产业基地编：《2013 中国网络视听产业报告》，上海科学技术文献出版社 2013 年版，第 6 页。

图 5－9　三网融合下视频产业链构成

在内容为王的网络视听时代，内容产业链发生了很大变化。内容的价值水涨船高。数据显示，2009 年以前，即使是独家网络版权的电视剧，媒介售价也只有 2 000—3 000 元一集，在 2009 年开始，价格飞涨，热门电视剧媒介上涨至 3 万—5 万元一集。2011 年一部 98 集的《新还珠格格》卖出了 3 000 万元，在 2012 年，这个局面有所改观，据 **CNNIC** 数据显示，2012 年第二、三季度，国内网络视频版权价格急速下降，相比 2011 年普遍下降六成多。但从整体来看，优质内容的独家网络版权购买仍是网络视频公司的竞争焦点。这给电视产业带来很大机遇。

二、激活版权交易

一个变化是内容的网络版权费开始向理性回归。如前所述，2009 年以前，内容版权卖价不高，风靡一时的《武林外传》，81 集的售价仅 10 万元。从 2009 年开始，影视作品网络版权价格开始飞涨。从 2010 年开始，国内热门影视剧的均价维持在 30 万一80 万元/集的标准，部分枪手大戏报价 3000 万元，《宫》2 创下了每集网络版权 185 万的天价。从 2012 年开始，这一局面有所改观，各大网站在购买影视剧上开始趋向理性。

但从总体上看，优质的内容仍然是各大视频终端竞争的焦点，2013 年，搜狐视频以一亿元买下《中国好声音》第二季的独家播出权。搜狐视频和灿星制作合作，再次把综艺节目的网络版权价格推至新高。

2012 年秋季第十一届首都电视节目推介会暨影视产业发展论坛上，中国互联网协会网络版权联盟调解中心与优酷、土豆网等六大视频网站，联合发布了《互联网版权交易声明》，对目前视频网站购买影视剧的价格，作出了具体建议和指导，避免恶性竞价。优酷和土豆合并后，腾讯、搜狐、爱奇艺三家视频网站对影视剧采取联合采购、联合播出的方式，成为第二大影视版权采购阵营，意味着版权价格回归理性。

在 2013 年中国广播电视年会上，时任搜狐视频总编的刘春预测下一步网络视频会在三个方面发力：一是移动端发力，随着 2014 年 4**G** 的出现，移动视频将会更加受到用户的青睐；二是自制视频发力，刘春认为电视给网络留下的视频空间很多，如目前的网络剧、脱口秀等均是网络可以发挥的空间；三是收入模式的变化，网络视频目前主要来自广告，未来需要通过付费和流量分成的方式使这一收入模式加以改变。

另一个变化是自制视频反哺电视台的比例大幅上升。从 2012 年开始，自制视频进入视听产业主流话语权，且比重大幅上升，广电总局关于微电影和自制剧政策的推出更激发了网络视频公司在自制剧与微电影方面的投入热情。

总之，电视产业在新的产业链变化中，版权将是其最大卖点。因此，规范的版权交易秩序亟待建立。

三、激活移动视频业务

在本书所涉及的多屏中，有线电视、互动电视是通过广电自己的网络传输，盈利分成也是内部问题。网络电视之前发展多年，商业模式相对也比较成熟，目前要解决的就是迅速发展的 **IPTV** 和包括手机电视在内的移动电视业务的产业链收益问题。

当前我国的手机电视盈利模式主要有三种：一种是用户付费业务模式。多是借助蜂窝移动网络进行传送，在盈利上主要依靠出售内容赚取流量费，主导手机电视的运营商可以通过购买或者分成用户支付的业务使用费方式获得节目源，然后根据用户收看的频道节目和时间上的不同，收取不同的业务使用费。在计费方法上，主要有计次收费和包月收费两种方式。以上海为例，如果某一用户使用上海移动与东方龙新媒体公司推出的“东方手机电视”业务，除了需要缴付 10 元/月的信息服务费用，还需同时选取上海移动的 **GPRS** 包月套餐，以用户平均每天收看 20 分钟的手机电视节目计算，使用 **GPRS** 网络每月所需流量约 150**M**，每月要交的收视费用就高达 110 元。这种模式因高额的付费推广难度较大，见表 5－3。[①]

---

① 王虎：《中国手机电视发展若干问题研究》，华东师范大学博士论文，2008 年。

表 5—3 上海移动手机电视平台资费标准

<table>
<tr><th rowspan="2">服务提供商</th><th rowspan="2">节目内容</th><th colspan="2">信息服务费</th><th colspan="2">GPRS 流量费</th></tr>
<tr><th>按次</th><th>包月</th><th>标准资费</th><th>包月资源</th></tr>
<tr><td>央视国际(CCTV)</td><td>6 套直播频道</td><td>1 元</td><td>6 元</td><td rowspan="4">0.03 元/KB</td><td rowspan="4">5 元(10M)
10 元(25M)
20 元(50M)
100 元(800M)
200 元(2000M)</td></tr>
<tr><td>东方龙新媒体(SMG)</td><td>16 套直播频道和 6 套主题频道</td><td>1 元</td><td>10 元</td></tr>
<tr><td>中国国际广播电台(CRI)</td><td>“早闻快报”“12 点短剧场”“午夜影院”等频道</td><td>2 元</td><td>10 元</td></tr>
<tr><td>移动影视专区</td><td>热门电影影讯及片花;经典电影回顾;热播电视连续剧</td><td>1 元</td><td>元</td></tr>
</table>

另一种是免费广播业务模式。是通过地面移动数字广播网络实现的赢利模式。这种模式摆脱了对电信运营商的依赖,节目内容和运营网络完全由广电企业提供,用户只需购买一部装有接受芯片的手机终端便可以收看电视节目,这种赢利模式与传统电视类似,主导运营商主要通过大力推播广告节目来实现盈利,目前的世界各国广电企业推出的移动数字多媒体技术,如我国广电总局主推的 STIMI,欧洲的 DVB-H,韩国的 T-DMB,日本的 ISDB-T,以及卫星数字多媒体广播(S-DMB)比较适合提供该业务。由于缺乏互动能力,广播业务无法向用户提供定制业务。该业务模式基本上还是沿用了传统广电业的收益模式,即通过推送广告的方式。[①] 这与手机电视便携性、私人化、个性化、定制化的传播诉求不一致,因而很难推行。

在免费模式里面,还有一种是基于 APP 应用的免费视频收看模式。目前的手机视频市场,通过公共移动互联网,基于 APP 软件商店的应用体系加速膨胀,将原先桌面互联网环境中的在线视频“搬上”手机的进程不断加速,并迅速改变着用户的应用习惯。但是,这一基于 APP 视频应用的市场其目前的收益并没有做活。原因有两点:一是目前互联网视频服务商(如优酷、搜狐视频、爱奇艺等)均通过 APP 客户端提供免费的视频内容,新的商业模式主要建构于广告经营。但对于屏幕小、用户忠诚度尚不高的移动互联网应用环境,广告经营是困扰全行业的一大课题。二是激烈的市场竞争,使各视频网站均在免费框架

① 王虎:《中国手机电视发展若干问题研究》,华东师范大学博士论文,2008 年。

内向用户提供越来越多的增值服务。比如离线下载功能，非注册用户也可免费下载(受每日下载影视剧集数限制)，这无疑也对 VIP 用户的收费产生负面影响。[①]

综上所述，无论是付费模式还是免费模式，当前的手机电视市场的商业模式并不成熟，因此亟待进一步开发。

四、激活 IPTV 内容增值业务

IPTV 的收入模式分为“前向”和“后向”两类。“前向”模式即收入主要来源于最终用户，包括向用户收取的月租费、付费点播和其他电视增值付费；“后向”模式主要是相应的广告费、游戏、购物、竞猜等增值应用拉动消费需求。从目前媒体产业的经营趋势来看，主要是“后向”收入为主。是低接入费＋免费电视＋广告收入，广告收入是业务收入的主要来源；互联网的网络视频产业，也逐步走向免费观看＋广告收入的发展形态。

从上海电信 IPTV 的收入模式看，随着用户规模的增加，其业务收入形态开始尝试“前向”收费探索。2009 年底，PPV 点播和购物业务已发展成为盈利规模达千万级的增值业务[②](见表 5—4)。

表 5—4　上海电信 IPTV 收入模式

业务版块	代表业务	收入模式
数字电视基础服务	直播、回看、时移、高清	前向＋后向
视频聚场	看吧、新闻、世博	后向
影视点播	PPV 业务	前向
娱乐服务	游戏、卡拉 OK	前向＋后向
增值服务类	游戏、购物、教育、理财	前向＋后向

资料来源 www. iresearch. com. cn

① 参见中国(上海)网络视听产业基地编:《2013 中国网络视听产业报告》,上海科学技术文献出版. 2013 年版,第 6 页。

② 参见中国(上海)网络视听产业基地编:《2012 中国网络视听产业报告》,上海科学技术文献出版社 2012 年版。

鉴于IPTV在国内发展的实际情况，在未来的一段时间内其发展方向应该为："前向"加大用户营销，扩大用户规模，培养用户使用习惯；"后向"拉动广告收入。具体而言，基于以下考虑：

IPTV的核心优势有两点：一是IP网络与生俱来的对信息传输突破时空限制的特质使得内容"时移点播"的个性化需求成为可能。二是IPTV融合了视频解码技术、数字压缩技术、视频文件转换技术、互联网宽带技术和传输技术，因此实现了人们通过IPTV＋机顶盒不仅可以观看电视节目，还可以同时进行通信、互动的愿望。这两点优势应该成为设计IPTV商业运营模式的依据。

IPTV的第一点核心优势使其核心卖点不再是电视传统意义上因受众注意力产生的广告，而是节目本身。IPTV使得传统电视节目的线性传播被交互传播取代，受众出于对节目品牌的依赖程度和消费行为选择、定制电视节目，因此，相应的，电视节目的编排、编辑策略也要发生改变，遵循黄金时间规律的节目编排与编辑已不再适应新的需求，新的传受模式要求集成商从用户体验出发，根据节目类别、特点、用户收视行为和习惯，借鉴传统节目的编排技巧，融合信息技术应用，体现检索、超链接、交互功能等菜单式人机对话功能的编排编辑策略。同时，搜索作为一项信息增值服务成为IPTV连接节目与用户之间关键的纽带。目前，体现节目编辑思想和信息技术功能应用相结合的搜索技术和EPG系统已经进入商用阶段。基于Web应用的文字搜索服务技术在对用户发出请求后的响应时间、召回率、准确率和相关度等方面已经日臻完善，以广告、竞价排名为主要营收的商业模式也支撑和驱动搜索服务提供商投资于视频搜索技术的开发应用和商业模式的探索。①

百视通与百度的合作正是看中了百度强大的数据搜索能力。2006年6月19日，上海文广运营IPTV业务的子公司"百视通"与百度签署了全方位合作备忘录，双方共同推动IPTV及相关产品在我国的进一步发展，根据协议百度著名的社区知识服务类搜索产品"百度知道"，将在上海文广的IPTV平台上应用并推广，同时，百度作为全球中文搜索技术领先的公司，也将积极配合上海文广进行一系列基于IPTV平台的内容搜索服务项目的设计与开发。张大钟谈到这次合作时表示"上海文广将致力于结合IPTV这一新的媒体互动方式，开发

① 陈斯华：《IPTV产业价值链研究》，中国传媒大学出版社2008年版，第112页。

更好的节目内容来服务观众。百度是一家基于技术的新媒体公司，它的每一个搜索结果页面，都是在与用户的互动过程中产生的，‘百度知道’也是在与用户的互动过程中产生的知识性社区。我们和百度合作最为看中的就是他们利用搜索技术管理和推广互动内容的经验”。[①]

此外，EPG(电子节目单)作为IPTV播出平台的门户正在得到广泛应用，其采用界面表现层/业务逻辑层/数据层三层架构，快速响应用户发出的请求，并能够面对不同用户群组提供的EPG，支持个性化定制。EPG一般包含正在播出和将要播出的节目信息，未来一周播出节目的信息，并利用视频搜索引擎技术，提供按播出时间、节目主题、节目供应商等信息属性进行检索查找的功能，用户在播出节目信息汇总可以看到和播出节目相关的背景信息。[②] EPG的经营价值在于它的使用率非常高，用户通常把EPG设为开机界面，因此，EPG拥有丰厚的广告收入，使其成为IPTV运营的核心资源之一。

IPTV的第二点核心优势使得其利用IP的网络交互优势实现用户对信息的反馈与互动，由此可实现业务增值。以美国为例，它在普遍采用IPG(Interactive Program Guide，交互式节目指南)的基础上，使传播者和观众之间的互动无处不在，比如购物服务、视频游戏、新闻节目及教育节目互动等。家庭购物频道提供了简单的消费者打电话订购的方式，新闻节目则可接受民意测验。同时，其IPTV兼容DVR(Digital Video Record硬盘录像机)，用户可随时对节目进行定制存储刻录。

相比之下，我国目前的交互开发尚有一定差距。基于此，IPTV差异化的赢利模式也就没有凸显，其普遍赢利模式尚处于包月收费和点播按次计费阶段。这与发达国家捆绑式“打包”销售的营销策略差距较大。

在美国，IPTV的使用一般被包含在用户定制的家庭网络“包裹”里，由于三网融合以后电信与电视业均可同时提供对方原有的服务，因此很多电信电视机构通过三合一服务(triple-play)的方式，将语音业务、互联网接入业务和电视业务捆绑在一起提供给用户，形成各种“包裹”(package)，用户可以自行选择包裹

---

① 《百度牵手文广百视通共建IPTV内容为王》，http://tech.qq.com/a/20060619/000196.htm，2006年6月19日。

② 陈斯华：《IPTV产业价值链研究》，中国传媒大学出版社2008年版。

的种类,比如 40 美元/月的包裹,可包 20 美元电视费,10 美元上网费,10 美元电话费。这样做的结果一是方便,三项服务一次搞定,用户不需向三家公司申请。二是价格便宜,一般情况下,三网融合的“捆绑服务”费用每月要比单独申请服务的费用便宜 20 美元至 30 美元。三是技术的进步提供了更多便利。目前有的公司已经将电话与电视结合起来,看电视时如有电话进来,电视机屏幕上将会显示出电话号码。此外,电视与电脑的结合,使用户可以通过电视机上网,也可在电脑上收看电视节目。①

五、提升互联网电视商业模式

互联网电视因具备网络链接功能,能为用户提供涵盖 IPTV、互动电视、网络视频提供的所有业务形态。但是,由于目前用户开机率低,现阶段为了推广用户规模,互联网电视的内容服务还是免费形式。未来,随着用户规模的扩大,它在经营上可实现多元化的收费模式,包括单片点播收费、频道收费、节目包月收费、套餐收费等。除此之外,在信息服务、增值业务、电子商务等方面均可发展业务,这使互联网电视与 IPTV 的功能区别不大。

在中国互联网电视发展初期,其产业链基本为:内容提供商+网络服务商+电视一体机厂商的模式(如图 5－10)。但随着国家层面对互联网电视的发展方式作出的重大调整,促使互联网电视产业链结构发生了变化,构筑了一条以“集成播控平台运营商”(到目前为止共有 7 家集成播控平台运营商)、“内容服务牌照商”(到目前为止基本是广电系统内运营商)、“网络运营商”(包括电信运营商、有线电视网络运营商和部分独立互联网接入服务提供商)、“电视机一体商”为主要参与者的产业链,由此带动上下游和外围产业的发展。

随着宽带速度的提升,互联网电视基本可以借助公共互联网传播,不需要电信运营商的必然参与。于是,基于利益分成的考虑,在当前的产业链中,网络运营商这个环节暂时被牌照商和家电厂家所忽略。但是对牌照商和家电厂家而言,二者依托各自优势也希望主导产业链。2010 年出现的智能电视就是家电

① 连少英:《美国三网融合给中国的启示》,《第三届经济新闻改革与发展研讨会论文集》,辽宁美术出版社 2010 年版。

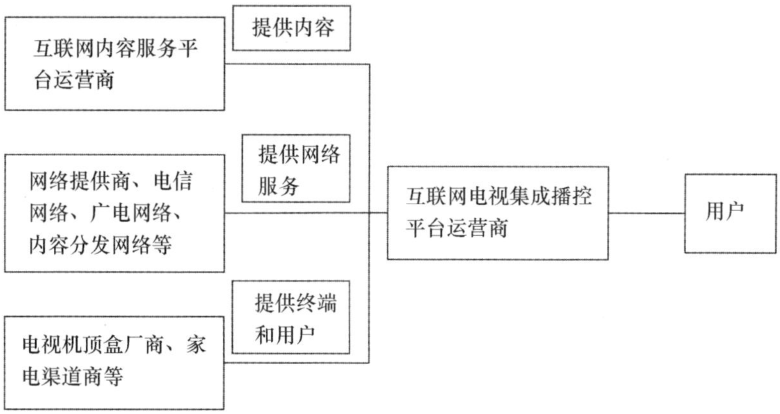

资料来源:中国(上海)网络视听产业基地编:《2012 中国网络视听产业报告》,上海科学技术文献出版社 2012 年版。

图 5－10 互联网电视产业链基本结构图

厂家希望通过自己的开放平台实现内容多元化从而主导产业的表现。另一方面,对于电信运营商来说,即使没有牌照商和家电厂家,它对互联网电视的网络支撑也处于和 IPTV 同一个服务范畴的业务形态,没有太大的服务差异性。这也让它在互联网电视产业链的实际角色定位产生一定困惑。这些问题的存在,表明中国互联网电视市场尚处在初级发育阶段。在产业链的发展模式、市场商业发展模式等方面尚需时日完善。

第三节 依托融合技术进行平台创新
——百视通的成功营销分析

百视通新媒体股份有限公司(BesTV)公司是 SMG 与全球多家知名的新媒体产业链合作伙伴合作组建的新媒体公司,专门从事 IPTV、手机电视、网络视频、互联网电视、移动互联网等新媒体全业务运营,是目前中国大陆布局最全、收入规模最大、盈利能力最强的新媒体公司,也是全国广电领域首个新媒体上市企业。

2005 年 3 月,SMG 获得了国家广电总局颁发的国内第一张 IPTV 全国运营牌照，并获准将“BesTV 百视通”作为 IPTV 业务呼号。之后几年内，广电总局陆续为央视国际南方传媒、国际台、杭州华数、江苏电视台发放了全国和区域性质的 IPTV 牌照。其中，南方传媒在三网融合政策出台前夜的 2010 年战略性地放弃了珍贵的第三张 IPTV 牌照。虽然广电总局发放了 6 张 IPTV 牌照，但在实际的发展过程中，只有上海百视通充分利用牌照，与电信运营商紧密合作，在 IPTV 市场高歌猛进，到 2011 年，不仅完成了近千万的用户积累，更凭借 IPTV 的商业模式，成功登陆国内 A 股市场，成为 IPTV 最大赢家。据不完全统计，在目前中国的 IPTV 市场，百视通的份额超过 70%，2012 年其用户规模达到 1500 万左右。[①]

百视通的成功得益于其在国内率先将电信网、电视网、互联网结合起来，创新出各产业合作方的分工合作、优势互补的 IPTV 业务模式。上海文广全面负责 IPTV 业务内容集成、电子节目指南设计与制作、版权管理、用户管理等，有效管理 IPTV 业务的内容及播控环节。上海电信主要负责 IPTV 内容的传输和后台管理系统。其意义在于，借用电信成熟的宽带业务，广电可以为原有用户提供一站式、多业务的服务，对于电信而言，IPTV 业务属于黏性业务，发展 IPTV 是为了提高用户对宽带业务的黏着度。据业内人士统计，每发展一个 IPTV 用户，用户黏性会提高 20%。百视通的 IPTV 模式在 2006 年 2 月被中共中央政治局常委李长春誉为我国数字电视的“上海模式”。

作为目前中国领先的新媒体视听业务运营商、服务商，百视通的 IPTV 得以成功营销，得益于以下几点：

一、充分利用 IP 网络的数据挖掘功能，进行有针对性的用户精准营销

百视通上海总部自 IPTV 开始商业化运营之后，就成立了数据挖掘部门，针对各地用户收看 IPTV 节目的开机率和到达率进行采集和挖掘，从而掌握了大量第一手市场信息。例如百视通发现儿童节目是继传统的新闻、电影等节目之后点播率最高的节目，这类节目的正常播出时间正是小朋友们吃饭和做作业

① 参见中国（上海）网络视听产业基地编：《2013 中国网络视听产业报告》，上海科学技术文献出版社 2013 年版。

的时间，父母不允许他们在这个时间看电视，所以点播相对比较多。他们还从数据挖掘中发现，北方人收看电视的时间普遍比南方人长，尤其是冬天苦寒的时候，窝在家里看新闻和电视剧显然比在外头闲逛要好。[①] 因此在节目安排上就侧重这些类别的节目。

二、注重与有线数字电视的差异化互补

通过技术、内容、产品定价、市场定位等措施，百视通 IPTV 实现了与有线数字电视互补定位。有线电视、数字电视价格较低，为百姓提供的是一种大众化服务，而 IPTV 因为网络、互动性产品的投入很大，所以市场定位一直较为高端。同时，它对不同用户做出了细分，设置了电影、电视剧、财经、体育等内容专区，其数量和内容均会应用户喜好逐步增加，满足用户的个性化收视需求。百视通还根据其业务的类别进行重新汇聚和分类，方便用户能够快速找到自己想看的内容。[②] 2006 年百视通与百度的合作正是基于百度强大的搜索功能，将其应用于 IPTV 节目搜索上。

三、开放资本市场，与其他产业合作共赢

百视通的成立是 SMG 与多家新媒体产业链合作伙伴合资组建的，在其运营的近十年的时间里，不断通过合资、合作等形式与其他产业进行灵活的营销合作。以下是近三年来百视通与其他产业的合作历程。

2011 年上海电视节期间，三星电子与百视通签署战略合作协议，双方共同搭建智能化平台，通过互联网为电视机用户提供合法版权的视听内容，为用户提供更多节目点播和搜索服务。百视通自启动互联网电视业务以来，至今已与创维、海信、康佳、海尔、清华同方、厦华等电视机厂商实现合作，并与三星、夏普等开展联合技术研发与服务。

2011 年 2 月，百视通在上海与中国电信合作推出以高清互动视频为主的

① 蔡敏:《媒介融合胜出战略》，中国书籍出版社 2012 年版，第 151 页。

② 同上，第 152 页。

IPTV3.0 业务，强调高清互动、跨屏共看。

2012 年 1 月 5 日，上海广播电视台、上海东方传媒集团有限公司（SMG）旗下百视通新媒体股份有限公司（BesTV）携手联想集团在上海推出了互联网电视机顶盒 A30，为用户提供基于宽带互联网和移动互联网的多元化智能电视体验。

2012 年 5 月 8 日，国广东方网络（北京）有限公司（简称国广东方）与百视通在北京签署了 CIBN－BesTV 互联网电视战略合作协议。CIBN 是国际台开办的新媒体国际传播平台，CIBN 互联网电视是国际台新媒体战略下的核心业务之一，由国广东方负责运营。根据双方协议，国广东方将集成国际化内容，与百视通海量视频内容库形成差异化互补，建立中外文化交流的内容双向体系；百视通也将为国广东方的互联网电视业务提供核心技术平台和运营经验的支持，实现双方业务服务能力和用户体验的双提升；同时，双方还将在全球范围内开展包括新媒体节目制作、网络建设和 IPTV 平台技术对接等多层次业务合作。

2012 年 12 月 26 日，百视通与国美签署战略合作协议，全面启动针对互联网电视机顶盒（OTT）等业务的合作。此次合作开创了新媒体企业与家电零售连锁企业跨行业深度合作的先河。根据协议，囊括海量正版视频、应用平台、增值服务的百视通高清 3D 智能云电视机顶盒“小红”将在国美实体店渠道基础上，增加电商渠道。国美将在门店特设“小红”（百视通推出的国内首款高智能功能的电视机顶盒产品“小红”，其内置的“百视商店”是首个为电视屏幕定制的应用商店产品体验区），让消费者可以在国美线下渠道，轻松体验百视通提供的新媒体服务。线上渠道为更多的消费者提供购买体验的互动、评论，第一时间反馈市场声音。

2013 年 1 月 10 日，华为终端宣布与百视通达成战略合作，开辟跨产业领域合作的新模式。双方将会在视频解决方案、市场推广、技术等方面形成全方位合作关系，实现端云协同，从而为用户提供更好的体验。华为方面表示，把百视通资源植入华为终端，不仅能让华为终端给用户提供更好的音视频体验，同时提升华为终端的品牌竞争力。而百视通方面，上海电视台副台长、百视通股份公司副董事长张大钟表示，与全球领先的智能终端品牌华为终端达成战略合作，可以利用华为的全球化渠道优势、运营能力和合作伙伴，利用其全球市场份额第一的移动宽带终端、家庭接入终端，与百视通的内容及运营优势形成有益互补。

2013 年 9 月 24 日，百视通宣布，与微软在华成立合资公司“上海百家合信息技术发展有限公司（暂定名）”，注册资本 7900 万美元（约合 4.83 亿元人民币），百视通斥资 4029 万美元控股 51%，微软公司拟以现金投入 3871 万美元，约合 2.37 亿元人民币，持股 49%。合资公司双方总投资额为 2.37 亿美元（约合 14.5 亿元人民币）。该公司经营期限为十年，百视通和微软两家公司计划拿出各自与业务相关的核心资源，在新一代家庭游戏娱乐技术、终端、内容、服务等领域展开全面的合作。百视通与微软通过此次合资合作，试图打造基于游戏的“新一代家庭游戏娱乐产品”和“家庭娱乐中心服务”。

百视通通过一系列合资、合作，其媒介市场的资本像雪球越滚越大，视频新媒介的运行经验也越来越成熟，产业价值链得到不断提升。

四、三屏融合的多平台营销

三屏融合是指基于三网融合应用层面的融合，覆盖电视、手机、电脑三种终端。从概念上看，三网融合是基于产业角度，而三屏融合则更是基于客户角度。随着宽带中国的建设和 3G 时代的到来，三屏合一的体验已成为受众尤其是年轻人追逐的时尚，三屏合一意味着将电视、电脑、手机三个屏幕融合为一个，实现台网联动、电网直播，是视频类流媒体未来发展的趋势。[①] 2009 年，SMG 旗下的新媒体部门，负责 IPTV 业务的百视通、从事手机电视业务的东方龙以及专注于互联网视频业务的东方宽频三家公司开始业务整合，合并成为聚焦三屏业务服务的百视通新媒体公司。三屏融合是百视通自主研发的跨终端新媒体传播技术。其业务模式是：用户可以用统一的账号进行电视屏、电脑屏、手机屏三个屏的业务登录并且能够实现跨屏订购。三个屏的分工为：电视屏主要特点是清晰完整，因此它可以作为一个视频播出设备；电脑屏是一个服务的终端屏，不会播放大量的节目，而是提供一些花絮以及热播节目为主的内容；手机屏则是 5 分钟之内的短内容。手机屏是电脑屏和电视屏的精华延伸和价值提升手

① 崔保国：《2013 中国传媒发展报告》，社会科学文献出版社 2013 年版，第 32 页。

段。手机上的视频和电脑、电视有差异，其特点是短、小、精华，目的不是让用户将时间花费在手机屏上看电视，而是将用户拉回到电视屏前，为电视屏提升价值。而不管是新片的片花还是资讯的信息，都是以手机屏为载体和通道，以为电视屏服务为目的。①

百视通在国内率先开发的三屏融合跨终端营销模式在国外也是比较先进的。2009 年 6 月，美国时代华纳和康卡斯特就曾经推出"电视无处不在"的项目，这一项目能够让有线电视付费用户自主地在计算机上通过时代华纳的特纳电视网和特纳广播网收看电视节目，订户无须另行付费。2010 年，由新闻集团、NBC 环球和迪士尼三家媒体公司合资成立的 Hulu 公司也曾推出 Hulu Plus 业务，用户可通过"打包"付费在网络电视、计算机和手机上收看电视节目及影片。

这种三屏融合的营销模式以用户为中心进行设计，用户通过在三屏中自由切换，极大增强媒介使用体验，同时，通过三屏同时捆绑营销，也可以大大增强用户的黏性。对于企业而言，可以在三屏同时推送广告，因而提升了内容品牌的价值。

百视通作为中国第一个将三网融合理念贯彻落实到实际产业运营中且运营成功的 IPTV 典范，其发展中也遇到一些问题。最大的问题来自于 IPTV"两级办"的模式，自广电总局发布 1344 号文以后，以 CNTV 为总平台、地方电视台建分平台的"两级办"IPTV 模式进展迅速。在 CNTV 的强势发展下，百视通的 IPTV 业务也面临挑战。2012 年，在广电总局的推动下，CNTV 和百视通的播控平台进行了合并，实现了中国特色的合作。但由于迟迟未挂牌，导致在实际操盘中时而发生矛盾。比如 2012 年 8 月份，CNTV 曾起诉百视通，称其盗播央视伦敦奥运节目。这表明，在中国特殊的行政体制干预下，三网融合的各方尚不能完全遵循市场的运行规律而合作，导致合作方怨声四起，也影响了三网融合的进程。比如在行政色彩浓厚的 IPTV"两级办"的模式下，电信运营商对于收益不成比例、内容受制、业务发展遭掣肘以及收益分成有限等方面的悲观，使得在许多地方 IPTV 播控平台对接关口电信运营商缺席。

① 蔡敏:《媒介融合胜出战略》，中国书籍出版社 2012 年版，第 151 页。

本章小结

本章是对 CPPS 营销理论的第二个 P 即“Place”：构建电视产业内容与多屏有效对接的营销渠道的论述。三网融合下，基于终端多样化而产生的用户信息消费方式发生了很大变化。电视业务要在为不同终端进行有针对性内容集成的基础上，通过有效的营销渠道，实现内容有效落地，从而实现内容产业的价值增值。

这一章主要分两大部分进行阐述：多平台整合营销、全产业链运作。

在多平台整合营销中，本章以唐·E. 舒尔茨的整合营销理论（IMC）为基础，提出了四种营销策略。在台网互动的营销策略中，结合国外特别是 CNN 的台网互动做法，指出了我国的不足并提出了改进的建议。在台与他网的合资、合作营销策略中，指出在我国当前媒介投资环境日益松动的情况下，传统电视产业应该适当延伸投资的触角，通过与新媒介合资实现内容落地与产业价值升值双赢。在借助社交媒体的节目品牌营销策略中，指出社交媒体“卷入”模式的灵活运用将能促进传统节目品牌的病毒式扩散。

本章指出要彻底改变我国长期以来囿于行政属性而存在的单一广告营销模式，要充分利用三网融合后各产业之间的关联性，紧紧围绕内容构建更加立体、多元的产业间合作的营销模式，以实现电视内容的价值增值。

第六章　促进电视产业多屏营销的可持续发展

2002 年 7 月，在北京举办的“21 世纪传媒业发展”研讨会上，美国维亚康姆(Viacom)公司董事长萨默·雷石东(Sumner Redstone)在会上着重阐述了创建国际传媒企业的理念，即 ABC。A 即购买(Acquire)，是指购买和开发最好的内容，B 即品牌(Brand)，是指对内容进行品牌建设，C 即版权(Copyright)，是指对自己创建的品牌内容进行严格的版权保护。① 雷石东的这番话对于在视网融合时代的电视媒体来说，其意义在于，电视媒体要想实现可持续发展，必须在牢牢把握住自己优质内容的基础上，进行品牌的版权保护。这一章是本书提出的 CPPS 营销战略模式的延续部分，是 CPPS 营销战略能够顺利进行的法律保障。

第一节　加强版权管理　防止内容产品侵权

版权又称著作权，是指作者依法对其创作的科学、文学、艺术作品所享有的人身权和财产权的总称，是创作者的专有权。版权管理是发达国家电视媒体的核心业务。整个机构的业务运行，始终围绕版权创造、版权运用、版权管理、版权维护展开。版权管理针对的实质是内容产品管理。对于一个电视媒体来说，内容是其安身立命之本，也是其竞争的核心力量。但囿于体制、思维意识等因素，我国电视业长期以来在内容版权管理方面与西方发达国家存在较大差距。三网融合给内容版权管理带来哪些挑战、应该采取哪些新的措施，这些都是亟待解决的问题。

① 支庭荣、张于炎、肖斌：《电视与新媒体品牌经营》，中国人民大学出版社 2007 年版，第 14 页。

一、版权管理的重要性与我国当前版权管理的现状

国外发达国家电视媒体版权管理的通行做法是：有一整套完善的版权管理规章制度和文本体系作为业务操作规范；版权管理部门是权威的专业性机构，版权管理专业人员具有一定规模，比如 BBC 版权部有 400 人；通过与集体管理组织签署一揽子协议，解决节目制作过程中使用音乐、图片等作品问题；通过合同解决与表演者、嘉宾的版权关系；制定内部的付酬标准；协调节目采购，与播出部门互相配合，互相监督，各司其职；主导节目版权开发，将节目版权开发作为重要的收入来源，视节目再利用的价值为节目质量的主要标志；重视节目视频音频资料的存储、编目，为节目制作提供素材；通过计算机管理系统收集记录各类版权信息，提供查询服务；主导版权合同谈判，保管合同正本；采取各种手段维护版权，打击侵权。①

相较之下，我国电视媒体的版权意识和版权管理相对还比较落后。有法律支持的仅有 1990 年《著作权法》对涉及版权的问题进行了规范要求，通读全文，仅在第十条对著作权人信息网络传播权作了规定，即以有线或者无线方式向公众提供作品，使公众可以在其个人选定的时间和地点获得作品的权利；在第四十七条中对传播著作权人作品的法律责任作了规定。由于这些规定比较笼统，远远不能满足新媒介下内容交易日趋活跃的版权需求。

三网融合下对版权管理提出了新挑战，当前的版权管理难点更在于数字版权管理。因为数字版权管理不仅涉及版权保护而且涵盖数字媒体内容传输、管理和发行一套完整的解决方案。数字版权管理是“对有形和无形资产版权和版权所有者关系的定义、辨别、交易、保护、监控和跟踪的手段”②。三网融合下，数字视音频压缩、存储和网络技术迅速发展，视频传播的终端不断丰富，各类电视节目、电视剧、电影、动画片等原本在传统电视媒体播出的内容，如今成为各类视频网站、互联网电视、手机电视终端视频内容首选。这给传统电视内容产品

---

① 石村：《从版权的角度看电视节目创新》(下)，《电视研究》2013 年第 10 期。

② 丁文华：《数字时代的广播电视版权管理——应用与需求的初步考虑》，《现代电视技术》2004 年第 12 期。

的制作、传播和消费带来全新发展机遇的同时，也对其版权保护提出了新的挑战。主要挑战在于数字技术使得数字内容的复制、储存和再传播的成本大大降低。因此，在目前中国电视版权市场还很不完善的情况下，大量的盗版内容被移植到其他终端，导致非法传播。另一方面，电视媒体不能因为担心被侵权而放弃开发节目产品再利用的营销机制。事实上，评价电视媒体产业发展水平的重要指标之一，就是看其节目产品的市场利用率，利用率越高，其产业化发展水平越高。

长期以来，我国电视媒体的盈利主要体现在售卖节目时间段的广告层面，忽略了可以给电视业带来更加丰厚利润的另一块沃土，即版权经济和版权贸易。造成大部分自制节目在首播和一周内重播后就入库封存，不再进行再次版权贸易，从而造成了资源的巨大浪费。从我国电视版权贸易额来看，在总体版权贸易中所占的比重较少。在美国，影视业版权贸易额 2002 年达到 170 亿美元，年均增长 9.25%。对于版权在电影业中的盈利问题，光线的王长田曾说，美国的电影票房只占电影产值的 25%，但是在电影院上映完之后，它可以卖 DVD、卖互联网、卖电视台，可以去授权开发玩具、游戏、主题公园等，这些收入占了 75%。如果没有版权的保护，那 75%是不存在的，就像我们现在看到的中国的状况，中国的电影票房占了整个行业收入的 80%、90%，意味着我们的版权销售只占了 10%到 20%，这 10%和 20%是因为盗版才出现的，如果到了美国，我们的电影产业值应该乘四倍。而目前国内的情况是，以 2005 年为例，出版、电影音像和软件三个和新版权产业合计 37.53 亿美元，占出口总额 0.49%，其中，软件占 0.47%。显然，包括电视业在内的其他版权产业份额少到几乎可以忽略不计。[①]

另一方面，我国电视经过几十年的内容积累之后，拥有庞大的内容资源，以中央台为例，经过四十多年的发展积累了 40 万小时的珍贵节目资源。目前中央电视台共开办了 16 套电视节目，每日播出节目量约 300 小时，日节目制作量超过 100 小时，全年达到 3 万至 4 万小时。如果拥有强大的内容版权管理体系，这些资源将可以转换成巨大的物质财富。目前，在华语电视里对内容版权的开发方面做得最好的是香港无线电视台。TVB 在 2008 年收入 44 亿港币，其

① 穆俊翰，李昕：《我国电视版权贸易现状与问题研究》，《编辑之友》2011 年第 11 期。

中广告收入仅占一半，其他收入来自于节目版权发行和海外付费收视业务。

中国内地将版权管理工作纳入重要工作内容是近几年的事，才刚刚开始启动。如上海文广近年对集团下属的6个电视节目片库中的3万多盘电视节目进行全面的版权清理与确认工作。目标是彻底摸清库存电视节目版权现状，以节目版权为主要判别依据，建立健全节目版权管理相关组织与机制，重新规划电视片库的总体格局，构建版权节目评估。以此为基础，实现片库资源的整合，统一调度，为高质量的资源开发提供便利。基于以上版权管理措施，2008年SMG国内发行收入达3614余元，同比增长33.6%；2009年前五个月国内发行收入2500余万元，同比增长42%。2008年SMG自制节目的海内外版权收入达3.6亿元。在全国居于前列。[①] 但是，从总体来看，各地电视台的版权管理尚处于初始阶段，版权管理不规范，版权机构不完善，版权贸易额不高。在三网融合下，版权贸易的范围大大拓展，不仅体现在节目的海内外同行业发行上，还体现在跨媒介交易上，随之而来的，是跨媒介交易的标准制定、交易规范等一系列相关问题亟须研究出台。未来，跨媒介交易将一方面给电视媒体的版权交易提供很大机遇，另一方面，将对其如何在新形势下合理进行版权保护提出严峻挑战。

二、三网融合下出现的电视内容产品侵权问题

(一)网络视频侵权

根据《中华人民共和国著作权法》规定：发行权，是指以出售或者赠予方式向公众提供作品的原件或者复制件的权利；信息网络传播权，是指版权人在信息网络上通过有线或无线的方式传播作品，使公众可在其个人选定的时间和地点获得作品的权利。传统的发行需要很多硬件条件，发行作品不是一件容易的事情，而随着网络技术的发展，毫不夸张地说，每个人都可以发行作品。用户通过网络将作品向其他用户上传，使其他人可以从个人电脑中下载并获得复制件，也就是说用户向不特定的其他网络用户提供了作品复制件，这无疑就是一

① 穆俊翰、李昕：《我国电视版权贸易现状与问题研究》，《编辑之友》2011年第11期。

种类似于发行行为的活动。这是用户个人对个人的行为，还有一类是视频网站，网络上存在着大量收费或免费的视频网站，用户只需进入这些网站，就能观看很多的电视节目，而这些借此牟利的网站所播放的电视节目绝大多数是没有获得版权许可的。[①]

2013 年 11 月 13 日，一场涉案金额达 3 亿元的网络视频反盗版联合行动在北京启动。发起维权行动的一方，是以网络视频播放业务为主的搜狐视频、腾讯视频、优酷土豆视频、乐视网、光线传媒等互联网巨头和文化传媒公司，被声讨的一方，是全球最大的中文搜索引擎百度公司。参加这次反盗版联合行动的还有中国电视剧制作产业协会、首都版权产业联盟、索尼、华纳兄弟、华谊兄弟、迪士尼、BBC 等众多机构和版权方。如此规模的会议，锁定的声讨对象，非常明确，那就是百度旗下的四款产品，包括百度视频搜索、百度影音、百度视频 APP 和百度影棒。在反盗版行动启动的同时，上述网站、机构和版权方也同步采取了技术反制和法律诉讼，指控百度盗链、盗播视频影视作品逾万部，向百度索赔损失 3 亿元。[②]

维权企业在维权活动上公布的视频证据显示，网民只要通过百度影音搜索某部电视剧或某一部电影，选择搜索结果并点击链接，在第三方盗版视频网站上开始收看视频的时候，正版视频公司在后台的抓取软件即可以看到，用户的电脑实际是在向百度的服务器请求数据，而不是这些被点击的小视频网站。维权的互联网企业认为，大家虽然看的是盗版网站的网页，但实际上，是百度公司在给用户提供盗版得来的视频播放服务。据了解，出于发展百度客户端这一目的，百度对建立以盗版为主要特征的视频网站提供了全方位支持，盗版者可通过光线 CMS 系统迅速建立一个盗版影视站点，并使用百度的视频种子文件存储、分发服务器，然后，百度又通过定向链接的形式为盗版网站注入流量，用户进入盗版视频网站后，需下载百度影音播放器或百度浏览器才能观看盗版影片，而百度最终付给盗版网站百度影音推广费用和百度网盟的广告分成。这样的利益链条使得中国电影产业损失近 800 亿元。[③]

---

① 菅成广:《电视节目网络传播的版权问题研究》,《法制与社会》2011 年第 26 期。

② 以上数据来自《经济半小时》节目,2013 年 11 月 27 日。

③ 以上数据来自《经济半小时》节目,2013 年 11 月 27 日。

在反盗版联盟强大的声讨下，两天后，百度在手机端即百度视频 APP 部分停止盗播优酷土豆、搜狐视频和腾讯视频的版权影视内容，同时百度视频 APP 也下线部分盗版美国电影。但反盗版联合行动方继续声讨，要求百度还应立即停止在 PC 端百度影音客户端盗播，停止在移动端百度视频 APP 对乐视网、酷6、56 等视频网站的盗播。同时停止支持建立盗版视频网站的光线等 CMS 系统、不再利用搜索市场主导地位向盗版网站输送流量以及通过百度联盟向盗版网站输送分成。

随后，这一事件持续发酵，12 月 27 日，国家版权局通报：百度和快播公司构成盗版属实，分别对二者予以 25 万元的法定最高行政处罚，并提出明确的整改要求，责令其停止侵权行为。11 月 29 日，海淀法院作出一审判决，百度对优酷土豆的侵权事实成立，应立即停止侵权行为，并对其处以 49 万元的罚款。

事实上，由于我国现行的《著作权法》中对这种新技术环境下竞争行为模式没有明确的侵权界定，因此类似这类侵权起诉的取证和判定难度较大，需要和我国已经有的惩罚规定和司法规定能够结合起来进行考量。另一方面，目前国内知识产权侵权的违法成本较低、维权成本和难度较高，这在客观上不利于版权保护。百度、快播的这次被诉侵犯事件客观上推动了知识产权保护的立法进程。

(二)互联网电视侵权

随着三网融合的推进，以集成播控平台运营商、内容服务牌照商、网络运营商、电视机一体商为主要参与者的互联网电视产业开始加速发展。据 Digital TV Research 预测，中国互联网电视市场的营收规模将从 2010 年的 5000 万美元增长到 2016 年的 13.8 亿美元。到 2017 年，中国互联网电视数量将从 2010 年仅有的 200 万台增至 9300 万台。[①] 但由于互联网知识产权保护本身存在极大的缺憾，导致在互联网电视发展中出现了越来越多的侵权案件。

互联网电视在商业模式上有两种，一种是智能电视机模式，一种是机顶盒模式。前者是家电厂家为了规避与互联网电视牌照商的一对一受限局面而借助 Android 的开放式平台，打造自身可控的智能应用商店的模式，借助 APP 客

① 张书乐：《互联网电视版权纠葛》，《法人》2013 年第 1 期。

户端的形式,引入更多互联网内容厂家。[1] 但在实际使用内容过程中,电视机厂家常常使用未经授权的内容,导致被版权方起诉成为家常便饭。如 2010 年,中国音乐著作权协会以涉嫌侵犯权利人著作权为由,将 TCL 和北京苏宁电器有限公司告上法庭,要求对方立即停止生产和销售所涉及的侵权产品,同时赔偿各类经济损失共计 111 万元。[2] 后者是由内容牌照商和电信运营商或第三方携手打造的以"机顶盒+电视机"为主的终端形态。也就是说,电视机厂商需要借助牌照方的播控平台和电信运营商提供的网络来对消费者提供互联网电视服务。

但是,目前在市场上推出的机顶盒产品大多未与互联网电视牌照方合作,集成内容未经播控直接提供给消费者。有的甚至违反广电总局相关规定,在产品中嵌入多个未经播控的内容服务平台,甚至直接在产品中提供开放式链接。这与广电总局要求"不能与未经广电总局批准的互联网电视集成平台相连接,不能采取开放式链接"相悖。[3] 2012 年 11 月,仅销售一周就被广电总局紧急叫停的小米盒子,即是因为未取得牌照或与牌照方合作便在市场上擅自发行。根据国家广电总局颁发的 181 号文,即《持有互联网电视牌照机构运营管理要求》,181 号文要求机顶盒生产方必须有互联网电视牌照,或与牌照方合作。目前通过广电总局验收的平台只有 7 家,分别是:CNTV、百视通、南方传媒、华数、中国国际广电电台的 CIBN、湖南广电以及中央人民广播电台的 CNBN——央广广播电视网络台。一个成功的"盒子"要发行除了拥有牌照外,还要有硬件以及内容的支持。在硬件方面,小米没有问题。在内容方面,小米已经和腾讯、搜狐等多家视频网站建立了合作关系。因此小米被叫停,缺的只有牌照。

另据了解,小米盒子实际是与内容播控平台方华数和百视通合作。但国家广电总局认为,小米盒子里有一些视频内容是不受华数和百视通监管的。这些内容主要是小米宣称超过 10 万部来自搜狐视频、腾讯视频、PPTV 和风行等视频网站的影视内容。

---

① 中国(上海)网络视听产业基地编:《2012 中国网络视听产业报告》,上海科学技术文献出版社 2012 年版。

② 张书乐:《互联网电视版权纠葛》,《法人》2013 年第 1 期。

③ 中国(上海)网络视听产业基地编:《2012 中国网络视听产业报告》,上海科学技术文献出版社 2012 年版。

小米盒子当初以三个功能的卖点高调上市：第一个是“米联”：可以把小米手机、安卓手机、iPhone、iPad或者电脑的照片和视频通过小米盒子传输到电视上；第二是播放合作伙伴的在线视频，包括搜狐、腾讯视频、华数、PPTV等；第三则是播放本地的视频文件，支持多种格式。此外它还集合了迅雷、豆瓣电台、多米音乐、植物大战僵尸等娱乐及游戏功能。然而仅在市场推广测试阶段即遭遇的低调下市，这说明，在互联网电视的发展过程中，政策底线不能逾越。

2011年7月14日，北京广电发布《关于严禁擅自设立互联网电视集成平台和非法生产销售互联网电视机顶盒的通知》，通知表示：在广电未开放通过互联网经机顶盒（DVD机等）向电视机终端提供视听节目服务的许可前，各持证网站严禁从事相关业务，不得以内容提供商的身份与非法开展互联网电视业务的公司合作。对擅自从事以电视机为接收终端的互联网视听节目服务业务的网站，广电总局要求应立即整改，自行关闭互联网电视平台，并停止一切宣传、销售活动。[①] 这一政策的出台是针对无视政策底线的严厉警示。这一规定对当时互联网电视机顶盒的生产与上市形成了一定的冲击。

除了牌照官司，内容方诉盒子盗版、盗链的官司近年也不断出现。被业界称为国内首例互联网电视机顶盒侵权案的乐视网诉精伦电子股份有限公司版权侵权案，即是内容方诉盒子未被授权随意进行链接的案件。内容方乐视网2008年10月即获得电影《画皮》的独家网络版权。2011年初，乐视网发现精伦电子公司未经授权，通过其生产的“精伦电子H3家庭多媒体中心”播放器连接互联网后以电视为终端通过自己的网站直接提供电影《画皮》的在线播放服务。2011年4月26日世界知识产权日之际，乐视网以侵犯电影《画皮》信息网络传播权为由将精伦电子股份有限公司等被告诉至北京市朝阳区人民法院。朝阳法院一审判决精伦电子赔偿乐视网5千元经济损失，并承担诉讼费用。这次侵权案件的判决结果将乐视网的经济赔偿要求从15万元变更为5千元。正是考虑了乐视网的诉讼答辩，即精伦H3播放器是一种互联网视频播放设备，本身没有内置任何内容，而是从拥有合法资质的互联网视频合作伙伴处自动获取视频在线播放的网络地址，再将该视频流转换为高清格式输出到电视机播放。在

① 中国（上海）网络视听产业基地编：《2012中国网络视听产业报告》，上海科学技术文献出版社2012年版，第103页。

审理过程中,法院也采纳了精伦电子的部分答辩意见,认定精伦电子提供的是链接服务,而不是直接提供电影《画皮》的直接播放。这一事件表明面对三网融合下媒介行为日益复杂的市场现状,现有法律对版权纠纷这一新事物也采取审慎的态度。

无独有偶,就在笔者撰写这部分内容之时,悉闻广电总局紧急叫停乐视与牌照方 CNTV 合作中嵌入的"视频专区",认为乐视与 CNTV 的合作中,以"视频专区"的方式,盒子接入的是 CNTV 的平台,但这个平台被嵌入了"乐视网 TV 版"的专区,当中有乐视网提供的独家内容资源。

这些侵权事件表明:互联网电视的前路如何,还需要更明晰的法律界定和更明确的政策界定,一两个诉讼解决不了互联网电视这个蓝海市场上的路障,而众多的山寨盒子却完全可能让这个市场变成一个无原则混战的杀戮之海,也将让可能出现的互联网创新被山寨和侵权彻底扼杀于摇篮之中。[①]

(三)版式节目侵权

如本书前文所言,产品创新能力是一个企业的核心竞争力。近年来,我国电视业除更加重视对本土节目产品的研发以外,更多地通过引进境外模式节目占领收视市场。这些节目产品在传播过程中,容易遭遇一个很大的问题,即版式侵权。经常是一个节目火了,很快就看到无数克隆版出现。这在一定程度上搅乱了媒介产品流通的正常秩序。

电视节目版式又被称为电视节目形式或模式。电视节目版式形成一般有三个步骤:第一步先产生创意理念;第二步是借助于纸面的模板对创意、风格、呈现形式和目标观众进行总结;第三步是形成电视节目版式包,它包括概念、生产原则、复制同类节目包含的所有要素,诸如指导、图标设计、演示磁带、音乐、设置草案等。[②] 有学者将电视节目版式定义为,"一台系列性电视节目的框架部分,这一框架由多个要素有机结合而成,通过这一框架,观众能够认知节目的主题并将该节目区别于其他节目"。[③]

---

① 张书乐:《互联网电视版权纠葛》,《法人》2013 年第 1 期。

② 转引自黄小洵:《电视节目版式版权保护之法律困境和进路探索》,《北方法学》2013 年第 4 期。

③ 曹曼文:《电视节目模板的版权保护》,《现代传播》2011 年第 3 期。

从中国目前的法律规定看,《著作权法》并没有将电视节目的版式纳入保护范围,也就是说电视节目版式在我国是不受法律保护的,除节目的名称、图案等有形实体外,游戏方法、规则和节目形式等创意性的事物不受我国《著作权法》保护。[①] 2001 年,北京某电视台曾试图为其制作的《梦想成真》(移植自日本家庭电视节目《幸福家庭计划》)申请专利及版权保护,这是国内首次申请电视模式节目的法律保护。遗憾的是,国家知识产权局和国家版权局指定的北京市版权事务所对此依法予以拒绝。此后十多年,我国对于模式节目的法律保护并没有太多进展。比如 2010 年湖南卫视曾向国家广电局申诉其栏目《我们约会吧》遭到江苏卫视《非诚勿扰》克隆,称《非诚勿扰》在灯光舞美、主持人设置、节目关键环节设置等方面的部分,系剽窃其从英国合作引进的版式节目《我们约会吧》。但由于没有法律支撑,申诉没有成立。

事实上,从 20 世纪 90 年代中期我国电视业开始产业化之路,版式节目与克隆现象就一直伴随着我国电视业的发展。如当年湖南卫视《玫瑰之约》克隆台湾的《非常男女》、《超级女声》克隆《美国偶像》、《快乐大本营》克隆香港《综艺六十分》,中央电视台的《幸运 52》克隆英国 BBC 的《GOBINGO》、《开心辞典》引进英国的《谁想成为百万富翁》等。由于当时电视媒体的知识产权法律观念淡薄,侵权现象比较多见,电视节目的同质化现象严重,盗用他人独创的劳动成果并从中获利的侵权现象时有发生,这造成了电视业界的恶性循环和无序竞争。[②]

随着我国电视三网融合下产业化进程的加速发展,版式节目在我国本土的引进与发展更加多见,与此同时,媒介之间的竞争与合作更加被快速地推进,版式节目被跨媒介克隆、同一媒介不同组织之间克隆的问题更加突出。如最近两年席卷中国大江南北的《中国好声音》,是星空华文传媒旗下的"灿星制作"团队从荷兰引进的模式节目,然而随着节目在浙江卫视的火爆播出,国内迅速出现了"转椅子热",浙江卫视本来计划围绕节目的成功推出进行后续衍生产品的打造,而由于被遍地克隆最后只能放弃。几年前湖南台《超女》热播后被模仿致后续产业链无法开发。应该说,这种同质化竞争的背后,是急功近利的市场心理的驱使由此带来对本土创新能力的抑制。

---

① 李欣:《模式生产对大陆综艺娱乐节目创作观念的影响》,《电影评价》2010 年第 21 期。

② 程艳:《电视模式节目的媒介知识产权保护》,《电视研究》2011 年第 2 期。

在媒介市场呼唤创新与规范的今天，更多的“被克隆者”或采取向有关部门申诉或法律诉讼的方式追讨自己的权益，如湖南卫视向国家广电局申诉其《我们约会吧》遭到江苏卫视《非诚勿扰》克隆；或采取法律声明的方式防患于未然，如2006年年底，上海东方卫视的《舞林大会》在全国热播，与此同时，作为英国BBC同名节目《与明星共舞》(Dancing with the Stars)内地版权的引进方——北京世熙传媒发表律师声明，称未经本公司的授权，不得擅自制作、播出与《与明星共舞》相同或者近似的电视节目。《舞林大会》再一次引发了电视业界和学界关于电视模式节目版权保护的思考。①

德国Red Arrow公司亚太区高级副总裁何艳针对目前我国电视行业亟须解决的问题认为，“变相抄袭永远无法替代原创，也无助于提高创新水平。欧洲的模式节目产业之所以发展得好，有法律保障是非常重要的原因。节目创意者把知识产权卖给销售商，销售商再卖给电视台，每卖一次的收入都会与版权所有者分成。而在中国，这方面的法律保障是欠缺的，行业内部也没有形成自律的风气。版权意识不到位，直接导致了创意激励机制的缺乏。”②

从世界范围来看，欧洲、美国等电视节目版式主创的国家，在节目交易中授权买方复制自己的节目形态并从中收取高额的版式费已普遍成为一种常态。但是各国并没有针对电视节目版式出台一部系统的保护法。2001年4月欧洲在法国戛纳成立了第一个欧洲电视节目版式版权协会，该组织旨在版权纠纷各方之间起斡旋、协调作用，属于民间机构，不具备法律权限。但很多国家会在版权法里对版式保护补充一些规定，如意大利和法国就规定版式保护适用于反不正当竞争保护法，电视节目版式的所有人可以根据反不正当竞争法向法院提起诉讼。英国对版式节目诉讼官司规定，若知名节目的显著特征被模拟，并遭受损失，则可以赢得官司。随着版式创意产业的不断发展，英国从脚本作为抽象的思想不能属于版权保护对象的认定，逐渐转向将电视节目版式作为一个完整的电视节目文本的设置，从而构成了戏剧作品则应当受到版权保护这一理念。美国则以是否与原告作品“实质性相似”以及与原告作品“接触”过作为判断是

---

① 程艳:《电视模式节目的媒介知识产权保护》,《电视研究》2011年第2期。

② 《电视节目创新走市场才是正道》,http://culture.people.com.cn/n/2013/1128/c1013－23678001－6.html

否是模式侵权的依据。但原告必须拿出足够的证据证明被告作品与原告内容有实质性相似及被告接触过原告作品，才可以作为被告侵权的依据。

综上所述，本书认为，应将节目版式保护纳入《著作权法》，并允许电视节目版式进行版权登记。为避免出现版式克隆的争议，应在登记时对版式信息进行系统、详尽地描述，以便出现版式纠纷时主张自己的权利。应将版权保护与商标法、反不正当竞争法等其他法律结合起来，如电视节目栏目的名称可以允许被注册为商标。如果节目在环节设计、节目编排上使观众认为两个节目具有高度相似性和可替代性，那后者的行为就应当视为一种盲目的复制，构成不正当竞争行为。

三、加强版权管理的措施

鉴于三网融合下视频内容流通的数字化、易复制化特点以及当前我国对内容版权管理的实际情况，本书认为，加强版权管理应主要从技术和法律规制等两个方面展开。

（一）从技术上实现内容版权管理

数字时代由于内容的复制、存储、生产均较模拟时代发生了很大变化，信息的管理也变得更为复杂。需要建立一套完整的数字版权管理（DRM）体系以保证版权产业健康发展。这套体系应该涵盖数字媒体内容传输、管理和发行。其中，内容传输和发行渠道可包括以下几类：一是许可他人播放，即本台首播、重播外，还可许可国内其他电台、电视台、国外媒体播出，销售播放权；二是出版发行音像制品，节目可复制成 VCD、DVD、CD 等音像制品出版发行；三是信息网络传播，许可网站在互联网上传播电视节目；四是用其他节目的素材片段；五是出版发行图书；六是报刊摘登；七是授权给 VOD 点播、IPTV、手机电视、移动电视等新媒体业务；九是衍生产品开发，利用节目中的造型、图案、标识、名称等元素，加工生产衍生产品。①

从具体技术手段来看，可从节目拍摄、制作、播出、传输等各个环节进行版

---

① 周莉：《节目版权：广电媒体的核心资产》，《当代电视》2013 年第 9 期。

权管理。拍摄与制作是节目生产的源头。比如由设备厂商在摄像机、ENG 等设备中附加数据信息来对拍摄与制作中的素材进行标时与记录。在播出过程中，数字水印(Digital Watermark)是目前最普遍的数字版权保护技术之一。就如同模拟电视中的台标一样。数字水印把著作权相关的信息嵌入到数字内容中，只有当数据被严重破坏时它才有可能被抹去。即使数据质量降低，只要水印有效它就可以被识别出来。隐性的数字水印通过人的肉眼是看不到的。[①] 在节目传输中，如 VOD、交互电视等，可以使用认证的方式对节目进行版权保护。比如可将节目允许被合法使用的具体细则和要求、场所等用编码的方式嵌入到文件中，只用当条件满足，节目文件才能被打开，节目才能播放。

(二)从法律上规范版权交易行为

技术是防止内容侵权的门槛，但要规范电视内容的版权交易，需要以相对完善的法律防患于未然。基于此，只有建立统一的版权管理体系和相对完整的版权管理制度才能够在很大程度上保障电视内容在媒介之间、平台之间以及平台内部有秩序地流通。

1. 需要建立全国统一的电视节目版权管理体系

从 2008 年开始，我国很多地方包括北京、上海、广州、深圳等地陆续成立了包括版权贸易功能在内的版权公共服务平台和文化产权交易所，这些为电视版权贸易搭建了很好的交易平台。从电视媒体内部来看，很多电视台成立了版权部门，用来对本台的节目内容进行版权保护。北京电视台是我国建立著作权机构最早的电视台，于 2000 年在总编室设置版权管理科；中央电视台于 2004 年在总编室成立著作权管理处，依托雄厚的资源优势，目前已形成相对成熟的版权管理模式。地方台设立较早的是上海文广版权中心，其作为国内地方媒体中首家成立版权管理的专门机构，于 2009 年 6 月正式揭牌，其承担的内容是：规范 SMG 节目版权经营、维护节目及衍生产品版权利益。[②]

各地建立版权交易所和服务中心为版权贸易的开展提供了流通的平台，而

---

① 丁文华:《数字时代的广播电视版权管理——应用与需求的初步考虑》,《现代电视技术》2004 年第 12 期。

② 穆俊翰、李昕:《我国电视版权贸易现状与问题研究》,《编辑之友》2011 年第 11 期。

各地电视媒体内部的版权管理系统的建立则使得各媒体内部的节目版权管理进一步得到规范化、统一化、标准化。然而，三网融合是关涉产业与产业之间，媒介与媒介之间融合、竞合的大政策、大背景，仅仅依靠媒介或部门内部的单打独斗是远远不能适应实际需要的。理想的方式是，建立一个全国统一的电视节目版权管理体系，在这个体系之下，可以分别设立子系统，如将各地电视媒体按行政级别、品牌影响力、节目内容属性等进行分类、分级管理，并设立各级电视媒体的版权管理子系统；可以将互联网电视、IPTV、手机电视、传统数字有线电视、互动电视等各种媒介之间的内容版权交易分类，并制定交易标准。以此来实现对内容版权交易行为的统一分类与定价，并划清责、权、利关系。同时，应该设立一个常态性的电视版权贸易交易中心和服务平台，使得版权交易常态化、稳定化、制度化。从目前地方的版权贸易中心的作用来看，基本是一段时间的暂时性地发挥功能，并不利于三网融合下内容版权交易的日趋活跃化、频繁化、常态化的交易趋势。

2. 需要制定一套完整的针对内容开发和深度挖掘的版权管理制度

(1)合法使用他人著作权节目产品

电视节目在制作过程中使用的作品几乎涉及《中华人民共和国著作权法》所罗列的大部分作品类型，包括音乐、照片、文字、戏剧、曲艺、舞蹈、美术、雕像、图表、视频片段等。按照绝大多数国家版权法和和国际版权公约的规定，电视台在使用他人作品制作电视节目时，除已过保护期和合理使用外，都需要事先取得著作权人同意，与著作权人签订合同，约定双方的权利义务，确定节目版权的可利用范围。

我国的《著作权法》允许广播电视台合法使用他人已发表的作品，即可在事先未经许可的情况下使用作品，事后再付费。但是，法定许可的范围仅限于电视播放，如果要进行二次利用，如网络传播、出版发行音像制品等，则需另外获得著作权人的许可。此外，无论是何种使用，使用作品仅仅是针对作品的财产权而言，著作权人的署名权、修改权、保护作品完整权仍然属于著作权人。因此，《著作权法》第 28 条规定，出版者、表演者、录音录像制作者、广播电台、电视台等依照本法有关规定使用他人作品的，不得侵犯作者的署名权、修改权、保护作品完整权和获得报酬的权利。

三网融合下，信源、信宿、传播介质、信息内容与形式等均发生了很大变化，传统的电视节目制作中使用的信息源也大大丰富，如包括公民自制的视频短片、微电影、音乐等通过其他媒介形式在坊间流传，继而引发传统电视关注甚至成为其座上客的情况也并不稀奇。根据我国《著作权法》规定，电视台播放他人电影作品和以类似摄制电影的方法创作的作品、录像制品，应当取得制片者或者录像制作者许可，并支付报酬；播放他人的录像制品，还应当取得著作权人许可，并支付报酬。这一规定意味着，电视台要使用坊间流行的视音频内容，也均视具体使用情况取得制作人许可并支付报酬。

合法使用他人著作权节目产品还体现在对于外购节目的合理合法使用上。从国家版权局的更新数据来看，我国在 2004 年引进电视版权 2 种，2005 年引进 3 种，2006 年引进 29 种，以后逐年增长，2013 年更是达到了创纪录的 60 多种。这些外购节目多为娱乐节目的版式引进，在引进之后，一个很大的问题是一旦节目火了，就会有诸多节目上马。“转椅子热”“跳水热”正是模式节目被竞相克隆的写照。外购节目的成本相对自创节目要低得多，一般来说，引进版权的费用一般不会超过制作预算的 5%，普通节目一般不超过 200 万元。而克隆的成本就更低。如前文所述，我国目前没有针对版式节目的保护问题出台相应的法律规制，由于没有相应的法律支撑，无论是申诉还是起诉，有关版式侵权的请求胜诉的极少，这一情况客观上加剧了对著作权的不合理复制与克隆，既不利于我国电视节目创新能力的根本培养与提升，又不利于真正繁荣我国电视节目市场。因此，如何合理合法地使用外购节目的著作权尚需要加快立法以便统一规划、科学管理。

(2)授权他人合法使用自己的著作权节目产品

三网融合下，由于各类媒介之间的内容复制、交换、交叉使用变得更为便捷与频繁，可以预见的是，未来几年互联网盗版将大大超过图书、音像制品盗版，成为侵权最严重的领域。这对以内容为核心竞争力的电视产业提出了超过以往任何时候的严峻挑战。电视产业急需要制定相关规制，将节目版权“集中管理，深度开发”的原则制度化、规范化，以便对版权进行统一销售、统一开发、统一营销。同时要探索与其他媒介合作的具体形式，并强化权利归属。

具体而言，可针对侵权严重的网络制定反侵权策略，与合作方签订协议，共同实施监控→鉴定→证据固化等系列流程下的反侵权方案。可将自主版权的节目作为监控内容，以网络作为监控对象，利用专业软件，搜索与之相同和相关的网络视频。向合作方提供需要监控的作品目录，由合作方派专人对目标进行监控，并及时反馈监控信息。对搜索后的涉嫌侵权内容交由专业机构鉴定，出具鉴定书。鉴定书应包括被侵权目标的基本情况，包括播出内容、时间、长度等。鉴定确认侵权后进行证据固化，取得视频下载资料，必要时实施司法公证。在此基础上，实行一系列反侵权措施，如提出警告，通知对方停止侵权，删除上传节目；行政申诉，写出申诉状向行政执法机关投诉；司法诉讼，直接向法院提起诉讼，要求对方赔偿损失。[①]

另一方面，在国家层面，应加快立法，以应对数字技术对传统版权制度的冲击，保证版权贸易在各种媒介之间健康运行。从世界范围来看，世界知识产权组织与 1996 年通过了互联网条约 WCT 和 WPPT，美国在 1998 年 10 月 28 日颁布了《数字千年版权法》(The Digital Millennium Copyright Act of 1998，简称 DMCA)，欧盟于 2001 年 5 月 21 日公布了《关于协调信息社会的版权和有关权若干方面的指令》。《指令》规定了广义复制权、信息网络传播权和对技术措施的法律保护等新的内容，以使权利人的权利能够延伸到数字环境。

我国至今尚没有针对数字版权交易的立法，但从 1991 年 6 月出台实施的《中华人民共和国著作权法》开始，已出台多部版权保护与交易的相关法律，如 1992 年，我国签署《伯尔尼公约》与《世界版权公约》使得我国的版权贸易逐步与世界接轨。2004 年颁布《著作权集体管理条例》，2008 年发布《国家知识产权战略纲要》，明确提出"扶持新闻出版、广播影视等版权相关产业发展"，"完善制度，促进版权市场化。进一步完善版权质押、作品登记和转让合同备案等制度，拓展版权利用方式，降低版权交易成本和风险"。[②] 同时，为鼓励电视产业化发展，从 2001 年开始也陆续有多个法律出台，如 2001 颁布的《关于新闻出版广播影视业改革的若干意见》、2005 年出台的《关于非公有资本进入文化产业的若干规定》，这些对电视产业化发展给予了政策与法律上保障。近几年，随着网络盗版、盗链与侵权现象日益突出，我国加强了打击力度。但同时应该看到，内容侵

---

① 金娜娜：《浅析新形势下的广电节目版权管理》，《中国广播电视学刊》2011 年第 4 期。

② 穆俊翰、李昕：《我国电视版权贸易现状与问题研究》，《编辑之友》2011 年第 11 期。

权现象呈现出跨媒介的复杂化趋势发展，由此产生的关于侵权的申诉及诉讼案例日益增多，而现行的关于版权保护的法律已跟不上现实发展的需要，因此，加快建立适合我国国情的数字版权保护的法律法规迫在眉睫。对于电视业来讲，在三网融合的进程中，一方面要抓住机遇，与其他媒介携手合作，坚定地走市场产业化发展之路，同时，要牢牢抓住内容的核心优势，着眼长远利益，将版权保护工作放在重要位置。唯有如此，才能保证中国电视产业"多屏"营销战略走得更远、更稳。

第二节　实行制播分离　转变体制机制

制播分离的概念来自于英文"Commission"，最早起源于英国，原意是指电视播出机构将部分节目委托给独立制片人或独立制片公司来制作。[①] 通俗地讲，就是将电视节目的制作与播出环节相分离，除了一些有舆论导向性作用的节目（如新闻等）由电视台独立完成，其他节目均由电视传媒公司等社会力量完成，再由电视台购买、加工、审核及播出。这一模式符合当今市场经济体制，也会将创新、竞争引入到广播电视制作行业。[②]

一、我国早期制播分离改革——以节目为单元引进社会化合作

新中国的电视业自诞生以来，曾一度作为纯事业单位经历了漫长而缓慢的发展时期。在此期间，电视业实行完全"制播合一"制度，电视台既是播出单位又是制作单位；至上世纪 90 年代以后，随着社会主义市场经济体制的确立，媒介产业化、集团化的概念开始出现，国家对电视业提出"两条腿"走路的要求，出于繁荣电视节目市场的考虑，"制播分离"的理念逐渐浮出水面。1999 年 82 号文件中发出了在"网台分离"的基础上实行制播分离的信号。1999 年 7 月广电

---

① 任甜甜、宋超：《探索 SMG 制播分离的发展之路——从制播分离对比 SMG 和 BBC 的媒介融合》，《今传媒》2011 年第 8 期。

② 钱越：《我国制播分离改革的现状及对策研究》，《新闻世界》2013 年第 1 期。

总局在“全国广播影视系统内部管理座谈会”上，明确提出要“积极推进除新闻类节目外的其他广播电视节目播出与制作的分离，进一步发挥市场机制对广播电视节目制作的基础作用。”自此，“制播分离”成为人们关注的焦点。各地电视台纷纷进行程度不同的制播分离的改革尝试。但这一时期的制播分离改革基本停留在对节目进行社会化合作尝试的基础上。如中央台在这一时期曾有针对性地选择了一些科教类、文艺类、纪录片等类型的节目，从原节目制作体制中剥离出来，交由中国农影厂、新影厂、科影厂等单位进行制作。2004 年央视以《开心词典》《幸运 52》《艺术人生》《同一首歌》等 10 个栏目为试点，彻底进行制播分离的改革，具体做法是：这 10 个栏目自负盈亏，央视对剧组不给一分制作费，而是让剧组与广告公司合作，通过广告筹措实现栏目运营，央视只给出一定的栏目播出时间和广告段。在 10 个栏目运行一段时间后，再将更多的栏目用同样的方法推向市场。[①] 也就是在这一时期，社会上出现了一大批独立节目制作公司，如光线传媒、广东巨星影业公司、北京嘉实广告文化发展公司、北京银汉文化传播公司、阳光文化网络电视投资有限公司等，他们制作的节目以买时间段的方式进驻传统电视播出平台，有的节目深受观众欢迎。

但总体而言，囿于长期体制与思维的羁绊，这一时期的制播分离改革实质成效不大。主要表现在：一、企宣分离而不是制播分离。很多电视台的做法是成立广电传媒集团，名义上提出企业化经营，将广告、网络等环节与业务部门相分离，同时隶属于集团内部。由于这些集团的法人仍为广电原来机构，财务由广电独家垄断，对外无法进行融资，因而无法实现上市，也就很难从根本上做大做强。另一方面，电视台只给一些民营制作公司开放有限的娱乐节目、电视剧制作空间，节目内容的审批、立项、检查等权利都在电视台，因而很难真正激活节目交易市场。二、事业单位的集权管理色彩依旧浓厚，合作、委托、购买电视节目过程中缺乏统一、规范、系统的规制。例如，名义上制播分离，但节目评价、播出的决定权还在于电视台，社会制作力量的话语权十分有限。“评判节目标准的主观性和不确定性，造成节目交易过程中，买卖双方地位不平等。所有的

---

① 李新：《深入剖析广播电视的制播分离》，《现代电视技术》2006 年第 11 期。

风险都在制作方。”[①]此外，在电视台和节目制作公司均靠广告盈利的情况下，电视台一方往往不愿意把黄金时段卖给民营公司，且一旦节目的随片广告与电视台自身播出的广告内容有冲突，制作方的广告往往会被拿下或调换；再则，在外购节目中，还常常出现版权纠纷。三、这一时期的制播分离改革没有按照现代企业制度的要求进行逐级下放，大多数电视台为了保证播出安全，节目创新、交换、购买费用少得可怜。

二、我国新一轮制播分离改革——先“台内分离”继而以企业为单元进行市场化融资

进入21世纪后，随着电视产业化的进程加快，制播分离改革被纳入快车道。

2002年，党的十六大报告中第一次提出“文化产业”概念，在文化政策层面为推动制播分离的改革提供了的保障。2004年，国家广电总局发布了《关于促进广播影视产业发展的意见》，明确了电视产业发展的方向和措施，成为指导制播分离改革的重要文件。党的十七大以后，我国电视制播分离改革的实践在文化产业大繁荣大发展的背景下继续推进。这一时期电视台开始尝试将内部制作力量剥离。国家广电总局印发的《2008年广播影视改革工作要点》指出，要选择部分条件成熟的影视剧、娱乐、体育类等节目栏目，按照“先台内后社会”进行制播试点，引入市场机制，实现投资主体多元化、制作主体公司化，搞活节目经营。至此，以上海文广、湖南台、中央台等为代表，我国电视台进入先台内后社会、逐步推行试点的制播分离改革新时期。[②]

（一）上海文广的制播分离改革

2001年，以上海为首，国内广电系统开始进行局、台分离试点改革。在这次局、台分离的改革中，上海东方传媒（集团）成立。它整合了上海人民广播电台、上海东方广播电台、上海电视台、东方电视台、上海有线电视台，总收入为19

---

① 周建青、李宝萍：《如何发展壮大我国社会节目制作公司——国家广电总局社管司任谦副司长访谈录》，2007年第1期。

② 李岚：《新时期电视制播分离改革的现状、问题与趋向》，2009年第4期。

亿元。

2002年，黎瑞刚出任上海文广集团总裁。彼时正是国内互联网、移动媒体迅速崛起，传统电视业的内容与渠道兼有的优势面临极大挑战之时。与此同时，西方发达国家的三网融合早已顺利实现，电信、广电、互联网的全面打通使得传统电视业与新媒体的合作发展与竞争关系日益明朗。伴随着国内三网融合的推进和电视产业化进程的加快，电视业制播分离体制的改革也再次被提上日程。黎瑞刚也从当初制播分离的坚决反对者转而开始关注传统电视业如何联姻新媒体共谋发展的问题。在他的带领下，上海文广连续作为国内第一批试点取得了IPTV、宽频及手机电视等新媒体的牌照。与此同时，他还对第一财经电视频道和生活时尚频道分别进行了企业化改制，成立了两家实体子公司，便于在集团今后发展中先期融资上市。在此后的几年中，数家风险投资机构与第一财经洽谈融资问题，在广电总局的干预下，融资曾一度被叫暂停。但这些前期工作为即将到来的政策松动之后最终的制播分离大改革打下了坚实的基础。随着广电总局《2008年广播影视改革工作要点》颁布，经过几十轮修改，2008年8月，上海文广体制改革的方案正式被广电总局作为全国第一家试点得以批复。2009年10月，上海文广被一分为二：上海广播电视台、东方传媒集团。前者由上海市委宣传部领导，实行事业体制，行政管理，业务包括频道频率管理、宣传内容编辑、播出管控、新闻节目制作等内容，保留事业体制；后者由上海广播电视台出资成立并控股，实行企业化编制、企业化运营，自主经营、自负盈亏，业务包括政策允许制播分离的节目制作和广告经营业务，如影视剧制作、发行与投资，少儿、动漫节目及相关衍生产业，综艺节目以及新媒体业务等，着力打造一批具有发展潜力、面向市场的节目制作子公司和几大板块。同时，东方传媒集团引进华人文化投资产业基金。

此后，东方传媒集团开始快速发展。主要表现在：(1)加大资本运作的力度，并积极通过融资方式进入国际媒介资本市场。2010年8月9日，美国新闻集团与东方传媒集团旗下华人文化产业投资基金同时宣布，由华人文化投资产业基金收购新闻集团旗下星空卫视普通话频道、星空国际频道、Channel V大陆频道以及757部星空华语电影片库(Fortune star)业务，总资产达1.6亿美元。(2)跨地区跨媒体节目开发与合作。突破我国长期以来由于行政体制原因造成的各地区间电视业发展过程中互设的壁垒,通过优势资源互补与联合,实现节目资源的优化利用和电视产业链的开发。2009 年 10 月,东方传媒集团旗下哈哈少儿频道与芜湖市广播电视总台芜湖教育电视台正式签订合作协议。双方决定携手节目和衍生品开发等领域展开合作。2010 年 10 月,东方传媒集团与澳大利亚新闻频道签署了合作谅解备忘录,展开在新闻、纪实等节目领域的合作关系。(3)多屏营销,达到规模经营。上海文广的电视节目实现了 IPTV、东方宽频、移动电视、手机电视、数字付费电视等平台的多屏覆盖。东方传媒下属的百视通新媒体公司更借着三网融合的先机,在中国电视新媒体市场的发展蒸蒸日上。

需要指出的是,东方传媒集团属上海广播电视台控股的企业集团,上海电视台对其承担资产配置的控制权、重大事项的决策权、宣传内容的编辑权、各类节目的审查权和播出权,以及主要领导干部的任免权。也就是说,东方传媒集团的主要领导干部均需要经过上海广播电视台及其上级领导部门的考察任命。同时,东方传媒集团虽然有现代企业制度所规定的董事会、监事会等机构,但其成员需有三分之二以上要经过上海市委宣传部审批核准方能任职。

上海文广的发展模式实际是:先完成台内分离,并由台全额控股,但东方传媒集团下属的二级子公司可先期面向社会进行开发,通过合作、合资、融资等方式逐渐发展壮大,从而带动集团发展,摸索出一条相对稳健的发展路子。如果政策顺畅,发展健康,可以乐观期待东方传媒集团日后会大幅度提升其社会化开放程度,包括融资和上市。

(二)湖南台、央视的制播分离改革

湖南广电的体制改革始于 1993 年湖南经视成立,在此后的近 20 年中,湖南台始终走在中国省级电视台体制改革的前列。经历了几轮改革之后,湖南逐渐形成“整体分离,分拆上市”的发展思路。2010 年 1 月,湖南广电完成了局、台分离的部署。2010 年 6 月 28 日,湖南广播电视台与湖南芒果国际传媒集团正式挂牌成立,芒果国际传媒集团由湖南广播电视台全资控股。原湖南广播影视集团部分经营性资产注入芒果传媒,主要国有资产则划归湖南广播电视台管理。“芒果新传媒”的挂牌,实际是湖南广电新一轮“制播分离”改革的开端。具

体改革步骤分“三步走”：第一步，剥离这些年湖南广电旗下所有已开办二级公司的音视频资源转到芒果传媒，由芒果传媒进行统一经营；第二步，通过尝试与新媒体的全方位合作，不断发展新的内容产业链，从而转变单一的广告赢利模式；第三步，全面进行电视内容产业与新媒体的融合。

湖南台的制播分离改革代表了当前主流媒体的一种思维。无独有偶，2014年6月，央视终于也在制播分离体制改革中迈出了关键步伐，总投资5000万元成立了央视创造传媒有限公司和央视纪录国际传媒有限公司两家全资子公司。前者主要由原央视一套的部分节目与人员构成，其中，正大综艺团队吸纳了原一套的7个节目制作团队，其CEO为原一套节目部副主任过彤；后者主要包括了原央视纪录片频道的资源，其CEO为原九套节目管理部主任石世仑。在公司成立之初，央视创造首期即开始打造综艺娱乐节目《喜乐街》，该节目系模仿欧美老牌喜剧节目《席勒街》（*Schiller Street*）的节目模式，并对其进行本土化改造，引入明星进行现场表演。显然，央视是看到了国内电视媒体在综艺娱乐节目市场的火爆比拼中蕴含的巨大商业价值，作为国内电视老大哥，其在此领域的话语权也正面临严峻挑战。值得一提的是，《喜乐街》是由社会资本“梦想云文化产业基金”投资，央视不投入一分钱。在传播终端上，除了央视、CNTV外，节目根据市场规律选择一些视频网站进行合作。此举可谓迈出了制播分离改革实质性的一步。

其实，导致央视改革的直接诱因是近两年全国娱乐综艺节目市场发展的日趋活跃，各地电视台对综艺娱乐节目争相开发，央视此类节目的生存空间日益缩小。但究其根本原因，是多年体制羁绊造成的整体电视节目市场的日益萎缩和人才的大量流失。当全国各地都在争相引进模式节目、大力开发原创节目、探索适应新媒体下电视市场新的营销渠道的时候，央视原有的生存逻辑正面临极大考验：电视节目制播体制陈旧、节目流通市场不通、用人机制僵化等一系列问题日益突出。就以节目制作成本核算来说，原来央视做节目均需事先向台里申请预算。台里对节目要素成本进行层层审核，其中节目中的演员酬劳要求不得超过总成本的20%，这样的标准无疑会将大牌明星拒之门外，如《中国好声音》中那英的出场费一期就要80万元。改革之后，由社会力量打造的节目将由投资公司负责成本核算，台里只负责把关及播出，这样既节省成本，又激活了节目市场发展空间。

三、我国制播分离改革中存在的问题

囿于我国电视产业发展的市场滞后性、不彻底性及不规范性等原因，当前制播分离改革中仍然存在很多问题。

（一）节目交易问题

节目交易市场尚不成熟，缺少节目交易的中间方及对节目风险进行评估的专门机构。目前我国节目交易活动主要来自于每年的广播影视展，没有一个常态性的交易渠道，更没有专业的公司为电视节目交易方进行牵线搭桥。从目前来看，各地的外购节目交易基本是电视台与节目制作单位直接洽谈，双方产生意向之后即开始购买、改造及播出。这是一种最为原始的商品交易方式。极容易出现领导主观一言堂、人情交易掺杂其中导致盲目购买、盲目合作等问题。如果没有一个常态性的交易平台及对节目回报率进行风险评估的专门机构介入到节目交易过程中，就会出现节目交易的不稳定、市场的不活跃、节目播出的风险加大等问题，这对电视台品牌形象的构建与维护极为不利。

（二）政策问题

政策不持续、不稳定、不具体、不透明是阻碍制播分离改革的最大问题。多年来，由于各种原因，国家对电视业市场化、产业化推行过程中的制播分离改革一直持审慎态度。政策时而模糊，时而摇摆不定，各地电视台的改革也是在摸索中进行。如在第一轮的改革中，曾有电视台和制作公司达成以频道为单位的合作意向，最终因总局的叫停而夭折。再如广电总局 16 号令第五条中说，“个人、私营企业原则上不设立影视制作经营机构，民营电视公司只能制作、经营电视剧、电视综艺及电视专题节目和动画故事节目”，这种规定其实与制播分离的总体政策是相悖的。此外，国家对制播分离所必将催生的广播电视产业链也持审慎态度。在第二轮的改革中，上海文广传媒集团下属的实体子公司第一财经和生活时尚的融资问题一度被广电总局叫停，原因是让一家实体公司来运营具有一定意识形态的财经频道，广电总局尚持审慎态度。

（三）体制问题

从国外发展的经验来看，按照企业市场化规则运行，电视媒介资源在制播分离之后会更加趋向于集中而合理。而我国的情况是：历史原因造成了全国四级办台，各地电视媒介资源分散，重复建设繁多，发展水平参差不齐，行政壁垒林立，官僚作风盛行。以目前的情况，即使制播分离开始实施，受制于历史原因，我国电视媒介市场也无法真正按市场规律实现所谓的媒介资源的合理流动，也无法真正体现出市场竞争机制作用下媒介主体的优胜劣汰，因而也无法从根本上解决电视产业发展中的根本问题。比如，在现有的体制下，剥离后的电视台的经营与业务也很难分得清楚，如面对产权纵横交错的上海第一财经电视频道，就很难清楚剥离意识形态很强的财经新闻与经营的两块业务。在剥离之后的发展过程中，囿于原先的纽带关系，电视台作为播出方很难公正对待台内衍生出的制作公司与社会化制作公司的竞争关系。广电总局在2009年7月曾下发《关于推进广播电视“制播分离”改革的意见（修改稿）》中规定的“要深入推进节目播出机制改革，除影视剧外，电视台从市场购买节目的比率原则上不低于播出总量的30%”。但从目前来看，各地在实际运行中对社会化制作公司的节目采用率远远达不到这个标准。

此外，为了确保“导向正确”“播出安全”，目前新一轮改革中各地制播分离之后的内容控制权仍牢牢地把握在体制之内，并且，对转企之后管理层的任命、聘任等也都由体制内控制。这些底线意味着我国的制播分离需要在现有体制框架内“有限”地改革，也意味着这场改革可能不那么彻底，适合我国国情的改革路径尚需要继续探索。

（四）人员安置与用工待遇问题

制播分离后，员工大多依据“人走业务走”的原则进行了分流，转企后的职工，生存环境发生很大变化，原来在事业单位中“大锅饭”的求稳心理遭遇挑战。以上海文广为例，原有6000余名员工，留在上海电视台的有1500人左右，其余人将全部转企。然而员工拒签转企协议的很多，除了观念的原因以外，更有转企后的各种配套制度没有跟上、员工有后顾之忧等问题困扰。另外，一些在原单位享有行政级别待遇的部门负责人，转企后，在权利分配中难以实现心理预期，利益分割矛盾重重。他们大多拥有双重身份与编制，很多人在实际工作中难以真正激发工作热情，提升工作效率。

制播分离的本意是进一步激活用人机制。原先我国电视台的用人机制僵化，员工往往根据编外和编内分为三六九等并享受不同级别待遇，在晋升、薪酬问题上也囿于事业单位限制，不能真正人尽其才、依才升迁与发放薪酬，从而造成：一方面，员工工作效率整体不高，正式员工倚老卖老、求稳不求上进的心理比较突出；另一方面，大量优秀人才不断流失。近年来，传统电视业人才大量外流的问题更加突出，如凤凰卫视刘春加盟搜狐，之后又离职，湖南广电娱乐的策划人龙丹妮加盟盛大等。制播分离之后，电视业本该按照现代企业制度进行科学管理，从而吸引人才，激发企业活力，然而从目前上海、湖南、江苏等多地的运行情况来看，企业在人员管理与薪酬待遇的改革尚需时日。

四、我国制播分离改革未来发展展望

尽管当前制播分离改革的问题很多，阻力重重，但改革已是大势所趋，我们依然对其未来的发展抱有乐观态度。在今后的发展过程中，除了政策的持续性、稳定性以及法律法规的及时跟进之外，还需要从以下几个方面重点着手，以确保改革快速发展。

(一)培育市场主体

从子公司开始发力，继而推进整体改革。由于各方面所限，当前的制播分离改革不能一蹴而就，从目前经验来看，比较可行的方法是首先成立国有全资公司，然后再设立一批独立的子公司，这些子公司在市场运营中可进行尝试性融资，并带动产业链发展，激活媒介资本市场，进而推进总公司的整体改革。上海东方传媒集团目前下设了炫动传播、星尚传媒、五星体育传媒、东方电视购物等十六个“小巨人”，这些子公司均迸发出强劲的发展活力，且不断带动上下游资源。如 2010 年 7 月，集中了上海文广旗下的各类少儿节目和动漫资源的上海炫动传播有限公司(炫动传播)就通过发起第六届中国国际动漫游戏博览会，进行线下推广，为东方传媒动漫产业链上的各方寻找投融资伙伴。

（二）真正建立符合现代企业制度的用人机制

要根据现代企业制度的要求建立科学、合理、有效完善的用人机制和绩效考评体系。保证人员能进能退、能上能下、合理流动，要建立完善的用工保障制度，激发员工创新活力，免除员工后顾之忧。要实现这一点，首先要从管理层开始转变思维，很多剥离之后的管理者尚不能从传统思维中转变过来，官僚作风盛行、工作效率不高、创新意识不强，甚至不懂市场规律，这会极大地影响员工创新的积极性。科学合理的用人机制从另一方面也意味着能者多劳、不劳不得、不劳则退。在传统的事业单位里，很多员工“大锅饭”“铁饭碗”的意识较重，工作不求效率，进了单位就意味着一劳永逸地等着退休，现代企业制度将需要从管理上规避此类隐患。

（三）建立科学的节目交易和评估体系

如前文所述，我国制播分离的改革过程中尚缺乏常态性的节目交易渠道和较为科学合理的节目评估体系。随着制播分离改革的加速推进，必须要尽快建立一个科学而又稳定的节目交易平台和交易评估体系，包括中间方的加入以便对节目交易中各环节进行协调沟通、根据节目评估体系的要求对节目进行市场预评估及交易后的风险追踪等。要按照现代企业制度的要求进行节目的制作、播出、营销及产业链的开发，确保制播分离见到成效。

本章小结

本章指出三网融合下内容交易跨屏、跨网传播对传统版权管理提出了更高要求。由于我国长期以来在内容版权管理上存在缺失，因此急需建立相对完整的版权管理系统并制定相应的版权保护法律法规，以保证内容交易的顺利进行。

近年来围绕新媒体传播出现的各类盗版盗播事件客观上推动了我国知识产权保护的立法进程。

本章认为我国应该仿照美国和英国等一些欧洲国家建立数字版权法，以应对三网融合下出现的各种数字版权纠纷。

在制播分离改革中，本章认为，当前正在进行的“先局、台分离，后向社会开放”的发展路径符合当下中国国情。但同时指出，制播分离之后，转企后的电视机构能否彻底面向市场、全面放开，尚需发展时日，如果多年累积的旧有体制、机制下的历史遗留问题不能很好解决，改革便是空谈。同时，节目交易问题、政策问题、体制问题及人员安置与用工待遇等问题在当前仍然困扰着制播分离的进一步发展。只有真正按照现代企业制度的要求培育市场主体，建立合理的用人机制、科学的节目交易和评估体系，制播分离改革才能落到实处，我国电视产业也才能实现可持续发展。

参考文献

一、著作

1. 〔美〕菲利普·科特勒:《营销管理(第12版)》,海清豪译,上海人民出版社2006年版。
2. 中国(上海)网络视听基地编:《2013中国网络视听产业报告》,上海科学技术文献出版社2013年版。
3. 中国(上海)网络视听基地编:《2012中国网络视听产业报告》,上海科学技术文献出版社2012年版。
4. 胡涛:《我国三网融合运营模式研究》,上海交通大学出版社2012年版。
5. 〔美〕维克托·迈尔—舍恩伯格,肯尼思·库克耶:《大数据时代》,盛杨燕、周涛译,浙江人民出版社2013年版。
6. 陈兵:《电视品牌建构》,中国传媒大学出版社2006年版。
7. 支庭荣、章于炎、肖斌:《电视与新媒体品牌经营》,中国人民大学出版社2007年版。
8. 王润珏:《产业融合趋势下的中国传媒产业发展研究》,中国书籍出版社2011年版。
9. 〔美〕杰弗瑞·S.威尔克森,奥古斯特·E.格兰特,道格拉斯·J.费舍尔:《融合新闻学原理》,郭媛媛、贺心颖主译,中国时代经济出版社2011年版。
10. 吴小坤、吴信训:《美国新媒介产业》,中国国际广播出版社2009年版。
11. 王菲:《媒介大融合》,南方日报出版社2007年版。
12. 〔美〕加里·阿姆斯特朗、菲利普·科特勒:《市场营销学》,赵占波、何志毅译,机械工业出版社2011年版。
13. 〔美〕菲利普·科特勒:《营销管理》(第十版),梅汝和、梅清豪、周安柱译,中国人民大学出版社2001年版。
14. 周勇:《路径与选择,主流电视媒体网络视听信息发展战略》,中国传媒大学出版社2013年版。
15. 石长顺:《融合新闻学导论》,北京大学出版社2013年版。
16. 辜晓进:《美国传媒体制》,南方日报出版社2006年版。

17. 喻国明、吴文汐、徐子豪、刘佳莹:《中国人的媒介接触:时间维度与空间界面》,人民日报出版社 2012 年版。
18. 彭吉象:《机遇与挑战——电视专业化频道的营销策略》,中国广播电视出版社 2006 年版。
19. 覃信刚:《媒介融合、台网互动解析》,云南人民出版社 2013 年版。
20.〔美〕理查德·韦斯特、林恩·H. 特纳:《传播理论导引:分析与应用》,刘海龙译,中国人民大学出版社 2007 年版。
21. 马胜荣、苟世祥、陶楠:《国际新闻采编实务》,北京师范大学出版社 2010 年版。
22. 〔英〕约翰·欧文、希瑟·普迪:《国际新闻报道》,李玉洁主译,中国人民大学出版社 2012 年版。
23. 彭祝斌、向志:《电视内容产业核心竞争力研究》,新华出版社 2010 年版。
24. 邬建中:《数字电视转型与产业发展研究——以重庆数字电视发展为例》,四川大学出版社 2012 年版。
25. 庞井军:《中国视听新媒体发展报告》(2011),社会科学文献出版社 2011 年版。
26. 王明轩:《即将消亡的电视》,中国传媒大学出版社 2009 年版。
27.〔美〕沃尔特·麦克道尔、艾伦·巴滕:《塑造电视品牌 原则与实践》,马敏译,中国传媒大学出版社 2006 年版。
28. 蔡敏、韦文杰:《媒介融合胜出战略》,中国书籍出版社 2012 年版。
29. 唐绪军主编:《中国新媒体发展报告》(2013),社会科学文献出版社 2013 年版。
30. 彭祝斌:《中国电视内容产业建设发展研究》,新华出版社 2010 年版。
31. 唐世鼎、黎斌:《中国特色的电视产业经营研究》,中国国际广播出出版社 2009 年版。
32. 新华社新媒体中心编:《中国新兴媒体发展报告》,新华出版社 2013 年版。
33. 彭吉象:《数字技术时代的中国电视》,北京大学出版社 2008 年版。
34. 郭庆光:《传播学概论》,中国人民大学出版社 1999 年版。
35.〔美〕唐·舒尔茨等:《整合营销传播》,吴怡国、钱大慧等译,中国物价出版社 2002 年版。
36. 崔保国主编:《2012 年中国传媒产业发展报告》,社会科学文献出版社 2012 年版。
37.《2013 中国互联网发展状况统计报告》,电子工业出版社 2013 年版。
38. 刘婧一:《应对媒介融合——新环境下的电视节目营销》,中国传媒大学出版社 2008 年版。
39. 汪文斌、胡正荣:《世界电视前言》(Ⅰ),华艺出版社 2001 年版。
40. 邱宾等编著:《市场营销学——基本原理与经典案例》,南京大学出版社 2005 年版。
41. 吴之洪:《注意力经营原理与实务》,江苏大学出版社 2006 年版。

42. 赵刚著:《大数据技术与应用实践指南》,电子工业出版社 2013 年版。

43. 崔保国主编:《2013 年中国传媒产业发展报告》,社会科学文献出版社 2013 年版。

44. 丁俊杰:《问题结构与战略选择——中国广电产业发展研究》,中国传媒大学出版社 2009 年版。

45. 王利芬:《对话美国电视》,中信出版社 2006 年版。

46.〔美〕彼得·德鲁克:《创新与企业家精神》,蔡文燕译,机械工业出版社 2009 年版。

47. 范金鹏等编著:《三网融合大时代》,清华大学出版社 2012 年版。

48. 王孝明等编著:《三网融合之路》,人民邮电出版社 2012 年版。

49. 刘颖悟等著:《三网融合与政府规制》,中国经济出版社 2005 年版。

50. 杨成、韩凌:《三网融合下的边界消融》,北京邮电学院出版社 2011 年版。

51. 黄迎新著:《数字时代的中国电视产业研究》,厦门大学出版社 2012 年版。

52. 易旭明:《中国电视产业制度变迁与需求均衡研究》,上海交通大学出版社 2013 年版。

53. 唐月民:《中国电视传媒产业化研究》,新华出版社 2012 年版。

54. 董春:《中国广电产业空间发展研究》,复旦大学出版社 2012 年版。

55. 陈接峰:《电视媒体的观众营销》,东南大学出版社 2009 年版。

56. 钟叔平:《跨屏传播策略研究》,中国传媒大学出版社 2013 年版。

57. 宋建武:《媒介经济学:原理及在中国的实践》,中国人民大学出版社 2006 年版。

58. 秦春华:《媒介经济学教程》,北京大学出版社 2011 年版。

59. 魏水刚等编著:《电视节目运营:塑造传媒品牌九项要点》,中国传媒大学出版社 2010 年版。

60. 李大成:《对立战略与电视品牌》,中国传媒大学出版社 2007 年版。

61. 洪丽娟编著:《媒体品牌管理》,中国广播电视出版社 2012 年版。

二、论文

1. 朱剑飞:《三网融合:广电思想解放的一次洗礼》,《视听界》2010 年第 3 期。

2. 王韩兵:《三网融合:广电从“危”到“机”》,《中国数字电视》2010 年 Z1 期。

3. 陈鹏:《三网融合背景下电视内容产业升级战略》,《电视研究》2011 年第 1 期。

4. 周小普、王丽雅、王冲:《英美数字媒体内容规制初探》,《国际新闻界》2007 年第 11 期。

5. 周子渊:《多屏互动时代的受众分析》,《新闻记者》2013 年第 6 期。

6. 郭琳:《多屏时代的媒体受众分析——从媒介融合背景下受众角色的转变谈起》,《当代电视》2010 年第 8 期。

7. 吴瑞艳:《电视:多屏时代的权威主屏》,《声屏世界·广告人》2013 年第 12 期。

8. 洪枚:《从综艺节目的改版看多屏互动模式之推行》,《卫星电视与宽带多媒体》2013 年第 13 期。
9. 李宇:《多屏竞争格局下的传统电视与“第二屏”》,《卫星电视与宽带多媒体》2013 年第 17 期。
10. 陈浩文:《媒介融合的分类——以美国媒体为例》,《中华新闻报》2007 年 7 月 4 日。
11. 连少英:《美国三网融合对中国发展的启示》,《第三届经济新闻改革与发展研讨会论文集》,辽宁美术出版社 2010 年 11 月第一版。
12. 周艳:《三网融合背景下广电如何应对》,《现代传播》2010 年第 5 期。
13. 李岚:《挑战与机遇并存,三网融合时代催生中国广电产业发展的战略转型》,《广告人》2010 年第 7 期。
14. 黄勇:《融合对广电系统意味着什么》,《新闻战线》2010 年第 5 期。
15. 张黎晨:《“手机电视”广电 CMMB 与电信移动 3G 技术的融合》,《广播电视信息》2010 年第 3 期。
16. 温玲英:《新媒体环境下媒体格局的变化》,《中国传媒科技》2012 年第 4 期。
17. 周莉:《节目版权:广电媒体的核心资产》,《当代电视》2013 年第 9 期。
18. 于志为:《电视会消亡吗? ——论新媒介格局下电视媒体的未来》,《现代传播》2012 年第 9 期。
19. 曹飞鹏:《大数据时代下的电影营销——浅析〈小时代〉的营销模式》,《青年文学家》2013 年第 23 期。
20.《微内容:网络媒体核心竞争力》,《新闻导刊》2008 年第 5 期。
21. 任晓润:《主流电视媒体构建节目创新体系初探》,《视听界》2006 年第 6 期。
22. 谷虹、黄升民:《三网融合背景下的“全战略”反思与平台化趋势》,《现代传播》2010 年第 9 期。
23. 王天铮:《解析基于价值增值的电视媒体“大编辑部”模式》,《现代视听》2011 年第 6 期。
24. 石长顺、罗金辉:《研发致胜:我国电视产业发展的源动力》,《南方电视学刊》2005 年第 4 期。
25. 方明伟:《电视节目研发、创新的现状及对策分析》,《视听纵横》2012 年第 6 期。
26. 王卫军:《浅论电视节目研发的路径》,《电视研究》2010 年第 6 期。
27. 杨晓凌:《湖南卫视节目研发创新机制考察》,《南方电视学刊》2010 年第 3 期。
28. 连少英等:《CNN〈Anderson Cooper 360〉与央视〈360 度〉的分析比较》,《新闻界》2010 年第 6 期。
29. 刘笑盈等:《CNN 的新媒体战略》,《电视研究》2011 年第 8 期。

30. 胡理文:《CNN网络新闻频道的互动特色分析》,《东南传播》2009年第10期。

31. 余月玲:《版权类电视节目的引进与本土化改造——以〈中国好声音〉为例》,《新闻世界》2013年第7期。

32. 余晴航:《国外电视节目模式的本土化探析》,《中国报业》2012年第20期。

33. 李欣:《模式生产对大陆综艺娱乐节目创作观念的影响》,《电影评介》2010年第21期。

34. 杨文红:《以包容的心态看待模式引进》,《中国广播电视学刊》2013年第10期。

35. 许鑫:《有报天天读》栏目的成功对内地电视新闻改革的启示,《惠州学院学报·社会科学版》2006年第2期。

36. 栾轶玫:《台网联动 台网互动 台网融通——中国广电媒体台网一体"三段论"》,《中国广播》2009年第4期。

37. 孙鑫:《浅析湖南卫视"台网互动"模式》,《新闻世界》2013年第6期。

38. 洪永和、张胜昔:《在台网互动中迅速发展———浙江广电集团新蓝网台网互动创新举措》,《视听纵横》2010年第6期。

39. 连少英:《新媒介下美国传统电视新闻节目的转型》,《现代传播》2010年第11期。

40. 胡泳:《微革命——从推特到新浪微博》,《新周刊》2010年1月。

41. 束秀芳:《反思2011电视节目"微博营销"——以东方卫视〈中国达人秀〉与腾讯微博的互动为个案》,《中国电视》2012年第4期。

42. 方行:《电视媒体的微博营销》,《视听纵横》2013年第4期。

43. 黄顺:《〈中国好声音〉的新媒体营销之道》,《新经济》2013年第20期。

44. 任树燕:《〈中国好声音〉的成功之道》,《今传媒》2012年第12期。

45. 胡敏:《"微营销"引爆中国好声音》,《中国林业产业》2012年第9期。

46. 周新生:《产业链与产业链打造》,《广东社会科学》2006第4期。

47. 陈斯华:《IPTV产业价值链研究》,中国传媒大学出版社2008年版。

48.《百度牵手文广百视通共建IPTV内容为王》,新华美通社2006年6月19日。

49. 金娜娜:《浅析新形势下的广电节目版权管理》,《中国广播电视学刊》2011年第4期。

50. 石村:《从版权的角度看电视节目创新(下)》,《电视研究》2013年第10期。

51. 丁文华:《数字时代的广播电视版权管理——应用与需求的初步考虑》,《现代电视技术》2004年第12期。

52. 穆俊翰,李昕:《我国电视版权贸易现状与问题研究》,《编辑之友》2011年第11期。

53. 訾成广:《电视节目网络传播的版权问题研究》,《法制与社会》2011年第26期。

54. 张书乐:《互联网电视版权纠葛》,《法人》2013年第1期。

55. 曹曼文:《电视节目模板的版权保护》,《现代传播》2011年第3期。

后　　记

这本书是在我的博士论文的基础上修改而成的。

多年来，我一直关注三网融合给电视业带来的机遇与挑战问题。以2009年赴美访学完成北京市委组织部优秀人才资助项目（A类）“数字时代下美国电视新闻的转折”为契机，我开始对国内外电视产业在新媒介技术下进行的变革问题进行持续跟踪与思考，之后又借成功申报广电总局课题“三网融合背景下中国电视新闻发展路径探究——美国三网融合的经验给中国的启示”之际，对相关问题进行了深度探究。也因此缘由，我的博士论文起初考虑围绕中国电视新闻的发展与变革问题展开研究。几经反复与修改，最终落脚在对我国电视产业多屏营销的战略研究上。

这个题目因为紧跟电视产业发展的步伐，也是当前电视产业发展中亟待解决的现实性较强的问题，因而在博士论文开题时，一方面得到了开题专家的高度认可，另一方面也被告知会有一定难度。在后续的研究中，我深深体会到了由难度带来的压力，也深深感受到了自己理论与业务知识的欠缺。由于这个选题将当前传统电视业面对多屏的媒介特质及用户需求所应采取的发展策略纳入到一个营销场域中进行研究，因而，研究者需要深谙营销理论，我显然是一个初学者，因而尽管也做了大量功课，在写作时仍感力不从心；在研究方法上，本课题的研究需要结合大量的田野调查，进行科学分析归纳，大胆提出假设。然而囿于写作时间、精力以及媒体的商业机密，调查时障碍重重。这些，一度使我的写作陷入痛苦状态。几经挣扎，我的研究总算如期完成了，但我本人对本成果的质量并不满意。关于中国电视业改革的关键问题的探索，我的研究还可以更为系统、全面和深入。但无论如何，这是我对此领域探寻的一个新的起点，我会沿着这条路径继续走下去，因为中国电视业的改革与发展需要我们每一个电视从业者和学者的共同努力来推动。

二十年前我从山东老家考进北京广播学院国际新闻专业，本科毕业后进入淄博电视台工作，后回母校攻读硕士学位，毕业后来到现在的工作单位北京工商大学，从2010年起在职攻读中国人民大学博士学位，至今刚好二十年。时光如梭，转眼我已步入中年，回首往事，感慨万千，因此此文也是对我过去二十年学习、工作的阶段性总结。在本书出版之际，特别想提及这些闪光的节点，以作纪念：

2010年，肩负着导师的信任与家人的期待，我踏进了中国人民大学砖红色的校园。

2011年冬天，当我正要着手论文资料搜集时，却发现已有孕在身。

2012年夏天，当我要努力地撰写开题报告，却发现已力不从心，腹中的宝宝一刻也不让我消停。

2013年整个夏天，披着炎炎烈日，我奔波于家与爱人单位的办公室，重新摊开文献资料，收拾好心情，准备开始真正的攀登。

衷心感谢以下这些亲人、朋友的无私帮助，使我的论文终成书稿。

感谢导师周小普教授！从被中国人民大学录取的那一刻起，在生活、学习、工作上，周老师一直对我非常关心！老师善良的品德、宽阔的胸怀、独立的人格、严谨的治学态度时刻影响着我、感动着我。我从周老师身上学到的不仅是学问，更有对世事和人生豁达的态度和从容的心态。

感谢人民大学新闻学院的张辉锋副教授！在论文开题与写作的过程中，张老师给了我很多传媒经济学及市场营销学等方面的宝贵指点，从而给予了我跨学科研究的极大勇气与动力。

感谢张征教授、涂光晋教授！在开题时给予了我很多宝贵建议。

感谢郭镇之教授、刘昶教授、李岚研究员，感谢他们在答辩中对我论文中所给予的肯定和中肯的意见。

感谢我的父母！他们不但养育了我，给予我完成漫长的学习与工作所需要的精神鼓励与物质支持，而且在我生了宝宝之后，又义不容辞地帮我承担起照顾与抚养的重担，让我得以专心从事论文写作。

感谢我的丈夫张孝勇博士！读书、工作、养育宝宝，没有一样离得开他的鼓励和分担。没有他不厌其烦的鞭策与鼓励，我的论文恐怕不会如此高效率地完成。

感谢我的儿子！儿子的出生给了我天下最大的喜悦和幸福，在抚育他成长的过程中，我累并快乐着，当我每每拖着疲惫的身躯回到家中，看到他灿烂而喜悦的笑脸，我会感到生活是那么的幸福而充满希望。

感谢我的姐姐连少华！在论文写作期间，给予我很多宝贵的建议和精神上的鼓励。

感谢我的师兄王冲博士！从四年前考博读博，再到几年之后博士论文的定题，师兄给予了我很多无私的帮助。

感谢师妹额尔德尼其格格！在我论文写作的关键阶段，师妹在生活上给予的无私帮助，让我拥有了良好的写作空间。

感谢中国传媒大学出版社编辑吴磊老师！感谢她在本书出版过程中所做的严谨、认真、科学的编辑校对工作。

在博士论文写作和本书定稿之际，再次感谢所有关心、支持和帮助我的老师、家人和朋友！我所能做的、仅能做的，就是给你们一个感恩的承诺和更加努力的拼搏。

连少英
2014 年 7 月

图书在版编目(CIP)数据

电视产业多屏战略研究/连少英著.—北京:中国传媒大学出版社,2014.12

ISBN 978-7-5657-1217-3

Ⅰ.①电…　Ⅱ.①连…　Ⅲ.①电视事业-研究　Ⅳ.①G22

中国版本图书馆 CIP 数据核字(2014)第 237248 号

电视产业多屏战略研究

著　　者	连少英
责任编辑	吴　磊
责任印制	阳金洲
封面设计	泰博瑞国际文化传媒
出 版 人	蔡　翔
出版发行	中国传媒大学出版社
社　　址	北京市朝阳区定福庄东街 1 号　　邮编:100024
电　　话	86-10-65450532 或 65450528　　传真:010-65779405
网　　址	http://www.cucp.com.cn
经　　销	全国新华书店
印　　刷	北京艺堂印刷有限公司
开　　本	710 mm×1000 mm　　1/16
印　　张	15.25
字　　数	240 千字
版　　次	2014 年 12 月第 1 版　2014 年 12 月第 1 次印刷
书　　号	ISBN 978-7-5657-1217-3/G·1217　　**定　价**　56.00 元